Les pires blagues d'Internet

Dr Michaël Dupont

Les pires blagues d'Internet

Tome 2

Dessins de Frapar

Blagues sur les animaux

C'est un gars qui entre dans un bar. Tout de suite, il remarque un groupe de joueurs de poker autour d'une table, au fond de la salle. Parmi les joueurs, il y a un chien !

Le gars se tourne vers le barman et lui demande :

- Eh dites donc, le chien, il se débrouille bien ?

Le barman répond :

- Pas vraiment, non... À chaque fois qu'il a un bon jeu, il remue la queue.

******

C'est un gars qui rend visite à son pote. Il le trouve en train de jouer aux échecs avec son chien !

Après avoir retrouvé ses esprits, le gars dit :

- J'en crois pas mes yeux ! C'est le chien le plus intelligent que j'ai jamais vu !!!

Et l'autre répond :

- Bof... Il est pas si intelligent que ça : je l'ai battu trois fois sur les cinq parties qu'on a jouées ensemble.

Une variante :

Un automobiliste tombe en panne sur une route de campagne. Il s'arrête, ouvre le capot de sa voiture, et commence à l'inspecter. C'est alors qu'arrive une vache qui lui dit :

- Je parie que ce sont les bougies !

Choqué, l'automobiliste s'en va trouver le fermier et lui dit :

- Votre vache vient de parler et elle m'a dit que la panne provenait des bougies !

Alors le fermier répond :

- Ne l'écoutez pas, elle ne connaît rien aux voitures.

******

Pourquoi les castors ont-ils la queue plate ?

- Parce qu'ils se font sucer par les canards.

******

C'est un gars qui a un perroquet depuis peu de temps. D'un côté, il a de la chance, parce que son perroquet est très prolixe : il n'arrête pas de parler. D'un autre côté, il est vraiment embêté, car tous les mots qui sortent du bec du perroquet ne sont que jurons et vulgarités.

Un jour, l'homme en a plus qu'assez. Il attrape son perroquet à la gorge, le secoue très fort et lui hurle «ARRÊTE AVEC TES JURONS !»

Malheureusement, cela ne fait qu'exciter le perroquet qui se met à jurer de plus belle. Alors le gars prend l'oiseau et l'enferme dans un placard. Mais là encore, ça ne fait qu'énerver son perroquet qui lui balance un monceau d'insanités. Alors le gars est tellement hors de lui qu'il prend le perroquet et l'enferme dans le réfrigérateur. Et là comme par miracle, le perroquet se calme. Au bout de quelques minutes, le gars ressort son perroquet du frigo... Calmement, le perroquet monte sur son bras et dit :

- Je suis terriblement désolé pour tous les désagréments que je vous ai causés.

Le gars n'en revient pas. Son perroquet est totalement transformé... C'est à ce moment-là que le perroquet ajoute :

- Juste pour savoir, qu'est-ce qu'il avait fait, le poulet ?

* * * * * *

Le curé n'a pas d'enfant de chœur pour l'aider, mais il possède un perroquet savant qu'il a dressé pour lui donner un coup de main lors de la messe : il le met sur un perchoir, à côté de l'autel, et le volatile place les fidèles :

- Les hommes à gauche, les femmes à droite, les hommes à gauche, les femmes à droite...

V'la-t-y pas qu'un jour, not'curé surprend son perroquet en train de faire son affaire à une poule, au fond du jardin.

- Créature de Satan ! Je vais t'apprendre à bien te conduire, moi !

Et pour punir l'oiseau, il lui rase la belle houppette de plumes rouges qu'il avait sur le crâne, et qui faisait sa fierté !

Honteux, qu'il est le perroquet ! Et à la messe suivante, le perchoir planqué dans un coin sombre à côté de l'harmonium, il officie, tout penaud :

- Les hommes à gauche, les femmes à droite, les hommes à gauche, les femmes à droite...

Entrent deux chauves... Alors le perroquet, soudain ragaillardi :
- Et les deux baiseurs de poule, avec moi près de l'harmonium !

* * * * * *

C'est une bigote qui s'en va voir son curé :

- Mon père, j'ai un problème. Je viens d'acheter deux perroquets femelles, mais elles ne savent dire qu'une seule chose...

- Et que disent-elles ? demande le prêtre.

- La seule chose qu'elles savent dire c'est : «Salut, nous sommes des prostituées. Ça te dirait de prendre ton pied ?»

- C'est terrible! s'exclame le prêtre. Mais j'ai la solution à votre problème. Vous savez que j'ai moi aussi deux perroquets, mais les miens sont des mâles. Amenez-moi vos deux perroquettes, je les mettrai avec les miens. Comme je leur ai appris à prier et à lire la Bible, mes perroquets apprendront à vos perroquettes les bonnes manières. Ainsi, vos perroquettes ne diront plus ces phrases dégoûtantes, mais prieront avec dévotion.

- Merci, Monsieur le Curé, dit la dame, toute rassurée.

Le lendemain, la dame amène ses perroquettes chez le prêtre. Les perroquets du prêtre sont dans leur cage, en train de prier avec leur rosaire entre les pattes et le perchoir.

La dame fait alors rentrer ses perroquettes dans la cage des deux mâles. Naturellement, les deux perroquettes lancent :

- Salut, nous sommes des prostituées. Ça vous dirait de prendre votre pied ?

Alors l'un des deux perroquets mâles regarde son copain et lui dit :

- Hé, tu peux balancer ta Bible maintenant ! Nos prières ont été exaucées !!!

* * * * * *

En pleine cambrousse française (on va prendre au hasard... le Cantal), un gars en voiture passe devant une ferme au moment où le coq a décidé de traverser. Paf ! le coq, forcément, se fait écraser.

Le conducteur, tout désolé, récupère le coq écrabouillé sur la route et va trouver le fermier pour «faire un geste».

En trouvant le fermier dans la cour, il lui dit un peu nerveusement :

- J'ai tué votre coq... Permettez-moi de le remplacer !

Et le paysan :

- Allez-y... les poules sont là-bas derrière.

* * * * * *

Connaissez-vous l'histoire de la poule qui a avalé un élastique?

- Elle a pondu le même œuf cinq fois.

******

Un automobiliste roulant à bord de sa superbe Ferrari à 150 Km/h, se fait dépasser par un poulet, mais pas n'importe quel poulet, un poulet à trois pattes.

Il accélère pour rattraper le poulet et le dépasse à 200 Km/h, puis le poulet le redépasse, il accélère encore pour le suivre.

Le poulet sort de l'autoroute, et s'arrête dans une ferme.

Le conducteur de la Ferrari va trouver le fermier :

- Monsieur, je viens de voir une chose extraordinaire : un poulet à trois pattes vient de rentrer dans votre ferme.

- Ben oui mon p'tit gars, lui dit le fermier, j'en ai trois mille des poulets.

- Et ils ont tous trois pattes ?

- Ben oui !

- Et pourquoi ils ont trois pattes ?

- Ben parce que ma femme, mes enfants, mes amis et moi-même aimons les cuisses de poulet, et qu'on les a sélectionnés pour qu'ils aient tous trois pattes.

- Ah ! Et vous en mangez souvent ?

- Ben non, on n'arrive pas à les attraper...

******

C'est un automobiliste qui a écrasé un poulet et qui le rapporte à la ferme voisine :

- C'est à vous ce poulet que je viens d'écraser ?

- Non ! Les nôtres ne sont pas aussi plats !

******

Une femme qui reçoit des amis à dîner a prévu de leur préparer des escargots. Elle envoie son mari acheter des escargots frais.

Il fait d'abord le marché, mais ne trouve pas ce qu'il cherche. Par contre, on lui donne l'adresse d'une ferme hélicicole (vous avez vu tous les jolis mots qu'on peut trouver dans frh).

Alors le gars reprend sa voiture et arrive à la ferme où on lui donne une dizaine de douzaines d'escargots.

En rentrant chez lui, le type voit une pauvre jeune femme en détresse sur le bas-côté de la route. Le pneu est crevé et la jeune femme n'a jamais changé de roue de sa vie.

Ni une, ni deux, le bon samaritain lui remplace la roue, et comme la madame elle est gentille, elle lui propose d'aller boire un verre chez elle pour le remercier (c'est à cinq minutes d'ici). Le gars, tout content, accepte.

Une chose en entraînant une autre, le monsieur passe la nuit avec la madame, et oublie complètement les escargots, sa femme, et le dîner.

A sept heures du matin, il bondit comme un fou hors du lit en

criant :

- Merde, ma femme... et la réception d'hier soir ! ça va être ma fête ! Et il fonce chez lui.

Il arrive devant la porte, pose le sac avec les escargots sur le sol et sonne (il a oublié ses clefs en plus). Sa femme ouvre la porte, très en colère. Elle lui demande :

- Et on peut savoir où tu as passé l'après-midi et la nuit dernière ?

Alors l'homme regarde les escargots en train de ramper sur le paillasson, puis il regarde sa femme, puis il regarde à nouveau les escargots, et dit :

- Allez, les gars ! On y est presque !

* * * * * *

Un monsieur très bien mis, propre sur lui et tout et tout, emmène ses trois petites filles, Chantal, Émilie et Jéhanne au zoo.

Chantal : - Dis Papa, c'est quoi les deux grosses bêtes avec des grands cous ?

Papa : - Ce sont des girafes, ma chérie.

Émilie : - Mais pourquoi y en a une qui mord le cou de l'autre, papa ?

Papa : - Euh... Eh bien, elles se font des bisous, ma chérie.

Jéhanne : - Dis Papa, pourquoi y a une girafe qui est grimpée sur l'autre ? Elle va lui faire mal !

Papa, gêné, aperçoit un gardien tout proche ... : - Dites donc, c'est pas un spectacle pour les enfants, il faut faire quelque chose !

Gardien : - Ben quoi, qu'est-ce qu'elles ont ces girafes ?

Papa : - Mais enfin, vous voyez bien qu'elles sont en train de...

Émilie : - Papa ! Papa ! y a une des girafes qui crie, qu'est-ce qu'elle a Papa, dis, Papa, elle est malade ?

Papa : - Mais non, ma chérie, c'est rien... Au gardien : - Écoutez, c'est intolérable, enfin... faites quelque chose... n'importe quoi... je ne sais pas, moi... donnez-leur un paquet de gaufrettes !

Gardien : - Parce que vous vous arrêteriez, vous, pour des gaufrettes ?

* * * * * *

Pourquoi les poules n'ont-elles pas de seins ?
- Parce que les coqs n'ont pas de mains.

******

Comment se reproduisent les hérissons ?
- Avec beaucoup de précautions.

******

A quel moment la poule a-t-elle le plus de plumes sur le dos ?
- Lorsque le coq la monte.

******

Ça se passe à la sortie de la messe d'un mariage de grenouilles. Le photographe veut prendre une photo de groupe. Il place tout le monde, va pour prendre la photo et à ce moment-là, une grenouille à grande bouche sourit, et du coup, on ne voit plus qu'elle. Alors le photographe dit :
- Petite grenouille, quand je demanderai que tout le monde fasse un beau sourire, tu diras «confituuurree». Ainsi, tu auras une toute petite bouche.
- D'accord, répond la grenouille.
Le photographe va pour prendre la photo et dit : «Maintenant, tout le monde sourit». Alors la grenouille dit : «Marmelaadde.»

******

Un petit ours polaire inquiet demande à sa mère : - Maman, suis-je un vrai ours polaire ?
La maman de répondre :
- Mais bien sûr que tu es un vrai ours polaire. Je suis une vraie ourse polaire et ton papa est un vrai ours polaire. Donc, toi qui es notre petit, tu es un vrai ours polaire !
Le petit ours, pas satisfait, va voir son père et lui pose la même question. Son papa lui répond :
- Mais oui, tu es un vrai ours polaire... Je suis un vrai ours polaire, ta maman est une vraie ourse polaire, et toi qui es notre enfant, tu es donc un vrai ours polaire...
Le petit ours polaire, encore inquiet, va voir sa grand-mère et lui pose la même question. La grand-maman ourse polaire lui répond :
- Mais oui, petit nigaud, tu es un vrai ours polaire car je suis une vraie ourse

polaire et ton grand-père aussi, nos enfants sont de vrais ours polaires, et les enfants de nos enfants sont de vrais ours polaires aussi... Mais pourquoi me poses-tu cette question ?

Le petit ours polaire lui répond :

- Parce que j'ai froid !

* * * * * *

C'est un fermier qui trouve qu'une de ses poules n'est plus assez rentable. Tous les matins, lorsqu'il la croise dans la basse cour, il lui enfonce un doigt dans l'anus afin de vérifier qu'elle va pondre.

Le premier jour, la poule, un peu surprise, ne réagit pas.

Le deuxième jour, elle est inquiète. Plus les jours passent, plus son inquiétude croît. Elle se décide enfin à aller voir sa copine la vache, et lui dit :

- Depuis quinze jours, tous les matins, le fermier me met un doigt dans le cul, et puis plus rien. Il s'en va comme si de rien n'était. C'est frustrant, à la fin !

- Tu penses, dit la vache, moi, ça fait cinq ans qu'il me caresse les seins, et il ne m'a jamais embrassée !

* * * * * *

Comment reconnaît-on un perroquet mâle d'un perroquet femelle ?

- Mettez-les tous les deux au congélateur pendant une heure. Ensuite, ouvrez la porte. Le mâle, c'est celui qui dit : «On se les gèle, là-dedans».

Une autre façon est de les enfermer au congélateur. Le perroquet qui sort en disant qu'avec un tel froid, il risque d'attraper un rhume de cerveau est le mâle.

* * * * * *

C'est un berger allemand qui répond à une petite annonce pour chien policier passée par le FBI.

L'entretien d'embauche est réalisé par le Directeur du personnel :

- Vous devrez montrer des compétences dans de nombreux domaines avant d'être embauché. D'abord, savez-vous taper 60 mots à la minute?

Alors le chien s'assied devant le clavier et tape... jusqu'à 80 mots en une minute!

- Vous devrez aussi passer le test du parcours d'obstacles...

Mais le chien réalise le meilleur chrono jamais obtenu sur la distance.

- Enfin il y a une dernière condition à respecter : vous devez être bilingue...

Et là le chien le regarde et fait :
- Miaou !

******

Devinette :

Une lapine quitte sa campagne pour se rendre à Paris. À un croisement, elle rencontre un lapin noir. Pour s'assurer qu'elle ne se trompe pas de route, elle lui demande :

- Quelle est la route qui mène à Paris ?

Le lapin noir répond :

- Faisons «tac tac», et je te le dirai.

C'est ainsi qu'ils font «tac tac» dans un coin.

Arrivant à un autre croisement, elle rencontre un lapin roux et lui demande son chemin. Mais celui-ci répond comme le premier :

- Faisons «tac tac» et je te montrerai.

Encore une fois, elle consent à faire «tac tac» avec le lapin roux. Et il en est ainsi pour trois autres lapins blanc, brun, et gris.

Arrivée à Paris, elle met bas six petits lapereaux : un roux, un noir, un blanc, un gris, un brun, et ...

Si tu veux connaître la couleur du sixième, il faut d'abord faire «tac tac».

******

Qu'est-ce qui est invisible et qui sent la carotte ?
- Un pet de lapin.

******

Accole tes doigts les uns contre les autres : le pouce gauche sur le pouce droit, l'index gauche sur l'index droit, etc. Tout en gardant les doigts collés, éloigne et rapproche tes mains. Qu'est-ce que c'est ?
- Une araignée qui saute sur un miroir...

******

C'EST BIEN MA VEINE...
... DES AMAZONES !
FRAPAR

Quel est le seul poisson dont on peut tondre le poil ?
- Le mérou, car le poil de mérou s'tond (mes roustons).

Avant, on faisait des tambours avec la peau de mérou...
Plus maintenant... parce que la peau de mérou pète... (mes roupettes).

* * * * * *

C'est une petite souris qui rentre chez elle, le soir, après une dure journée de travail. Elle doit traverser un grand champ où passe une ligne de T.G.V.

Prudente, elle regarde à droite, puis à gauche, et traverse. À ce moment, un T.G.V. passe, et lui coupe un bout de la queue...

Arrivée de l'autre côté de la voie, elle décide de retraverser pour récupérer son anatomie. À ce moment, un autre T.G.V. passe dans l'autre sens et lui coupe la tête.

Moralité : les souris sont comme les femmes : elles perdent la tête pour un petit bout de queue.

* * * * * *

Le petit ver luisant est amoureux de la petite fourmi et lui demande :
- S'il te plaît, sois gentille avec moi !
Et la fourmi répond :
- Si tu veux, mais éteins la lumière !

* * * * * *

Une jeune fille se promène au bord d'une rivière avec son amie. Elle aperçoit un chien en train de se noyer. N'écoutant que son bon cœur, elle plonge et le ramène sur la berge.

Tout heureux, le chien s'ébroue.
- T'as vu comme il est content, il remue la queue pour te remercier.
- Ouais, peu d'hommes en feraient autant !

* * * * * *

Un gars est en train de creuser un trou dans son jardin. Le voisin qui le voit à l'œuvre lui demande :
- Salut voisin, c'est pour quoi ce trou ?
L'autre répond :
- C'est pour enterrer mon canari qui est mort.

- Oh... je suis désolé. Mais ça me semble être un bien grand trou pour une si petite bête, vous ne trouvez pas ?

- Ben, c'est parce que mon canari est à l'intérieur de votre p... de chat !

* * * * * *

Un matin, trois jeunes renards jouent devant leur demeure. Soudain, un lapin se pointe en gueulant :

- Je vais baiser votre mère !

Les renards, indignés, coursent le lapin qui les distance et se glisse tranquille dans son terrier.

Les renards rentrent et vont raconter leur mésaventure à leur mère :

- Maman, y'a un lapin qui vient de nous dire qu'il allait te baiser !

Indignée, la mère leur répond :

- Ne l'écoutez pas, c'est un fou !

Le lendemain matin, le lapin revient et hurle à l'intention des renardeaux :

- Je vais baiser votre mère !

Le lapin détale, les renards essaient de le rattraper en vain.

- Maman, le lapin est revenu, il a dit qu'il allait te baiser !

- Il est fou !

Le lendemain matin, idem, puis le surlendemain à nouveau. La mère décide de surveiller l'arrivée du lapin.

Le jour suivant, le lapin arrive, hurle aux renards qu'il va baiser leur mère.

Ladite mère commence à le poursuivre, gagne du terrain, le lapin plonge dans son terrier, la renarde le suit mais, trop grosse (il faut dire qu'elle a l'habitude de forcer sur la bière quand elle va au Parc des Princes), elle se retrouve coincée à l'entrée du terrier.

Le lapin malin ressort par un autre trou, baisse son froc (si, si !!), et entreprend de baiser la renarde.

Alors, il se retourne et dit :

- C'est pas vraiment que j'avais envie, mais j'ai promis aux gosses !

* * * * * *

L'autre jour au cinéma, un vieux bonhomme s'assied devant moi, et installe son chien sur le fauteuil à côté du sien.

Le film commence, et j'ai la surprise d'entendre le chien pleurer dans les moments les plus tristes du film, et de l'entendre rire à gueule déployée pendant les scènes comiques.

À la fin de la séance, lorsque les lumières se rallument, je vais voir le vieux bonhomme et je lui demande :

- Vous avez un chien extraordinaire : on dirait vraiment qu'il a aimé le film !

Et le vieux répond :

- Oui... D'ailleurs, ça m'étonne, parce qu'il n'avait pas du tout aimé le bouquin.

* * * * * *

C'est un gars qui entre dans une animalerie (pour changer des bars), et qui dit au patron :

- Je voudrais un animal de compagnie, mais je ne sais pas du tout lequel choisir. Pouvez-vous me conseiller ?

Le patron le regarde de bas en haut et lui dit à voix basse sur le ton de la confidence :

- Avez-vous l'esprit large et aucun a priori ?

Le gars répond que oui, bien sûr. Alors ils discutent de toutes les espèces en vente dans l'animalerie : chiens, chats, hamsters, lapins nains, cochons d'Inde, poissons rouges, tortues... Puis le patron redemande :

- Vous pensez vraiment être large d'esprit ?

Le gars lui répète qu'il n'y a aucun problème de son côté. Alors, le patron se met à chanter les louanges de ce crapaud qu'il garde là, dans un coin de sa boutique. Il en rajoute et en rajoute encore, puis il termine en disant :

- Je vous le mets à l'essai pendant trois jours et si vous n'en êtes pas satisfait, je vous l'échange contre un autre animal de votre choix !

Le gars est d'accord pour faire l'essai et s'apprête à repartir avec son crapaud. Au moment où il passe la porte, le patron lui dit :

- Si vous êtes vraiment, mais vraiment large d'esprit, vous pourrez constater que ce crapaud a une autre qualité : il est capable de faire des très bonnes fellations à son propriétaire !

Le gars ne dit rien et rentre chez lui.

Quelques jours plus tard, la femme du nouveau propriétaire du crapaud, qui a entendu du bruit dans la cuisine en pleine nuit, se lève pour voir ce qui se passe : en entrant dans la pièce, elle voit son mari assis sur la table de la cuisine, avec le crapaud et un livre de cuisine ouvert.

La femme lui demande :

- Mais qu'est-ce que tu fais à cette heure-ci dans la cuisine avec le crapaud ?

Et le mari répond :

- Eh ben, si j'arrive à lui apprendre à cuisiner, tu peux faire tes valises !

******

Et voici la version féminine de la blague du dessus :

Une jolie dame rentre un jour dans une animalerie. Elle est à la recherche d'un animal familier qui sorte un peu de l'ordinaire. Comme elle est seule dans le magasin, elle se confie au vendeur :

- Je viens de quitter mon mari, et ce n'est pas demain que je me remettrai en ménage avec un homme. Je n'aime ni les chiens, ni les chats, et en général, aucune bête à poils ou à plumes... Qu'avez-vous à me proposer?

Le vendeur réfléchit et il a soudain la révélation :

- J'ai exactement l'animal qu'il vous faut : il s'agit d'une grenouille. Et je vais vous dire, il ne s'agit pas de n'importe quelle grenouille... (et là, il s'approche de l'oreille de la dame, et lui dit sur le ton de la confidence) :

- Elle vous fait des cunnilingus... bien mieux qu'un homme !

La femme est amusée et achète la super grenouille.

Une fois rentrée chez elle, elle cherche à vérifier si le vendeur a dit vrai : elle se déshabille, se couche sur le lit et met la grenouille à la bonne place... Rien ! Pas un mouvement, même pas un 'CROA'.

Alors la dame prend son téléphone, appelle l'animalerie et dit au vendeur :

- Dites donc, votre grenouille, là, vous m'avez menti. Elle ne fait rien du tout de spécial !

- Ah... je sais ce qui ne va pas. Vous allez voir, ça va être vite réglé. J'arrive.

Le gars ferme le magasin, prend sa voiture et fonce chez la dame. Ils montent dans la chambre, le gars prend la grenouille dans sa main et dit :

- Vilaine ! Vilaine ! C'est la dernière fois que je te montre comment on fait !

******

Les animaux de la jungle s'emmerdent quelque peu et décident de construire un bordel. Tout se passe bien, les affaires tournent. Un soir, on entend des coups répétés à la porte. Mère maquerelle hippopotame va ouvrir et découvre un petit lapin blanc venu là tout excité pour tirer son coup.

- Pas de problème, lui dit mère maquerelle.

Puis elle va de chambre en chambre mais toutes les prostituées sont occupées. Toutes, sauf pute-boa.

- Écoute, on a un nouveau client, un lapin. Je connais tes instincts, mais déconne pas, va pas faire crouler le commerce, retiens-toi de le bouffer.

Le lapin entre, pute-boa a juré ses grands dieux qu'elle ne l'avalerait pas.

Mais mère maquerelle n'a pas confiance. Elle reste derrière la porte, une oreille aux aguets... Et ça ne rate pas : elle entend un bruit de succion plus que suspect.

Elle entre en trombe, le lapin est déjà dans l'estomac de pute-boa.

Mère maquerelle secoue de toutes ses forces cette dernière, et arrive à lui faire recracher le client.

Et le petit lapin blanc sort de là, tout gluant, pupilles dilatées, l'air ravi en gueulant :

- PUTAIN ! QUELLE PIPE !!!

* * * * * *

Pourquoi les flamants roses lèvent-ils une patte en dormant ?

- Parce que s'ils levaient les deux, ils tomberaient.

* * * * * *

Qu'est-ce qui est bleu dans un pré ?

- Une vache en survêtement.

* * * * * *

Que fait un crocodile mâle lorsqu'il rencontre un crocodile femelle?

- Il l'accoste.

* * * * * *

Une tortue vient de se faire piquer sur le nez par une abeille et dit :

- Zut, je vais encore devoir passer la nuit dehors...

* * * * * *

Ce sont deux fourmis qui se promènent en pleine campagne. Arrive une légère averse ; elles se mettent en quête d'un abri. Au milieu du pré se trouve une femme étendue nue sur l'herbe.

Nos deux fourmis arrivent vers le gazon de la madame et la première dit à son amie :

- Allez viens, on va se mettre à l'abri dans ces fourrés. Oh ! et puis regarde ! derrière les fourrés, il y a une grotte ! on va pouvoir y passer la nuit !

L'autre répond :

- J'ai trouvé une autre grotte derrière, c'est bon, je m'y installe, comme ça nous aurons chacune notre chambre.

Le lendemain, nos deux fourmis se retrouvent. Et la première dit à la seconde :
- Eh ! dis donc, y'a une espèce de monstre avec un seul œil qui n'arrêtait pas d'aller et venir, et qui à chaque fois m'écrasait contre le fond de la caverne. Je l'ai tapé, et au bout d'un moment, il m'a craché dessus ! Mais tu n'entendais pas quand je t'appelais au secours ?
- Si, si, je t'ai très bien entendue, mais chaque fois que je voulais sortir, y'avait un gars dehors qui me balançait deux sacs de patates dans la figure !

* * * * * *

Pourquoi le chat n'aime-t-il pas l'eau ?
- Parce que dans l'eau, minet râle (minérale).

* * * * * *

C'est deux chèvres en train de brouter dans une décharge sauvage. La première trouve la pellicule d'un film de cinéma et commence à la brouter. L'autre lui demande :
- Tu as aimé ce film ?
Et elle répond :
- Je crois que j'ai préféré le livre.

* * * * * *

C'est un bouc qui entre dans une pharmacie et qui dit :
- Bonjour, je voudrais de l'after-chèvre ! (de l'after-shave).

* * * * * *

C'est un chat qui entre dans une pharmacie et qui dit :
- Bonjour, je voudrais du sirop pour ma toux ! (pour matou).

* * * * * *

Dans la jungle indienne, il y avait un tigre qui décimait la population de tout un village. Les habitants décidèrent de faire appel à un chasseur professionnel pour le liquider. Toto, qui est bègue, mais qui connaît les environs comme sa poche, fut choisi pour l'accompagner.
Tous deux partirent à la recherche du tigre.
Au bout d'un moment, le chasseur fut fatigué et se reposa. Mais le tigre en profita pour se rapprocher, se rapprocher...
Toto le vit et cria : «LE TI... TI... LE TII...»

Mais le tigre continua à se rapprocher, se rapprocher...

Enfin Toto cria : «LE TIGRE !!!»

Le chasseur se retourna alors, mit le tigre en joue et le tua.

Les deux compagnons rentrèrent alors au village où une fête fut organisée en leur honneur.

À un moment, pendant les festivités, Toto s'exclama : «HIP... HIP... HIP... !» Et tout le monde enchaîna :

«HOURRA !»

Et Toto continua : « HIP... HIP... HIP... !» Et tout le monde :

«HOURRA !»

Et Toto reprit : « HIP... HIP... HIP... !» Et tout le monde :

«HOURRA !»

... Et tous furent mangés par les hippopotames.

* * * * * *

C'est l'histoire d'un petit hérisson. Il rencontre une brosse, il monte dessus, et il en redescend quelques minutes plus tard en disant :

- Ben, tout le monde peut se tromper, non ?

* * * * * *

Un directeur de zoo écrit au directeur de la réserve d'animaux :

Monsieur le Directeur,

J'ai été jusqu'à présent très satisfait de vos envois. J'aimerais aujourd'hui que vous me fassiez parvenir un couple de chacals...

L'homme réfléchit, barre les derniers mots puis réécrit : un couple de chacaux...

Il réfléchit encore, revient à la première solution, puis à la deuxième, pour finalement écrire : faites-moi parvenir un chacal.

Mes respects, Monsieur le directeur,

Votre dévoué etc. etc.

PS : à propos du chacal, si vous pouviez m'en mettre deux...

* * * * * *

C'est dans un avion, un mec qui se retrouve assis à côté d'un perroquet. Un peu interloqué, il fait comme si de rien n'était. En vol, l'hôtesse arrive pour les boissons. Le mec lui dit :

- Un café s'il vous plaît. Et à côté de lui, il a la surprise d'entendre le perroquet demander :

- Un whisky pétasse, et que ça saute !

Les deux humains sont un peu ahuris, mais un client est un client, tant et si bien que l'hôtesse rapporte un whisky mais, un peu désorientée, oublie le café. L'homme lui fait remarquer et le perroquet ajoute :

- Un deuxième whisky pouffiasse, bien tassé, et fissa !

Bon, l'hôtesse commence à le trouver lourd, mais ramène le deuxième whisky... en oubliant le café. Alors le mec se dit qu'il va employer la méthode de son voisin :

- T'as encore oublié mon café, grosse conne !

Et le perroquet de rajouter :

- J'avais dit bien tassé, le whisky ! Apporte-m'en un autre, si tu veux pas que je te cogne !

Là, l'hôtesse en a carrément marre : elle appelle les stewards et les pilotes qui jettent les deux passagers malpolis hors de l'avion.

Dans les airs, le perroquet dit alors à l'homme :

- Dis donc, tu te permets un drôle de langage pour quelqu'un qui n'a pas d'ailes !

* * * * * *

Lors d'une vente aux enchères, une dame a le coup de foudre pour un perroquet. Les enchères montent, montent, et finalement, la dame obtient le perroquet pour la somme de 3200 francs.

La dame va prendre son perroquet, quand soudain elle réalise qu'elle ne s'est même pas renseignée sur la capacité du perroquet à parler. Alors elle pose la question au commissaire-priseur :

- Au fait, vous n'avez pas dit si le perroquet parlait ?...

Et le commissaire lui répond :

- Et à votre avis, qui surenchérissait sur vous systématiquement ?

* * * * * *

Que dit un crocodile à un alligator ?

- J'ai enterré ma mère en grandes pompes, et maintenant je fais ceinture !

Et le caïman lui répond :

- On est tous dans le même sac...

... Pas de quoi verser une larme !

*****

Une grenouille mâle dépressive se décide à appeler un voyant par téléphone dans l'espoir qu'il lui remontera le moral.

Le voyant lui répond (après avoir noté son numéro de carte Visa) :

- Vous allez rencontrer une fille très jolie qui voudra tout connaître sur vous !

La grenouille répond :

- Ouais! Super ! Où ? Quand ? Comment ?

Le voyant hésite et répond :

- Le trimestre prochain, en classe de biologie...

*****

C'est une jeune poule qui rencontre une vieille poule. Elle lui dit d'un ton hautain :

- Moi mes œufs, ils sont bien plus gros que les tiens. La preuve, ils se vendent trois francs au marché, alors que les tiens ne sont qu'à deux francs cinquante.

Alors l'autre lui répond :

- Eh ! Oh ! dis, je vais pas me casser le cul pour cinquante centimes !

*****

Pourquoi les hippopotames ont-ils des pattes rondes ?

- Pour pouvoir sauter gracieusement de nénuphar en nénuphar !

*****

Ça se passe dans la forêt, autour d'une mare. Il y a un arbre : ça, c'est le décor.

Sur le bord de la mare, une grenouille se dit :

- Bon, la nuit va tomber, la mouche qui est sur le nénuphar va s'envoler, je vais bondir, gober la mouche : mon dîner est assuré.

Dans l'eau, une carpe se dit :

- Bon, la nuit va tomber, la mouche va s'envoler, la grenouille va bondir et la gober, moi, à ce moment-là, je vais sauter, attraper la grenouille, et me la manger.

Sur la rive, une loutre regarde la scène et se dit :

- Bon, la nuit va tomber, la mouche va s'envoler, la grenouille va bondir et la gober, la carpe va sauter et l'attraper, moi à ce moment-là, je vais plonger, capturer la carpe, la ramener sur la rive pour la manger : mon repas de ce soir est assuré.

Là-haut dans le ciel, un aigle regarde la scène et se dit :

- Bon, la nuit va tomber, la mouche va s'envoler, la grenouille va sauter et la gober, la carpe va l'attraper, la loutre va plonger et la ramener sur la rive, moi, à ce moment-là, je vais fondre sur la loutre pour l'emmener dans mon aire : mon dîner est assuré.

Sur une branche de l'arbre, une chatte regarde la scène et se dit :

- Bon, la nuit va tomber, la mouche va s'envoler, la grenouille va sauter et la gober, la carpe va attraper la grenouille, la loutre capturer la carpe, l'aigle va fondre sur la loutre, la loutre lâcher la carpe, et moi, à ce moment-là, je vais pouvoir attraper la carpe et me la manger.

Ça, c'est les acteurs.

La nuit tombe : ACTION !

La mouche s'envole.

La grenouille jaillit et gobe la mouche.

Au moment où elle va retomber sur un autre nénuphar, la carpe saute, l'attrape en plein vol et replonge.

La loutre plonge à son tour, attrape la carpe et revient vers la rive.

L'aigle fond sur la loutre, tel un V2, l'attrape dans ses serres et commence à remonter...

A ce moment-là, la chatte prend son élan, glisse sur la branche, et tombe à l'eau.

MORALITÉ : plus les préliminaires sont longs, plus la chatte est mouillée.

Blagues sur les éléphants

Un gars va chez le médecin parce qu'il a de l'urticaire sur les bras.

Le médecin : - Quel est votre métier?

Le patient : - Je fais des lavements aux éléphants du cirque.

Le médecin : - Et comment procédez-vous ?

Le patient : Eh bien, j'introduis mon bras dans leur rectum, et je branche le tuyau d'arrosage.

Le médecin : - Alors je peux vous garantir que si vous changez de boulot, votre urticaire sera guéri !

Le patient : - Quoi ? ! Vous n'y pensez pas ! Arrêter le show-business ?

* * * * * *

C'est le propriétaire d'un tout petit cirque. Ils possède un éléphant, mais il a beaucoup de mal à le nourrir, parce que les affaires vont plutôt mal en ce moment. Alors il se dit :

- Ce serait super si on pouvait demander à l'éléphant de faire quelque chose de jamais vu !

Et il passe en revue tous les tours que les éléphants des autres cirques sont capables de faire :

- Lever une patte : OK.
- Lever deux pattes : OK.
- Lever trois pattes : déjà fait dans un cirque aussi.
- Sauter en l'air : pas encore vu ! ! !

Alors le gars fait tirer des affiches pour le spectacle, sur lesquelles il fait ajouter :

- Nous offrons 50 000 FF à celui qui réussira à faire bondir en l'air notre éléphant.

Lors du spectacle, plusieurs personnes se présentent pour tenter le coup. A chaque fois, le directeur leur dit :

- OK, vous pouvez essayer, mais la participation est de 500 FF.

Tous les spectateurs qui essaient nè parviennent pas à tirer quoi que ce soit du pauvre éléphant. Et pendant ce temps-là, les finances du cirque remontent...

Jusqu'à ce qu'un jour, un homme se présente au directeur, donne un billet de

500 FF pour tenter le coup, lui dit de patienter le temps qu'il aille chercher un accessoire dans sa voiture.

Le gars revient sur la piste du cirque un club de golf à la main.

Il se place en face de l'éléphant, le regarde dans les yeux, puis il passe derrière lui et lui balance un swing ignoble dans les parties !

L'éléphant pousse alors un énorme barrissement de douleur et bondit des quatre pattes en l'air !!!!

Le directeur du cirque est alors obligé de payer l'homme... Et du coup, il se retrouve avec les mêmes problèmes financiers qu'avant.... Alors il se remet à réfléchir à ce qu'il pourrait demander d'inédit à son éléphant :

- Bouger la tête de haut en bas : OK.
- Bouger la tête de droite à gauche : jamais vu.

Et le voilà qui fait tirer des affiches pour inciter les gens à tenter ce nouveau tour sur son éléphant. Naturellement, à chaque tentative, le directeur empoche les 500 FF du participant, et les affaires reprennent...

Mais un jour, l'homme qui avait réussi à faire sauter en l'air l'éléphant se représente. Il donne sa participation de 500 FF au directeur, lui demande de patienter deux secondes, le temps qu'il prenne un accessoire dans sa voiture...

Et le voilà qui revient avec son bon vieux club de golf ; il se place devant l'éléphant et lui dit :

- Tu te souviens de moi ?

... Alors l'éléphant balance sa tête de haut en bas.

- Est-ce que tu veux que je te refasse la même chose que la dernière fois ?

... Et l'éléphant secoue la tête de droite à gauche.

* * * * * *

Un éléphant marche dans la jungle et renverse un nid de souris.

Celles-ci, furieuses, lui courent après, montent sur son dos et essayent de le mordre.

Sentant une vague démangeaison, l'éléphant donne quelques coups avec ses oreilles, et toutes les souris tombent par terre, sauf une, à cheval sur son cou, les quatre pattes écartées.

Et les autres lui crient :

- Vas-y, étrangle-le !

* * * * * *

Pourquoi les éléphants n'ont-ils pas d'ordinateurs ?
- Parce qu'ils ont peur des souris.

Qu'a dit Tarzan en voyant arriver les éléphants ?
- Oh ! Voilà les éléphants !

Qu'a dit Tarzan en voyant arriver les éléphants avec des lunettes noires ?
- Tiens, je ne les aurais pas reconnus.

Comment fait un éléphant pour grimper dans un arbre de 30 mètres de haut ?
- Il monte dans un arbre de 40 mètres et descend de 10 mètres.

Pourquoi les éléphants se peignent-ils le ventre en bleu ciel ?
- Pour ne pas se faire repérer quand ils volent.

Pourquoi les éléphants sont-ils gris ?
- Pour qu'on ne les confonde pas avec les fraises des bois.

Pourquoi les éléphants grimpent-ils aux cerisiers ?
- Pour manger les cerises.

Comment les éléphants se camouflent-ils dans un cerisier en été ?
- Ils se peignent les couilles en rouge.

Comment chasser les éléphants qui se sont peint les couilles en rouge ?
- Avec un fusil pour éléphants à couilles rouges.

Comment chasser les éléphants bleus ?
- On leur lit des blagues osées, leurs couilles rougissent, puis voir ci-dessus.

Comment chasser les éléphants blancs ?
- En les étranglant, ils deviennent tout bleus, après tu sais quoi faire...

Comment chasser les éléphants noirs ?
- Il suffit de leur faire peur, ils en pâlissent, et les éléphants blancs... (après voir ci-dessus).

Comment chasser les éléphants verts ?
- On leur paye un pot, bourrés ils sont noirs, c'est alors tout simple...

Comment chasser les éléphants rieurs ?
- Leur montrer son engin, ils ont horreur de la comparaison et en deviennent verts, après voir ci-dessus...

Et les éléphants jaunes ?
- Il n'y a qu'à leur dire qu'on a un engin plus gros que le leur, ça les fait marrer, après voir ci-dessus...

Comment chasser les éléphants à rayures ?
- Sérieusement, t'as déjà vu des éléphants à rayures ?

Pourquoi les éléphants ont-ils des chaussettes roses ?
- Pour pas qu'on les voie dans les pommiers en fleurs.

Pourquoi les éléphants ont-ils des chaussettes bleues ?
- Parce que les roses étaient au lavage.

Pourquoi les éléphants ont-ils des chaussettes jaunes ?
- Pour pas qu'on les voie quand ils nagent sur le dos dans la crème vanille.

Comment fait-on pour tuer un éléphant vert ?
- Ben, on prend son fusil à éléphant vert.

Et pour les éléphants rouges ?
- Ben, on prend un fusil à éléphant rouge.

Et les éléphants jaunes ?
- Ben, on peint un éléphant jaune en rouge, et on prend son fusil à éléphant rouge.

De quoi a besoin un éléphant qui a la diarrhée ?
- De beaucoup d'espace.

*****

NON, PAS CE SOIR, CHÉRI !
J'AI UNE MIGRAINE
ATRÔÔÔCE !!
!?
FRAPAR.

Deux explorateurs sont dans un bosquet. Un éléphant arrive et prend (sexuellement) une éléphante devant eux. L'un des deux gars demande :

- Pourquoi cligne-t-elle des yeux ?
- Elle compte les litres, répond l'autre.

* * * * * *

Un jour, papa éléphant, maman éléphant et bébé éléphant se promènent dans la jungle. Sur leur chemin se trouve une rivière qu'il faut traverser. Alors papa éléphant prend son élan et HOP, saute par dessus la rivière, et atterrit de l'autre côté. Maman éléphant fait de même. C'est au tour de bébé éléphant de sauter. Il prend son élan, il saute, et une fois de l'autre côté il dit :

- On a bien sauté tous les quatre, hein ?

Pourquoi ?

- Parce que les bébés éléphants ne savent pas très bien compter.

* * * * * *

Éléphant et Souris sont dans le désert. Il fait chaud. La souris demande :

- Eh, ça te fait rien, que je marche dans ton ombre pour une petite demi-heure ? On pourra changer après...

* * * * * *

Blague visuelle à faire par un garçon à une fille de préférence...

Demander :

- As-tu déjà vu un éléphant à trompe rose?

Réponse attendue : - Non.

Alors, retourner les poches de son pantalon et, d'un geste lent, baisser sa fermeture Eclair...

Blagues de bar

Il s'agit d'un type (si, si, vraiment), loser. Il entre dans un bar et se dirige vers le barman.

Loser : - Je vous parie 200 balles que je peux mordre mon œil droit.

Barman : - D'accord.

Il retire son œil de verre et le mord.

Une demi-heure plus tard :

Loser : - Je vous parie que je peux mordre mon autre œil.

Le barman réfléchit et se dit qu'il est impossible que cet homme ait un autre œil de verre puisqu'il se déplace sans mal.

Le type retire alors son dentier, et mord son autre œil. (Ah, vous me suivez toujours).

Un peu plus tard dans la soirée, il revient :

- Je vous donne une autre chance de regagner vos sous. Je vais poser ce verre sur le bar et je vais pisser dedans de derrière cette ligne sans mettre une goutte à côté.

Il s'éloigne donc et rate complètement son objectif. Le barman est tordu de rire et lui demande ce qui lui a pris de faire un pari si insensé.

Loser : - Tu vois ces types, là-bas. Je leur ai parié 1000 balles que je pisserais sur ton bar et que tu rirais comme un dingue.

* * * * * *

C'est un gars qui entre dans un bar et qui aborde une fille :

- Excusez-moi, mademoiselle, est-ce que tu baises ?

La fille se retourne, lui fout un énorme direct du droit dans la figure, prend un verre sur le comptoir et le lui écrase sur le crâne. Le gars tombe, elle lui donne des coups de pied dans les côtes, lui transperce les mains avec ses talons aiguilles et lui abat son tabouret dessus.

Puis elle va tranquillement s'asseoir un peu plus loin.

Après un quart d'heure, le gars se redresse péniblement, rampe vers elle, s'accroche au comptoir, parvient à se redresser, et lui dit difficilement :

- Ve fuppove que tu fufes pas non plus ?

* * * * * *

Dans un Café-tabac-Loto-PMU, un gars dit à son ami :
- Je jouerais bien 5 F au tiercé, mais je ne connais rien aux chevaux...
- Moi non plus, mais j'ai un truc. Fais comme moi, tu verras, ça marche à tous les coups : compte d'abord combien tu as de boutons à ta veste.
- Euh... quatre.
- Parfait. Et à ta chemise ?
- Voyons... cinq... six... sept.
- Très bien. Et combien de fois as-tu fait l'amour à ta femme cette semaine ?
- Eh bien, douze fois !
- Alors ce soir, tu joues 4-7-12.
Le soir, le gars écoute les résultats du tiercé. La combinaison gagnante est le 4-7-1.
- Merde ! s'écrie-t-il, dépité. Si j'avais su, j'aurais dit la vérité !

* * * * * *

Deux types se croisent :
- Comment va la santé ?
- Bof, j'ai fait un check-up le mois dernier et c'était pas brillant. Alors le médecin m'a conseillé de faire du sport.
- Et t'en fais ?
- Ouais, je fais des barres parallèles.
- C'est quoi déjà ? Tu sais, le sport et moi...
- Je vais boire un coup au troquet, je vais boire un pot au café d'en face, je vais boire un coup au troquet...

* * * * * *

Un homme d'affaires est assis dans un bar de luxe, quand il voit entrer une superbe blonde. Celle-ci s'approche de lui et lui murmure à l'oreille :
- Pour 1000 FF, je te ferai tout ce que tu veux, à condition que tu puisses le dire en trois mots maximum.
Le gars réfléchit quelques instants, sort 1000 FF de son portefeuille, et dit :
- Repeins ma maison.

* * * * * *

C'est un gars qui entre dans un bar, et commande directement six whiskys. Le barman lui dit en le servant :
- Hé ben... Vous avez dû passer une sacrée journée !

- M'en parlez pas! Je viens tout juste de découvrir que mon frère aîné est gay...

Le jour suivant, le gars se repointe dans le bar et recommande six whiskys.

Naturellement, le barman lui demande ce qu'il a encore appris aujourd'hui, et le gars répond :

- Je viens juste d'apprendre que mon frère cadet est gay lui aussi !

Et le troisième jour, rebelote, le gars commande à nouveau ses six whiskys.

Alors le barman lui dit :

- Mais enfin, il n'y a personne dans votre famille pour aimer les femmes ?

- Si... Ma femme !

* * * * * *

Un type discute avec son copain :

- Ça va mal, ces jours-ci, ma femme passe ses soirées à faire le tour des bars de la ville.

- Elle est alcoolique ?

- Non, elle me cherche.

* * * * * *

C'est un noir qui entre dans un piano-bar. Il s'accoude au comptoir :

- Ga'çon ! (avé l'accent)

Une blonde arrive :

- Monsieur désire ?

- Je vroud'ai un ouiski.

La blonde :

- Voilà, Monsieur.

- Dites-moi, il joue t'es bien ce pianiste, là-bas, dis donc.

La blonde :

- Allez le voir de ma part, il se fera un plaisir de jouer votre air favori.

Le noir s'approche du piano, et dit au musicien :

- Je viens de la pa' de la ba'maid. J'aime'ais entend'e «Mambo !»

Le pianiste, surpris :

- Mambo ? Je ne connais pas cette chanson, mais si vous me fredonnez les premières notes, cela me dira peut-être quelque chose.

Et le noir de chanter :

- Mambo sapin, 'oi des fo'êts...

******

Dans ce bar, le barman est réputé avoir une poigne terrible. À tel point qu'un concours permanent est ouvert dont le prix est quand même de 1000 francs.

L'épreuve consiste en ceci : le barman exprime avec sa main le jus d'un citron dans un verre. Si quelqu'un est capable de faire sortir une seule goutte du citron après la prestation du barman, alors il gagne les 1000 francs !

Tout le monde des gros bras (les forts des halles, les dockers et autres haltérophiles) s'est essayé à ce petit jeu, mais personne n'a encore gagné.

Un beau jour, un petit bonhomme, tout mince, tout fragile, avec des lunettes aux verres épais d'un centimètre se présente au barman et lui dit :

- J'aimerais tenter ma chance au concours !

Une fois que les rires se sont tus, le barman accepte. Ce dernier attrape un citron, et le presse complètement. Ensuite, il tend les restes du citron au petit bonhomme.

La foule qui regarde la scène pousse un «Ohhh» d'étonnement lorsqu'elle voit une, puis deux, puis trois, puis... six gouttes tomber du citron pourtant sec !!!

Après que la foule ait acclamé le gringalet comme il se doit, le barman sort 1000 francs de sa caisse, et demande :

- Et qu'est-ce que vous faites, comme métier ? Bûcheron ou quelque chose comme ça ?

Et le petit bonhomme répond :

- Non, non... Je suis contrôleur des impôts.

******

C'est deux gars qui sont au bar en train de comparer leurs femmes :

- Je te dis que ma femme est plus laide que la tienne !

- Quoi ?! ça m'étonnerait !

Après plusieurs verres, ne pouvant toujours pas s'accorder sur le sujet, le second dit :

- Viens à la maison voir ma femme, ensuite, on rendra visite à la tienne.

Arrivé chez le premier, l'autre reconnaît :

- Ouais, t'as raison, ta femme est vraiment laide, mais c'est rien à côté de la mienne.

Et les voilà qui se dirigent vers la deuxième maison. Le gars qui est chez lui précède son copain. Ils entrent dans la cuisine, puis se dirigent vers l'entrée de la cave. Là, le maître des lieux crie à travers la porte :

- Chérie, je suis rentré !

Et une voix féminine lui répond :

- Est-ce que je dois mettre le sac ?

Alors le gars répond :

- NON, NON, JE VEUX PAS BAISER, C'ÉTAIT JUSTE POUR TE MONTRER À QUELQU'UN !

* * * * * *

C'est un nain qui entre dans un bar : il a très très soif. Il s'approche du comptoir. Il est très haut, ce comptoir. Il ne voit rien de ce qu'il y a de l'autre côté... Il essaie quand même :

- JE VOUDRAIS UN FANTA !

... (pas de réponse).

Il essaie en sautant aussi haut qu'il peut (à raconter en mimant un nain qui saute...)

- J'VOUDRAIS UN FANTA !!
- J'VOUDRAIS UN FANTA !!

... (toujours pas de réponse).

Cette fois, le nain, il en a marre. Il fait le tour du comptoir et, une fois de l'autre côté, il aperçoit un autre nain, qui saute en l'air en criant :

- ORANGE OU CITRON ??!
- ORANGE OU CITRON ??!

* * * * * *

Un gars entre dans un bar et commande une bière au barman. Mais attention : le gars porte un crapaud sur la tête. Alors, intrigué, le barman lui demande :

- Comment vous avez attrapé ça ?

Et le crapaud lui répond :

- Je ne sais pas, ça a commencé par une verrue sous la patte !

* * * * * *

Deux copains se retrouvent dans un bar :

- Alors, quand est-ce que tu viens croûter à la maison ?

L'autre, blasé, qu'a pas le moral :

- Oh tu sais... manger, toujours manger...
- Viens au moins prendre l'apéro, ça te permettra de voir ma maison !
- Oh tu sais... boire, toujours boire...

- Mais si ! allez... Ma femme sera contente de te revoir.

- Oh tu sais... baiser, toujours baiser...

******

C'est un gars qui entre dans un bar avec sa pieuvre sous le bras. Il annonce à tout le monde :

- Je parie 500 francs que ma pieuvre est capable de jouer de n'importe quel instrument de musique !

Un des gars, qui avait sa guitare avec lui, l'amène à la pieuvre, qui se met à jouer «Whole lotta love» aussi sec. Et le gars en est quitte pour donner 500 francs au propriétaire de la pieuvre.

Un autre gars qui traînait par là avec son saxophone, amène son instrument à la pieuvre. Elle prend le sax, se mouille la cavité buccale, et commence à jouer «Petite fleur» aussi bien que Bechet !

Naturellement, le possesseur de la pieuvre empoche 500 francs de plus.

À ce moment-là, le patron du bar, qui avait suivi la scène, va chercher dans la remise sa cornemuse. Puis il dit au gars :

- Si ta pieuvre sait jouer de ça, je te donne 1000 balles !

Alors la pieuvre agrippe la cornemuse, la regarde dubitativement, la tourne et la retourne dans tous les sens, et semble bien ennuyée.

Le propriétaire de la pieuvre dit alors à l'animal :

- Qu'est-ce qui t'arrive ? Tu vas te dépêcher de jouer de cette putain de cornemuse, oui ou non ?

Et la pieuvre lui répond :

- En jouer ? Si j'arrive à savoir comment lui enlever son pyjama, je vais plutôt la baiser, oui...

******

Un gars entre dans un bar, et demande :

- Quelqu'un aurait-il perdu un gros rouleau d'argent, avec un élastique enroulé autour ?

Un client s'approche et dit :

- C'est à moi, c'est à moi !

- Tenez, j'ai retrouvé l'élastique...

******

Dans un café, un colosse complètement bourré vient s'installer au beau milieu du bar, et hurle :

- Tous ceux qui sont à gauche du bar sont rien que des suceurs de bites, et tous ceux qui sont à droite sont des enculés.

À ce moment-là, un gars se lève précipitamment du côté gauche où il se trouvait, et se dirige du côté droit du bar...

Le gars bourré l'interpelle :

- Hé, où tu vas, toi ?

- J'étais du mauvais côté, Monsieur.

* * * * * *

Deux ivrognes vont s'endormir sur un banc pour la nuit, et il ne reste plus qu'une bouteille de vin.

- Tu sais , nous allons nous ennndormir et deeemain, celui qui aura fait le plus beau rêve boiiiira la bouuuuteille.

La nuit se passe, et au petit matin :

- Alors tu as rêvé à quoi ? Dit le premier.

- Ben, que j'étais très riche, propriétaire de la coopérative et tout et tout. Je crois qu'avec ça, je vais pouvoir boire la bouteille.

Il regarde la bouteille qui est vide.

- Hé oui, fait le second, j'ai rêvé que je buvais un coup !

* * * * * *

Enseigne sur la boutique d'un opticien :

«DES VERRES PEUVENT CHANGER VOTRE PERSONNALITÉ».

Quelqu'un a rajouté : «Surtout si vous les videz souvent !»

* * * * * *

Deux copains, qui s'étaient perdus de vue, se rencontrent par hasard dans un café. L'un des deux demande à l'autre :

- Al..al..alors que...que dev...dev..deviens-tu..tu..tu... ?

- Ben, je suis marié, j'ai deux enfants. Et toi ?

- Moi..moi... je..je.. suis tou..tou..jours cé..cé..céliba..ba...taire. Et ta..ta...san..santé, ça..ça va ?

- J'ai été opéré il y a un mois de la prostate, mais maintenant, ça va.

- C'est...c'est quoi...quoi... la pro..la pro.. la prosta..ta..te... ?

- Simple : je pissais comme tu parles...

******

Ça se passe au Far West, dans une ville où tout le monde est à la recherche d'or.

Un étranger arrive, entre au saloon et demande au barman :

- Je cherche du boulot.

Alors le barman lui répond :

- Ça tombe bien, ici il y a toujours du boulot pour ceux qui en cherchent. Tu n'as qu'à aller à la mine, là-bas, et tu seras embauché illico.

La journée se passe.

Le soir, le même type entre à nouveau dans le saloon, et demande au barman :

- Je n'ai pas vu une seule femme dans toute la ville. Comment font les gars ici?

Le barman lui répond :

- Bah, c'est simple. Tu n'as qu'à aller dans la pièce du fond. Tu trouveras un tonneau avec un trou sur le côté. Là, tu n'auras qu'à introduire ton sexe dedans, et tu auras ce que tu cherches.

Alors le gars, qui venait de passer un an sans toucher de femme, est prêt à essayer, pour voir. Il introduit sa bite dans le trou du tonneau, et il se fait tailler une pipe.

Après avoir terminé sa petite affaire, il retourne voir le barman et il lui demande :

- C'était pas trop mal. Combien je dois ?

Le barman répond :

- C'est gratuit. Et ça sera gratuit pour toi tous les jours de la semaine, sauf le mercredi.

- Pourquoi le mercredi ?

- Parce que le mercredi, c'est ton tour d'aller dans le tonneau.

******

Il y avait une fois un ermite (au Far West) qui vivait dans les montagnes depuis pas mal d'années. Tous les six mois, il descendait en ville pour son ravitaillement.

En ville, il faisait halte au saloon dans lequel il prenait quelques verres, avant de monter à l'étage vidanger ses génitoires avec «Marie la baiseuse».

Un beau jour, alors qu'il était en ville et qu'il commandait à boire au barman, il demande si Marie est disponible.

Le barman lui répond que Marie est partie en Californie s'occuper de sa maman malade.

Ce jour-là, l'ermite est tout triste et repart dans ses montagnes le cœur et les génitoires gros.

Six mois plus tard, l'ermite revient et demande au barman s'il a trouvé quelqu'un pour remplacer Marie. Mais le barman lui répond :

- Hé non... Toujours pas...

Après quelques verres, l'ermite demande encore :

- Vous êtes sûr qu'il n'y a personne en ville qui pourrait remplacer Marie ?

- Ben, en fait, si. Il y a le vieux Jœ, au coin de la rue...

- Quoi ? Le vieux Jœ ? Pas question. Je n'en suis quand même pas arrivé là...

Quelques verres de whisky plus tard, l'ermite reprend la parole :

- Heu... ça fait vraiment longtemps maintenant. Et ça fera encore six mois avant que je revienne... Si je choisis d'aller voir Jœ, après tout, personne ne sera au courant ?...

Le barman :

- Personne ? On peut pas dire ça. Disons plutôt qu'on sera sept à le savoir : moi, vous, Jœ, plus les quatre gars qui seront là pour le tenir. Vous comprenez, il n'aime pas trop ça non plus, Jœ.

* * * * * *

C'est un clochard qui est vraiment très bourré, si bien qu'il ne peut s'empêcher de vomir.

Et donc il vomit, il vomit, sans pouvoir s'arrêter.

Au même moment, un chien vient renifler les régurgitations du clochard, et s'apprête même à faire un bon repas bien chaud.

Le clochard s'arrête de vomir, contemple la mare par terre, et se dit :

- Alors ça, ce sont les saucisses que j'ai mangées ce matin. De ce côté, c'est la choucroute d'hier soir, et là, les fayots d'hier midi. Là, je peux apercevoir clairement le camembert d'hier matin. Mais par contre, je ne me rappelle plus quand j'ai bouffé ce chien.

* * * * * *

Pourquoi Dieu a-t-il inventé l'alcool ?

- Pour permettre aux moches de baiser.

* * * * * *

Deux poivrots fauchés sont en manque de bière. Le premier dit à l'autre :

- J'ai une idée. Puisqu'on a que dix francs à deux, et que c'est trop peu pour aller dans les bars, on va acheter un hot-dog au coin de la rue...

Le deuxième poivrot ne comprend pas bien la technique, mais il laisse faire son copain.

Une fois la saucisse achetée, le premier tire le second dans le bar le plus proche. Là, ils commandent plusieurs verres qu'ils descendent promptement.

Lorsque le barman arrive dans leur direction avec l'addition, le premier prend la saucisse, la glisse dans la braguette du second, et entreprend de faire une fellation à la saucisse !

Le barman est furibard :

- TIREZ-VOUS DE MON BAR, ESPÈCES DE DÉGÉNÉRÉS !

Voyant que la technique a fonctionné dans le premier bar, les deux compères pénètrent dans un deuxième bar, et répètent le scénario... Toujours avec le même succès.

Quelques heures et quelques bars plus tard, ils ne peuvent plus faire un pas tellement ils sont bourrés, et ils s'écroulent sur un banc. À ce moment-là, le premier dit au second :

- Tu as vu ce qu'on peut faire avec une saucisse ?!

Et l'autre lui répond :

- Quelle saucisse ? On l'a perdue après le deuxième bar...

*****

Un mec est assis au bar, en face du barman. Soudain, tous ses voisins quittent leur tabouret précipitamment.

Le barman, qui voit qu'il y a un problème, se penche vers le mec bourré et constate qu'il a déféqué dans son pantalon.

Il lui demande :

- T'as chié dans ton froc, hein ?

Le gars acquiesce.

- Pourquoi tu ne vas pas te changer dans les toilettes ?

Alors le mec bourré regarde le barman et lui répond :

- Parce que j'ai pas encore fini.

*****

Un gars sort d'un bar en titubant avec un trousseau de clefs de voiture dans la main. Un agent de police qui l'a repéré s'approche, et lui demande :

TRICHEUR !
FRAPAR.

- Je peux vous aider, Monsieur ?
- Ouaip mon gars ! Y a quéqu'un qu'a volé ma voiture !
- Et où était votre voiture la dernière fois que vous l'avez vue ?
- Elle était au bout d'cette satanée clef.

Le policier se rend bien compte que le gars est bourré. Il le toise d'un air méprisant et oh ! Horreur ! constate que la braguette du type est ouverte, et que sa bite pend lamentablement hors du pantalon...

- Monsieur, je vous prie de rajuster votre tenue ! dit le policier, choqué.

Et le poivrot, qui a suivi le regard du policier répond aussi sec :

- Ah les salauds ! Ils ont pris aussi ma petite amie !!!

* * * * * *

Un gars se réveille à l'hôpital après un terrible accident. Il crie :

- Docteur, c'est horrible, je ne sens plus mes jambes !

Et le doc lui répond :

- Bien sûr, Monsieur, je vous ai amputé des deux bras.

* * * * * *

Ça se passe aux Etats-Unis. Une voiture fait des zigzags. Un policier fait signe au conducteur de s'arrêter et lui dit :

- Monsieur, je dois contrôler votre alcoolémie. Vous allez devoir souffler dans cet éthylomètre.

Le gars répond :

- Je ne peux pas, je suis asthmatique, et souffler dans ce genre de truc, ça me déclenche des crises d'asthme...
- D'accord... Dans ce cas, vous allez venir avec moi au commissariat, et un médecin vous fera une prise de sang.
- Impossible, je suis hémophile. Les plaies de piqûres me font toujours saigner et j'ai de gigantesques hématomes sur les bras pendant des mois...
- Eh bien, dans ce cas, je me baserai simplement sur un examen visuel de vos capacités. Venez avec moi jusqu'à cette ligne blanche.

Le type s'exécute.

- OK, maintenant, reprend le policier, vous allez essayer de marcher tout droit en mettant vos pieds sur la ligne !
- C'est impossible !
- Et pourquoi cette fois-ci ?
- Parce que je suis bourré.

* * * * * *

Un gars, tout timide et un peu gringalet, a un peu trop bu, et il a une énorme envie de pisser. Il se rend dans les W-C. du bar où il n'y a qu'un seul urinoir, et commence à faire son pipi... lorsqu'une montagne de muscles fait son entrée dans les chiottes, et vient se placer juste derrière lui.

Sentant le regard du gars baraqué derrière son dos, le gars timide qui a trop bu demande :

- Euh, comment tu t'appelles ?
- Alban Cheutois, répond le gars en parlant dans ses dents.

En entendant ça, le petit gars s'évanouit sur le coup. Il revient à lui lorsque la montagne de muscles lui verse un peu d'eau sur la figure. En tremblant, il demande :

- Comment avez-vous dit que vous vous appeliez ?
- J'ai dit : ALBAN CHEUTOIS !
- Oh ! Merci, mon Dieu ! J'ai cru que vous aviez répondu «PENCHE-TOI !»

* * * * * *

Dans un bar, un mec bourré demande au barman :
- Dis donc, HIPS, tu... tu... tu crois qu'un citron, ça a des pattes ?
- Non.
- Alors, HIPS, j'ai du pre... presser ton ca... ton canari dans mon Martini.

Blagues belges

Remarque préliminaire : Les blagues anti-Belges des Français sont très souvent les blagues anti-Newfies des Québécois... Mais qu'est-ce qu'un Newfie alors ?

- C'est un habitant du NewFoundLand (Terre Neuve).

Ça se passe en France, dans une maison bourgeoise. La bonne (belge) fait les poussières dans la chambre de sa patronne, pendant que cette dernière se maquille devant la coiffeuse.

La femme de chambre, trouvant une capote usagée sous le lit :

- Oh ! Ben alors, une fois, ça c'est dégueulasse, alors...

La maîtresse de maison :

- Mais allons, Ginette, je vous en prie... restez correcte !

- Bien sûr, Madame... Mais c'est quand même vraiment dégueulasse ça, une fois !

- Il suffit Ginette... Vous ne faites donc jamais l'amour chez vous, en Belgique ?

- Bien sûr que si, Madame.... mais pas au point d'y laisser la peau !

* * * * * *

C'est un Belge, sur la glace... Il sort sa scie et sa canne à pêche, et commence à découper un trou dans la glace. A ce moment-là, une voix d'outre-tombe, résonnante, se fait entendre :

- IL N'Y A PAS DE POISSON ICI...

Le Belge, intrigué, s'arrête, regarde autour de lui, ne voit personne, et continue.

- IL N'Y A PAS DE POISSON ICI !

Stupéfait, il s'arrête, et tend l'oreille... Plus rien. Il reprend son travail.

- IL N'Y A PAS DE POISSON ICI !!!

Et le Belge de répondre :

- Mais qui parle, une fois ?

- LE DIRECTEUR DE LA PATINOIRE !

* * * * * *

C'est un Belge qui marche dans la rue. Il passe devant un distributeur de boissons et s'arrête, stupéfait.

- Tiens, alors comme c'est bizarre, à quoi ça peut bien servir ?

Il fout une pièce, appuie sur un bouton au hasard, et une canette tombe.

- Bah alors là, c'est drôle une fois...

Il remet une pièce, appuie sur un bouton, et une autre canette tombe.

- Mais alors là, c'est drôle, encore une autre, alors !!!

Il refout une pièce, continue, refout une pièce... Jusqu'à ce qu'un passant lui dise :

- Mais alors, Monsieur, vous allez dépenser beaucoup comme ça ?

L'autre lui répond :

- Bah, du moment que je gagne, je joue, hein !!!...

* * * * * *

Belgique : ils ne sont pas tous cons !

... Les scientifiques s'interrogent tout de même.

* * * * * *

A quoi reconnaît-on un Belge dans une partouze ?

C'est le seul à baiser sa femme.

* * * * * *

Pourquoi y a-t-il toujours un tas de merde devant les magasins belges ?

- Parce que sur la porte, c'est écrit : «Poussez fort».

Pourquoi y a-t-il une baignoire sur les camions des pompiers belges ?

- Pour la sirène.

* * * * * *

Pourquoi les Belges courent-ils à la fenêtre quand il y a de l'orage ?

- Pour être sur la photo !

* * * * * *

Pourquoi, hein, pourquoi les Belges font-ils du vélo avec des bottes ?

- Parce que le sida s'attrape avec les pédales !!!!

* * * * * *

À quoi reconnaît-on un motard belge heureux ?
- Aux moustiques collés sur les dents.

* * * * * *

Vous savez pourquoi les motards belges mettent leur pyjama pour faire de la moto ?
- Pour pouvoir se coucher dans les virages !

* * * * * *

Pourquoi les Belges font-ils ça en conduisant ? (baissez la vitre, gesticulez la main en direction du toit de la voiture).
- C'est pour amuser la galerie.

* * * * * *

À quoi reconnaît-on un Belge qui joue à la pétanque ?
- C'est le seul qui essaie de faire une tête.

* * * * * *

Pourquoi ils n'ont pas de glaçons en Belgique ?
- Ils ont perdu la recette.

* * * * * *

Qu'est-ce qu'un Belge bissexuel ?
- Un Belge qui ne fait l'amour que deux fois par mois.

* * * * * *

Qu'est-ce qu'un cocu belge?
- Un homme qui est obligé de se déguiser en facteur pour coucher avec sa femme.

* * * * * *

Pourquoi les Belges ont-ils le zizi carré ?
- Parce qu'ils font l'amour comme des patates.

* * * * * *

Comment les Bruxellois jouent-ils à pile ou face ?

- Avec une pince à épiler et une gomme. Une pince à épiler, ça-est-pile, et une gomme, ça-est-face.

* * * * * *

Un Belge est mort en buvant du lait !
- Ah bon ! le lait était empoisonné ?
- Non, la vache s'est assise !

* * * * * *

Constatation : lorsqu'un Belge s'adosse à un mur, celui-ci s'effondre.
Déduction : c'est toujours le plus intelligent qui cède !

* * * * * *

Une femme belge s'est fait avorter...
... Elle craignait que l'enfant ne soit pas d'elle.

* * * * * *

C'est l'histoire d'un voleur belge qui a envoyé son curriculum vitæ au commissariat car il avait vu l'affiche «Recherché pour hold-up».

* * * * * *

Qu'est-ce qui est écrit sur le fond des canettes de bière (ou Coca...) belges ?
- Ouvrir de l'autre côté.

* * * * * *

Savez vous combien il faut de Newfies pour pêcher sur un lac gelé en hiver ?
... Non ?...
Cinq : un pour faire le trou dans la glace, et quatre pour enfoncer la chaloupe.

* * * * * *

Pourquoi les Newfies ont-ils les bancs de morue, et les Arabes le pétrole ?
- Parce qu'au jour de la Création du monde, ce sont les Newfies qui ont choisi les premiers.

* * * * * *

Un Belge apprend que les prostituées hollandaises proposent un forfait comprenant la nuit, la chambre d'hôtel, et le bock de bière. Il décide donc d'aller passer le week-end à Amsterdam.

Il fait toutes les vitrines de la ville, mais les prix proposés sont trop élevés pour lui. Penaud, il s'apprête à reprendre le train, lorsqu'il avise un tromblon immonde et flétri, entouré d'un essaim de mouches.

Le Belge : - C'est combien ?

Le tromblon : C'est vingt florins avec la chambre d'hôtel et la bière.

Le Belge : D'accord, je te suis.

Lorsqu'ils sont dans l'escalier, la prostituée se retourne vers lui et lui dit, un peu gênée :

- Écoute, je préfère être honnête avec toi : je n'ai pas de clitoris.

Le Belge : - Bah, c'est pas grave. Je prendrai une Heineken.

* * * * * *

Deux Belges ont décidé d'aller chasser l'élan dans le nord canadien. Ils se renseignent sur les meilleurs endroits, louent une voiture et des fusils, vont au bout de la route qu'on leur a indiquée, laissent la voiture, et continuent à pied. Ils marchent pendant une heure, et tout d'un coup, ils voient un élan. Un coup de fusil, et son affaire est réglée. Ils l'attrapent par la queue et commencent à le tirer vers la voiture. Mais les poils de l'élan accrochent sur la neige, et au bout de deux heures, ils n'ont fait qu'une centaine de mètres. Passe un chasseur du coin qui leur dit :

- Ah ! Mais c'est pas comme ça qu'il faut faire !! Tirez par les cornes, comme ça les poils se dresseront pas et ça glissera plus facilement !

Les Belges décident de suivre cet excellent conseil, et au bout d'un moment, l'un d'eux remarque :

- Alleye, alleye, c'est vrai que ça est bien plus facile comme ça. Mais alors, qu'est-ce qu'on s'éloigne de la voiture...

(NDLR : j'ai laissé «Belges» mais «Newfies» aurait été de meilleur aloi).

* * * * * *

Et encore une histoire de chasseurs :

Deux chasseurs (allez, mettons des Belges, mais ça pourrait aussi bien être des Newfies, ou ce que vous voulez), partent... chasser le cerf dans le grand nord au Canada.

Afin de partir de leur camp situé à proximité d'un des innombrables lacs de cette région, ils prennent un hydravion. Et vlan, décollage.

VROOOOOOOAAAAAAARRRRR...

Arrivés à destination, nos deux potes descendent et s'apprêtent à vivre leur grande aventure.

- Hé ! fait le pilote, je passe vous prendre dans une semaine. Mais je n'accepte qu'un cerf par personne. Vous comprenez, ça pèse ces animaux, et l'hydravion ne supporterait pas une surcharge. Compris ?

- Ouais ouais, fait l'un des chasseurs. Pas de problème.

- OK, les mecs. Bonne chance et à la semaine prochaine.

Et voilà, ça peut commencer. La semaine passe tranquillement, et les deux chasseurs terminent avec deux cerfs chacun... Ils se rendent tant bien que mal au rendez-vous.

Apercevant les quatre cerfs, le pilote fait :

- Mais... ?! Je vous avais prévenus : je ne prends qu'un seul cerf par chasseur. Que faites-vous avec ces quatre bêtes ? Je refuse de vous ramener dans ces conditions ! L'hydravion ne va jamais pouvoir décoller.

- Ah, fait l'un des deux Belges, pourtant, le pilote de l'an dernier, lui, n'avait pas hésité à décoller avec quatre cerfs...

- #@$@#$$@# ! Enfin, s'il y est arrivé, pourquoi pas moi. Mais franchement, c'est la première et la dernière fois. Allez, montez avec vos bestioles, et accrochez vos ceintures.

Les moteurs se mettent en route, et l'hydravion s'élance. Lorsqu'il a atteint sa vitesse maximale, le pilote lève le manche à balai, mais la surcharge est trop importante, et le bolide, après avoir légèrement quitté la surface du lac, pique... pour aller se mettre en mille morceaux dans la forêt voisine.

Tout notre petit monde tombe dans les choux. Quelques instants après, l'un des deux chasseurs reprend connaissance, et demande à son pote (qui vient lui aussi de se réveiller) :

- Mais où sommes-nous ?

- Si ma mémoire est bonne, fait l'autre en contemplant les alentours, nous sommes à peu près à 200 mètres de l'endroit où nous nous étions écrasés l'année dernière...

* * * * * *

Un Français, un Américain et un Belge sont invités par un ami Saoudien qui leur fait visiter son immense propriété. Ils arrivent au bord d'une piscine vide...

- Pourquoi est-elle vide ? demande le Français qui a une grande vivacité d'esprit.

- Eh bien, c'est parce qu'il y a un système perfectionné qui permet de remplir la piscine à la demande. Approchez-vous du bord, dites un mot bien fort, et la piscine se remplira immédiatement de ce que vous avez demandé.

Le Français s'approche alors (décidément, c'est le plus vif), et dit :

- Champagne !

La piscine se remplit alors de champagne, le Français plonge, nage, boit... Heu- reux !!

L'Américain dit :

- A mon tour !

On vide alors la piscine, l'Américain s'approche du bord, et dit :

- Bourbon !

La piscine se remplit de Bourbon, l'Américain plonge, nage, boit ! Il est ravi ! (Et, entre parenthèses, complètement bourré !)

On vide la piscine, le Belge se précipite mais trébuche et tombe dans le bassin en disant :

- Meeeeeeeerde !

* * * * * *

C'est un touriste belge qui est en vacances à l'étranger. Il entre dans un bistrot, et demande au barman :

- Vous z'auriez pas un bout d'fil de fer, une fois ? J'ne peux plus ouvrir la portière de ma voiture. La vitre est restée entrouverte et j'voudrais essayer d'accrocher, une fois, la poignée intérieure...

Et le voilà qui se dirige vers sa voiture avec son fil de fer dans la main. Il se contorsionne comme un diable pour tenter d'ouvrir la portière de sa caisse. Et au bout d'un moment, on entend une voix qui vient de l'intérieur de la voiture... C'est sa femme qui lui dit :

- Un peu plus à gauche, là !

* * * * * *

Vous ne verrez jamais un Newfie (ou un Belge) manger de la langue de bœuf...

Il trouve dégoûtant ce qui vient de la bouche d'un animal... Il préfère de loin manger des œufs.

* * * * * *

C'est un couple qui cherche à adopter un enfant par tous les moyens depuis plusieurs années.

L'administration ayant rejeté leur candidature, ils se tournent vers une société privée. Un beau jour, le patron de la boîte privée appelle le couple et lui dit :

- Ça y est! Nous avons votre bébé. C'est un petit Cambodgien. Il n'y a plus qu'à aller le chercher là-bas.

Les nouveaux parents sont fous de joie. Ils partent illico chercher leur bébé. Au Cambodge, les formalités durent quand même quelques semaines, mais le bébé est bien là.

Ils rentrent finalement au pays, en Belgique, et filent à l'université s'inscrire aux cours du soir.

Alors qu'ils remplissent les papiers, le secrétaire leur demande :

- Je peux vous demander la raison qui vous pousse à apprendre le cambodgien ?

Et la réponse ne tarde pas :

- Nous venons juste d'adopter un bébé cambodgien. Dans un an, il commencera à parler. Alors on veut comprendre ce qu'il dira à ce moment-là.

* * * * * *

C'est un Flamand qui vient de gagner au loto, et décide de s'acheter une voiture de sport. Il arrive chez le concessionnaire Ferrari et demande s'il peut faire un essai.

Une heure plus tard, notre Flamand de revenir, la Ferrari sur une remorque, le moteur explosé.

- C'est quand même pas possible, j'étais à 150 sur l'autoroute, et le moteur qui explose !!!

Le concessionnaire :

- Nous sommes désolés, Monsieur, voici une nouvelle voiture pour faire un essai.

Une heure plus tard, notre Flamand de revenir, la Ferrari sur une remorque, le moteur explosé.

- J'ai eu exactement le même problème. A 150, boum !!!

Le concessionnaire :

- Écoutez, voici une nouvelle voiture, et si vous le permettez, je vais vous accompagner.

Tout se passe parfaitement bien, jusqu'au moment où ils arrivent sur l'autoroute.

Le Flamand :

- Tu vois, hein, ici je pousse à fond. 3e, 4e, 5e, et toujours à fond, ici je mets le petit «R» de Rapide.

* * * * * *

Deux Belges font un safari en Afrique. Soudain, un lion sort de la brousse et se jette sur un des gars. Après une dure bataille, ce dernier réussit à se dégager de la bête et à la faire fuir. Tout ensanglanté, les vêtements en lambeaux, il rejoint alors son ami :

- Espèce d'idiot, pourquoi tu n'as pas tiré ? Ce lion a failli me tuer.

- Mais tu m'as dit que c'était un fusil pour les éléphants, une fois...

* * * * * *

C'est deux Belges qui discutent. L'un des deux va se marier et il est bien embêté :

- Je ne suis pas sûr que ma femme soit encore vierge. Tu n'aurais pas un truc pour que je le sache ?

- Oh si ! J'ai un super truc. Tu vas voir, c'est simple. Tu as besoin de peinture rouge, de peinture bleue, et d'une pelle. Tu vas te peindre une couille en bleu, une couille en rouge, et si lors de ta nuit de noces ta femme te dit :

- Ah ah ah ! C'est la paire de couilles la plus drôle que j'ai jamais vue de ma vie !...

... Alors tu l'assommes avec la pelle.

* * * * * *

C'est en France, un scientifique qui veut faire des expériences sur le cerveau humain. Il a réussi (on ne sait comment) à se procurer un cobaye, et décide de lui enlever un bout du cerveau...

Il lui ouvre le crâne, lui coupe juste une fine pelure de cerveau et lui demande alors :

- Combien font 3 et 16 ?

Le cobaye répond : 19 !

Alors le scientifique prend confiance en lui... et lui enlève un quart du cerveau !

Il demande alors :

- Combien font 26 et 8 ?

Le cobaye répond : 34 !

Agacé, il lui enlève maintenant la moitié du cerveau !

Il lui demande alors :

Combien font 61 et 32 ?

Le cobaye répond : 93 !

Le scientifique en a marre, il vide le crâne, récure bien dans tous les coins (passe le papier de verre et tout et tout...).

Il lui demande alors :

- Combien font 41 et 32 ?

Le cobaye répond : septante-trois !

NDLR : Bon, d'accord, les cobayes qui parlent, ça ne court pas les rues. On peut rendre la blague plus «réaliste» en évoquant un prisonnier de guerre servant aux expériences des nazis, mais ce n'est pas plus drôle pour autant.

NDLR2 : La chute de la blague peut aussi être le cobaye qui répond :

- Vous avez les papiers du véhicule ?

* * * * * *

L'œuf de la discorde

Ça s'passe en Belgique, dans les Fourons, un petit village coupé en deux par la frontière linguistique.

V'la qu'une poule wallonne s'échappe de son champ, et va pondre son œuf chez le voisin du côté flamand.

À qui appartient l'œuf ?

Le Flamand, propriétaire du champ, invoque le droit du sol et soutient que comme l'œuf a été pondu en Flandre, il est flamand et donc lui appartient.

Le Wallon invoque, bien sûr, le droit du sang et explique qu'un œuf pondu par une poule wallonne est wallon, et donc lui appartient.

(Note pour tous les étrangers qui sont d'ailleurs de plus en plus nombreux dans le monde : ceux qui ont suivi la politique belge connaissent bien cette argumentation).

Alors le conflit dégénère. Pas moyen de se mettre d'accord. Ça gueule, ça hurle, ça manifeste, ça scande des slogans séparatistes, quand le Flamand propose :

- Alley, écoute un peu, une fois. On va faire un concours, hein. Celui-là qui supporte le plus la douleur, il est le meilleur. Alors, on se frappe dans les couilles, et le premier qui dit qu'il a mal, il a perdu, hein, et l'œuf ça est pour l'autre. Ça va ?

- C'est d'accord, dit le Wallon, mais c'est moi qui frappe le premier.

Et il assène un formidable coup de latte dans les roubignoles de son voisin. Celui-ci a bien du mal à retenir un cri de douleur tellement le coup est puissant. Le néerlandophone est tout rouge, plié en deux, puis il passe au bleu, est plié en quatre, et finit par se relever, livide, mais fier d'avoir enduré la souffrance si héroïquement.

Alors il se dirige vers le Wallon et dit :

- Alley, ça est mon tour, hein.

Et le Wallon : - Bah, non, finalement tu peux avoir l'œuf.

* * * * * *

Un Belge arrive chez le médecin :

- Docteur, je ne comprends pas. A chaque fois que je bois un café, je ressens une violente douleur dans l'œil gauche.

- C'est vraiment bizarre, je ne vois pas, s'interroge le médecin. Il lui fait préparer un café :

- Buvez devant moi, on verra bien.

Le pauvre Belge obtempère et bien sûr :

- Ouille, ouille, vous voyez bien Docteur...

- ... Oh je vois... Je vous conseille simplement d'enlever la cuillère de la tasse quand vous buvez !

* * * * * *

Deux Belges sont arrêtés à un feu tricolore. Le passager dit à l'autre :

- C'est vert !

L'autre ne réagit pas.

Il répète :

- C'est vert !

Toujours aucune réaction.

- J'te dis que c'est vert !

À ce moment-là le conducteur répond :

- Eh ben je sais pas, moi... Une grenouille ?

* * * * * *

C'est un Belge (ou un Newfie) qui va dans un magasin spécialisé dans les cadeaux et les gadgets. En se baladant dans les rayons, il trouve des lunettes qui déshabillent. Ils les essaie et n'est pas convaincu de leur efficacité, mais le vendeur, le voyant hésitant, arrive et lui explique que ces lunettes ne fonctionnent pas bien dans le magasin, qu'elles nécessitent une certaine luminosité pour bien fonctionner, etc...

Finalement, notre homme se laisse convaincre. Pour rentrer chez lui à pied, il porte la paire de lunettes, et effectivement, cette fois, il constate que les gens qu'il croise dans la rue sont tout nus ! Lorsqu'il enlève les lunettes, il voit à nouveau les gens habillés ! Et du coup, il remet bien vite ses lunettes sur son nez et continue son chemin.

En pénétrant dans sa maison, il est impatient de montrer ces lunettes extraordinaires à sa femme, mais il ne la trouve pas. Alors il va voir dans toutes les pièces, et finalement, il ouvre la porte de la chambre à coucher. Là, il voit sa femme et le postier, complètement nus sur le lit.

À peine surpris, notre Belgo-Newfie enlève ses lunettes, et il les voit encore tout nus. Il remet les lunettes devant ses yeux, et ils sont encore et toujours tout nus.

Alors il dit :

- Bon sang ! Quand je pense que j'ai payé ces lunettes 500 francs et qu'elles sont déjà cassées !

* * * * * *

Ce sont deux Belges qui se promènent dans le désert. Un des Belges trimballe avec lui une portière d'automobile.

- Pourquoi transportes-tu cette porte, une fois ? lui demande son pote intrigué.

- C'est pour baisser la vitre lorsque j'ai trop chaud....

* * * * * *

Un Belge vient passer ses vacances chez un ami qui habite en France. Celuici vient l'attendre à son arrivée à Roissy dans sa Mercedes flambant neuve.

Le Belge prend place dans la voiture, très impressionné. Au bout de quelques kilomètres, il ne peut s'empêcher de demander à son ami à quoi sert l'étoile qui se trouve au bout du capot (c'était un Belge d'une partie très très reculée des Ardennes...)

- C'est simple, lui dit le Français, l'étoile, c'est un viseur. Quand je vois un policier, je vise, j'accélère, et je l'écrase.

Le Belge paraissant incrédule, le Français lui dit un peu plus loin :

LE BUG de L'AN 2000 :
UNE MACHINE À REMONTER LE TEMPS !
DANS DEUX MINUTES, ON SERA EN 1900 !
31.XII.99
23:58
FRAPAR.

- Tiens, en voilà un justement. Je vais te montrer.

Aussitôt, le Français fait mine de viser l'agent, et il accélère.

Au dernier moment, bien sûr, il évite le policier. Soudain, il entend un bruit sourd et un cri. Il tourne la tête vers le Belge qui s'exclame :

- M'enfin, c'est fou ce que tu es maladroit, si je n'avais pas ouvert la portière, tu le ratais !

* * * * * *

Un couple de Belges veut acheter une maison. Pendant la visite, ils entendent le bruit tonitruant d'un train qui passe.

Le type qui fait visiter, un peu gêné, dit alors :

- On entend ça les trois premiers jours puis après, on n'y fait plus attention, ne vous inquiétez pas.

- C'est bon, dans ce cas-là, on passera les trois premiers jours à l'hôtel.

* * * * * *

Il y a en ce moment une file de 25 km à la frontière entre Mons (Belgique) et Valenciennes (France).

Les douaniers arrêtent l'un des nombreux automobilistes belges :

- Quelle est votre profession ?

- Coiffeur...

Puis un autre...

- Quelle est votre profession ?

- Coiffeur...

... Et encore un autre :

- Quelle est votre profession ?

- Coiffeur...

...

- Mais enfin pourquoi venez-vous en France ?

- Votre Premier ministre vient de dire qu'on frisait les quatre millions de chômeurs...

* * * * * *

Ce sont deux gars dans un bar de Mouscron (Belgique). Il y a un petit (Français) et une armoire à glace belge (il travaille à l'abattoir).

Le Français dit au Belge :

- Hé, dis, tu veux que je te raconte une histoire belge ?

- Ouais, vas-y ! Mais je te préviens d'abord que je SUIS Belge... Et eux aussi SONT Belges, car ce sont mes frères, dit l'armoire à glace en désignant deux autres types énormes à la table d'à côté.

Un des deux frères va ensuite vers une autre table où se trouvent quatre autres armoires à glace belges qui se ramènent en disant :

- Et nous, on est leurs cousins, et on EST Belges, nous aussi.

Et sur ces entrefaites, un troupeau d'armoires à glace, belges à n'en pas douter, fait son entrée dans le bar.

Alors le premier Belge en profite pour demander au petit Français :

- Alors, tu veux toujours la raconter ton histoire belge, une fois ?
- Non, répond le Français.
- Et pourquoi pas ? Tu as peur ?
- Non, c'est pas ça. C'est juste que j'ai pas envie de l'expliquer cinq fois.

* * * * * *

Ce sont deux Français dans ce bar de Mouscron. L'un des deux, qui est bien imbibé, raconte à haute voix des histoires belges (et pas les plus fines).

Celui qui est clair essaie bien de le dissuader de poursuivre, mais rien n'y fait, l'autre continue à raconter ses blagues toujours en parlant plus fort.

Naturellement, la patience des autochtones ayant ses limites, un des clients belges de l'établissement vient aborder les Français en disant :

- Si ce malotru continue à se moquer de nous, les Belges, une fois, ça va mal se terminer.

Et il s'éloigne... Mais le Français bourré ne se calme pas pour autant, et pendant cinq minutes encore, les histoires belges continuent à pleuvoir.

Finalement, sentant qu'il vaut mieux disparaître, le Français pas bourré paie et entraîne son ami vers la sortie. Sur le parking, alors qu'il cherche ses clés de voiture, il entend une voix derrière lui qui dit :

- Je vous ai attendus, espèces de sales Français. Vous allez payer maintenant...

Et là, le Français encore clair se retourne, voit le Belge qui brandit un rasoir...

... et constate avec soulagement qu'il n'y a aucune prise électrique
pour le brancher.

* * * * * *

Un accident de bus belge a fait 40 morts :
20 dans l'accident et 20 dans la reconstitution.

* * * * * *

Le premier vol spatial européen

Ça y est, le premier vol spatial européen habité est en route. À bord de la navette Hermès ont embarqué deux cochons et un spationaute belge.

(Note du blagueur : Il a fallu choisir un Belge car les Français n'auraient pas permis que le spationaute soit allemand, et les Allemands n'auraient pas voulu d'un Français. Et les Allemands comme les Français étaient d'accord pour refuser que le spationaute soit anglais... à moins bien sûr que ce ne soit John Major [mais il s'était désisté]).

Pendant le vol, la conversation suivante a lieu entre la base terrestre et la navette :

- Allô, allô, ici le contrôle terrestre pour Cochon N°1. Cochon N°1, est-ce que vous m'entendez ?

- Allô, allô, ici Cochon N°1. Je vous reçois cinq sur cinq.

- Cochon N°1, est-ce que tout fonctionne correctement ?

- Tout est sous contrôle. Le vol se déroule parfaitement.

- Très bien. Pouvez-vous nous confirmer vos instructions ?

- Oui, contrôle terrestre : dès lors que nous serons en orbite, j'enclenche le bouton carré, et je relâche le bouton rond.

- Très bien, Cochon N°1. Cochon N°2, me recevez-vous ?

- Je vous reçois cinq sur cinq.

- Comment se déroule le vol de votre côté, Cochon N°2 ?

- Tout va bien. Aucun problème.

- Cochon N°2, pouvez-vous nous répéter vos instructions ?

- Oui. Lors de l'atterrissage, je tire le levier rouge et je pousse le levier bleu.

- Très bien, cochon N°2. Spationaute belge, me recevez-vous ?

- Ici le spationaute. Je vous entends très bien.

- Comment se déroule le vol ?

- Le vol est très agréable. Aucun problème à signaler.

- Spationaute, pouvez-vous répéter vos instructions ?

- Oui, contrôle terrestre. Je dois nourrir les cochons deux fois par jour, et SURTOUT, SURTOUT, je ne dois toucher à rien.

* * * * * *

C'est un Français qui emmène un de ses amis belges voir un western au cinéma. À un moment donné, le Français s'adresse à son ami :

- Je parie cent balles que John Wayne va tomber de cheval...
- Pari tenu, répond le Belge.

Et John Wayne tombe effectivement de cheval...

Honnête, le Français précise :

- Écoute, je ne peux pas prendre tes cent francs, parce que je savais ce qui allait se passer. J'avais déjà vu le film.
- Ben justement, dit le Belge, moi aussi j'avais déjà vu le film, mais que John Wayne tombe une deuxième fois de cheval, ça j'aurais jamais pu l'imaginer...

******

C'est un couple de Belges qui visite le musée du Louvre et qui arrive dans les salles regroupant les vestiges égyptiens. La femme essaye alors de déchiffrer les inscriptions portées sur le sarcophage d'une momie :

- Ah, dis donc, chéri, qu'est-ce que ça veut dire : «3865 AV JC.» ?
- Oh ben, c'est sûrement le numéro de la voiture qui l'a écrasée.

******

Gros titres dans les journaux de Bruxelles :

EN VACANCES AU BORD DE LA MÉDITERRANÉE, UN BELGE A TROUVÉ UN OS DE SEICHE DE DEUX MÈTRES DE LONG.

Après expertise, on s'est rendu compte qu'il s'agissait d'une planche de surf.

DRAME SUR UN CARGO BELGE CROISANT EN MÉDITERRANÉE...

La météo avait annoncé une mer d'huile :

Trois tonnes de frites congelées ont été balancées à la mer !

******

Deux explorateurs belges sont dans la jungle. Soudain, ils se trouvent face à face avec un tigre.

- Du calme, dit l'un d'eux. Tu te rappelles ce que dit le manuel d'instructions ? Si on le regarde droit dans les yeux, il fait demi-tour et s'en va.
- D'accord, nous on a lu le livre. Mais le tigre, lui, est-ce qu'il l'a lu ?

******

Dans les rues de Bruxelles, une maman pousse un landau. Un passant s'approche, regarde, et dit :

- Quel beau bébé ! Puis, se ravisant, il s'écrie :

- Mais ce n'est pas un bébé, c'est un poupon en Celluloïd !!

Et la mère de répondre :

- Vous ne pensez quand même pas qu'avec le temps qu'il fait, je vais sortir le vrai !

******

Deux Belgo-Newfies font du saut à l'élastique pour la première fois :

- T'es sûr qu'il n'y a pas de danger avec l'élastique ?

- T'inquiète pas, par sécurité on a mis dix mètres de plus.

******

C'est deux chômeurs belges qui lisent le journal.

Le premier :

- Tu as vu, c'est écrit que la police cherche deux violeurs d'origine arabe.

Le second :

- C'est pas juste, c'est toujours les mêmes à qui on propose du travail...

******

C'est deux Newfies en auto qui vont descendre une route très pentue.

Le premier dit :

- Attention !!!!! On n'a plus de freins !!!!

Et l'autre de répondre :

- Ben voyons ! C'est pas grave! Y'a un stop en bas !

******

Un Belge ayant vécu toute sa vie à Bruxelles en a soudain assez de la vie de citadin. Il décide de déménager pour la campagne, et de devenir éleveur de poulets.

Il s'installe dans une jolie fermette des environs de Charleroi. Quelques jours plus tard, il reçoit la visite de son voisin immédiat, qui est, lui aussi, éleveur de poulets. Le voisin lui dit :

- Elever des poulets, de nos jours, ce n'est pas une mince affaire. Par solidarité, je vais te prêter mille poulets pour t'aider à démarrer, sais-tu. Tu me les rendras quand t'auras assez de sous devant toi.

Après l'avoir remercié, l'apprenti aviculteur rentre chez lui avec les poulets. Deux semaines plus tard, le voisin vient prendre des nouvelles. Le nouveau lui dit :

- Oh, c'est pas terrible : tous les poulets sont morts !

Le voisin n'y croit pas :

- Je n'ai jamais eu autant de perte sur mes poulets. Ils ont dû avoir un coup de chaleur. Allez, je vais t'en prêter mille autres.

Deux semaines passent. Le voisin affable vient à nouveau rendre une petite visite :

- Je ne sais pas si je dois te le dire, mais tes mille poulets sont morts encore une fois. Il n'en reste plus un seul de vivant...

Le voisin, incrédule, demande :

- Mais qu'est-ce qui s'est passé ? Comment tu expliques le fait qu'ils soient tous morts ?

Et l'autre répond :

- Ben je ne sais pas encore... Ou bien c'est parce que je les plante trop profond, ou bien c'est parce que je les plante trop serrés.

* * * * * *

Ça se passe au Moyen Age. Pour célébrer sa prise de trône, un roi organise la plus grande compétition de tir à l'arc du monde. Les concurrents se départagent un par un, chacun prouvant son habileté et sa précision de tir en réussissant des prodiges.

Voici, par exemple, cet homme qui arrive sur le pas de tir en tenant un enfant par la main. Il va le poster contre un arbre situé à près de 25 mètres, et il lui place une pomme sur la tête. Il regagne alors le pas de tir, épaule, et décoche sa flèche qui va se planter en plein milieu de la pomme pour la couper en deux, laissant l'enfant en pleine santé.

L'homme va ensuite saluer le roi :

- Je viens de Suisse. Je suis Guillaume Tell.

Voici maintenant un autre tireur qui va placer un enfant contre un arbre situé à près de 50 mètres. Lorsque l'enfant est en place, il dépose une noix sur sa tête. Puis il reprend sa place sur le pas de tir, et décoche une flèche qui s'en va directement fendre la noix placée sur le crâne de l'enfant sans toucher un seul de ses cheveux.

La foule exulte ! Le tireur va ensuite saluer le roi :

- Je viens d'Angleterre. Je suis Robin des Bois !

Vient enfin un autre homme qui tient un enfant par la main. Il va le placer devant un arbre situé à 5 mètres du pas de tir. Il lui dépose ensuite une pastèque sur la tête. Il retourne au pas de tir, épaule en tremblant, tel Jean-Pierre Coffe présentant un plat de tranches de jambon polyphosphatées, et finalement, décoche sa flèche qui - quelle horreur - va se planter en plein dans l'œil gauche de l'enfant, le tuant sur le coup.

Un grand «Ohhh» de stupeur secoue la foule qui ne comprend pas. Le tireur s'avance alors vers le roi et dit :

- Je viens de Belgique. Je suis... vraiment désolé !

* * * * * *

Robert demande :

- Hé ! Le Newfie ! Combien de pommes peux-tu manger à jeun ?

Le Newfie répond : - quatre.

Robert dit :

- C'est impossible, dès que tu en manges une, tu n'es plus à jeun.

Le Newfie tente de raconter l'histoire à son copain.

Le Newfie :

- Hé Mathieu ! Combien de pommes peux-tu manger à jeun ?

Mathieu répond : - cinq.

Le Newfie, déçu : - AH ! c'est con, si tu m'avais dit quatre, j'en aurais eu une bonne pour toi !

* * * * * *

C'est un Belge qui a rendez-vous à New-York pour les affaires. Mais comme il s'est perdu, il appelle la secrétaire du businessman avec lequel il a rendez-vous :

- Est-ce que vous pouvez m'aider, je crois que je suis perdu !
- Certainement, Monsieur, où vous trouvez-vous ?
- Je suis à l'angle de la rue «Walk» et de la rue «Don't Walk».

* * * * * *

C'est deux types qui discutent au comptoir d'un rade.

Le Belge :

- C'est fou ça... T'es pas arrivé, t'as déjà plein de gonzesses autour de toi. Je suis sûr que t'as un truc pour draguer, une fois.
- Ben écoute, c'est simple. J'ai acheté un porte-clé de pacotille avec l'em-

blème Porsche, et lorsque j'arrive dans une boîte, j'agite négligemment le trousseau de clés en sirotant mon verre. Ça marche à tous les coups... surtout avec les blondes.

Une semaine passe, et ils se retrouvent au même endroit :

- Vraiment ton truc, une fois, ça marche pas. Regarde.... j'agite... elles me regardent même pas !

- Ouais ! Tu devrais quand même enlever tes pinces à vélo !

* * * * * *

Un couple de Newfies a été rapatrié d'urgence dans un état d'épuisement avancé, à la suite d'un pari stupide qu'ils avaient fait au Grœnland avec des Esquimaux. Ils avaient parié qu'ils étaient capables de faire l'amour toute la nuit.

Ils avaient simplement oublié que la nuit polaire dure six mois !

* * * * * *

Deux explorateurs, l'un belge, et l'autre français, sont partis ensemble explorer la sombre et dangereuse lande africaine. Quand, au moment d'une pause, alors qu'ils déballent leurs affaires, le Français remarque une ÉNORME enclume dans le sac à dos du Belge.

Le Français : - Mais pourquoi as-tu emmené une enclume en Afrique ? Ça n'a aucune utilité !

Le Belge : - Mais si, pour les lions !!!

Le Français : ... [expression de surprise et d'incompréhension].

Le Belge : - Si un lion nous court après, je largue l'enclume et du coup, je cours dix fois plus vite.

* * * * * *

Un jour, deux Newfies vont faire un entretien d'embauche pour travailler dans une mine. Le premier des deux gars entre dans le bureau du patron qui lui demande :

- As-tu déjà travaillé dans une mine ?

- Oui, pendant cinq ans, répond le postulant.

- À quelle profondeur ?

- À 1000 mètres de profondeur.

- Dommage, dit le patron. Nous cherchons quelqu'un qui peut descendre à 2000 mètres de profondeur.

Le candidat sort du bureau du patron et dit à son copain :
- Quand le patron te demandera à quelle profondeur tu as travaillé, réponds-lui 2000 mètres, sinon il ne t'engagera pas.
Le deuxième postulant entre dans le bureau du patron et se fait interroger de la même manière :
- As-tu déjà travaillé dans une mine ?
- Oui, pendant cinq ans, répond le candidat.
- À quelle profondeur?
- À 2000 mètres de profondeur !
- Et quel équipement d'éclairage utilisais-tu pour travailler ?
- Ah! ... Je ne sais pas, je travaillais de jour.

* * * * * *

Une dame belge s'achète un vibromasseur. Affable, le revendeur lui précise que si elle n'est pas satisfaite de l'engin, elle peut le ramener, et elle sera intégralement remboursée.
Et effectivement, huit jours après, elle ramène l'objet :
- Ça ne va pas du tout.
- Mais pourquoi ? Vous avez lu la documentation ?
- Oui, bien sûr, ils disent : «comme si c'était un homme».
- Eh bien ! Où est le problème ?
- TOUS MES PLOMBAGES ONT SAUTÉ !

* * * * * *

Un Newfie téléphone dans un salon mortuaire et demande :
- Quel est votre premier prix pour un enterrement ?
L'employé répond :
- 500 $
Le Newfie :
- Et c'est moins cher si on fournit le mort ?

Blagues d'école et de Toto

Nicolas étudie les nombres négatifs à l'école. Le soir, il demande à son père de lui expliquer, parce qu'il n'a pas tout compris.

Le père :

- Bon écoute, Nicolas, imagine quatre personnes dans un autobus. Si à l'arrêt suivant, huit personnes descendent, alors il faut qu'il y en ait quatre autres qui montent pour qu'il n'y ait plus personne dans le bus...

* * * * * *

- Toto, douze bouteilles de vin à six francs pièce, combien ça fait ?
- A la maison, ça fait trois jours, m'dame.

* * * * * *

La famille est à table, et Toto, le fils, mange salement.

Le père : - Tu manges vraiment comme un goret !

Le fils : - Hein ?

Le père : - Tu sais au moins ce que c'est, un goret ?

Le fils : - Oui, c'est le fils du cochon.

* * * * * *

C'est le jour de la rentrée. La maîtresse décide de faire plus ample connaissance avec ses nouveaux élèves :

Elle s'adresse à Séverine :

- Alors, ma petite, comment t'appelles-tu ?
- Séverine, Madame.
- Et qu'est-ce qu'il fait, ton papa ?
- Coiffeur.
- Ah ! C'est bien ! Et toi, mon garçon, comment t'appelles-tu ?
- Thomas, Madame.
- Et qu'est-ce qu'il fait, ton papa ?
- Médecin.
- Ah ! C'est bien ! Se tournant vers Toto : Et toi, comment t'appelles-tu ?
- Toto
- Et qu'est-ce qu'il fait, ton papa ?

- Mon papa, il est mort.

- Oh... je suis désolée (elle veut rattraper le coup)... Mais avant de mourir, il faisait quoi, ton papa ?

- AARRRHHGGGG !!! AAAArrrrhhhhgggg !!!!

******

La maîtresse a demandé à ses élèves de faire un devoir sur la façon dont naissent les enfants.

Toto rentre à la maison et demande à sa mère :

- Maman ! Comment je suis né ?

- C'est la cigogne qui t'a amené jusqu'à chez nous.

- C'est vrai ? dit Toto. Et comment Papa est né ?

- Oh, ben... C'est la cigogne qui l'a amené lui aussi !

- Et Grand-Père et Grand-Mère, alors ?

- C'était la cigogne aussi pour eux Toto ! Et maintenant, laisse-moi, je dois préparer le repas.

Le lendemain, Toto donne son devoir à la maîtresse.

La maîtresse lit : «Impossible de faire un devoir sur la façon dont naissent les enfants, car dans la famille, il n'y a pas eu de naissance naturelle depuis trois générations.»

******

C'est le père de Toto qui casse par inadvertance un carreau du garage de M. le Curé.

N'étant pas en très bons termes avec M. le Curé, le père préfère charger son fils Toto de l'excuser auprès de l'homme d'église :

- Si demain, au catéchisme, M. le Curé vous demande qui a cassé le carreau, tu diras que c'est papa en déchargeant la remorque de bois, mais qu'il ne l'a pas fait exprès. Tu y penseras ?

- Oui, papa.

Toto part pour le catéchisme en gardant à l'esprit les recommandations de son père.

Après une courte prière, M. le Curé passe à l'enseignement religieux. Il questionne les enfants individuellement :

- Qui est Dieu ?

- Qui est l'homme ? ... et il arrive à Toto :

- Qui t'a créé, Toto ?

Et Toto, qui avait déjà préparé sa réponse, dit un peu paniqué :
- C'est papa en déchargeant, mais il l'a pas fait exprès.

******

C'est Toto et son frère Dédé qui sont assis sur le trottoir à glander. Dans leur discussion informelle, ils en viennent à se demander pourquoi les grands ont tellement de plaisir à dire des jurons.

Alors, pour en savoir plus, ils décident que le lendemain, Toto dira le mot «putain», alors que Dédé dira le mot «baiser».

Le lendemain matin, leur père les appelle pour le petit déjeuner :
- Toto, qu'est-ce que tu veux comme petit déj' ?
- Je voudrais ces putains de Choco Pops ™, papa !

Évidemment, ça ne loupe pas, Toto se prend une bonne vieille claque derrière la tête.

Puis le père se tourne vers Dédé :
- Et toi Dédé, qu'est-ce que tu veux ?
- Eh ben moi, je prendrai pas de Choco Pops, j'ai pas envie de me faire baiser comme Toto !

******

C'est Toto qui fait des courses à la supérette du coin. Il se retrouve à la caisse avec un grand baril d'Ariel ™. La caissière, qui connaît Toto, veut avoir un petit mot gentil et lui demande :
- C'est toi qui fais la lessive ?

Toto répond :
- Oh non, c'est pour laver mon chien !

La caissière répond :
- Mais tu ne devrais pas utiliser de la lessive comme ça pour laver ton chien : tu vas le rendre malade, et peut-être même qu'il en mourra...

Mais Toto ne s'en laisse pas compter. Il paie sa boîte d'Ariel et s'en va.

À peu près une semaine plus tard, Toto revient à la supérette pour acheter des bonbons. La caissière lui demande alors comment va son chien.

Toto répond :
- Oh, il est mort.

La caissière essaie de compatir, mais ajoute quand même :
- Tu vois, tu n'aurais pas dû utiliser de la lessive pour le linge. Il ne l'a pas supporté.

Et Toto :

- Je ne pense pas que ce soit la lessive qui l'ait tué...

La caissière :

- Ah bon, et qu'est-ce que ça serait, d'après toi ?

Toto :

- Je pense que c'est le cycle de rinçage.

* * * * * *

Ce mercredi matin, c'est le catéchisme. Nous sommes début avril, et à l'approche de Pâques, le catho de service, qui fait le catéchisme, a décidé de faire réfléchir tout son petit monde sur Jésus. (Bibliographie - Jacques Chancel : et Dieu dans tout ça ?)

Alors la question posée est : puisque le Bon Dieu a ressuscité d'entre les morts le troisième jour, où se trouve-t-il maintenant ?

Le petit Kévin lève la main et dit :

- Le Bon Dieu est au Paradis.

La petite Dorothée dit :

- Le Bon Dieu est dans mon cœur.

Le petit Toto, tout énervé (comme d'habitude), lève la main et crie presque :

- Je sais ! Je sais ! Le Bon Dieu est dans notre salle de bains !!!

Toute la petite assemblée se tait, regarde le catéchèse-man pour savoir si c'est la bonne réponse... Mais le catéchèse-man est complètement halluciné par la réponse de Toto. Après quelques secondes, il reprend ses esprits, et demande à Toto pourquoi il pense que le Bon Dieu est dans sa salle de bains.

Toto répond :

- Parce que tous les matins, mon père se lève, va à la porte de la salle de bains et frappe plusieurs coups dedans en criant :

- BON DIEU, T'ES ENCORE LÀ ?!!!

* * * * * *

Toto a du mal à comprendre l'arithmétique. La maîtresse essaie de lui faire piger grâce à des exemples :

- Toto, si tu plonges la main dans ta poche de droite et que tu trouves une pièce de 1 franc ; puis que tu plonges ta main gauche dans ta poche de gauche et que tu trouves une autre pièce de 1 franc, qu'est-ce que tu auras ?

- Le pantalon de quelqu'un d'autre, Madame.

* * * * * *

Toto se pose des questions existentielles, et c'est maman qui s'y colle :

- Dis, maman, Dieu est-il un homme ou une femme ?

- Eh bien, euh, Dieu est à la fois un homme et une femme.

Toto, peu convaincu par cette réponse, continue :

- Dis, maman, Dieu est-il noir ou blanc ?

- Eh bien... Dieu est à la fois noir et blanc (la mère pense s'en tirer comme ça à chaque fois).

Toto n'est cependant pas plus convaincu :

- Dis maman, est-ce que Dieu est comme papa et toi, ou bien est-ce qu'il est homosexuel ?

- Eh bien... (la mère commence à se demander où Toto veut en venir), Dieu est à la fois comme papa et moi et homosexuel...

Alors le visage de Toto s'illumine et il demande :

- Est-ce que Dieu ne serait pas Michael Jackson, par hasard ?

* * * * * *

Un curé passe dans la rue et voit le petit Toto qui fume une cigarette.

- Dis donc petit, tu es bien trop jeune pour fumer !

Toto le regarde puis détourne la tête et ne répond pas.

Le curé insiste :

- Quel âge as-tu ?

Toto répond :

- Six ans

Le curé : - Six ans?... Et à quel âge as-tu commencé à fumer alors ?

Toto : - Juste après avoir fait l'amour pour la première fois.

Le curé : - Et c'était quand alors, la première fois que tu as fait l'amour ?

Toto : - J'm'en souviens pas... J'étais bourré.

* * * * * *

Papa est fâché. Toto a eu un zéro à sa rédaction :

- Comment cela se fait-il ? D'habitude, tu as de très bonnes notes en rédaction... Fais-moi voir ton texte !

Et papa commence à lire : «En me promenant dans la forêt, au détour d'un chemin, j'ai vu un caca tout vert : c'était le caca d'Albert. Un peu plus loin, j'ai vu un caca tout noir : c'était le caca d'Édouard. Au pied d'un arbre, j'ai vu un caca tout gris : c'était le caca de Denis...»

- Mais qu'est-ce que c'est que ça, Toto ?

- Ben... c'était le sujet, quoi !

Et papa lit le sujet : «C'est dans le besoin que l'on reconnaît ses amis !»

* * * * * *

C'est un pervers qui fait tous les jours la sortie des classes primaires. Mais c'est un pervers qui n'ose pas. Il regarde, mais il ne fait rien. Un jour, une petite fille s'approche de lui, et lui dit :

- Si tu me donnes 10 F, je te fais une main !

Le type est très gêné, et lui dit de partir. Le lendemain, la petite fille revient à la charge, et lui dit :

- Si tu me donnes 10 F, je te fais deux mains !

Encore plus gêné, mais troublé, le gars envoie la fille balader. Mais le lendemain, la fillette recommence :

- Si tu me donnes 10 F, je te fais deux mains et UNE LANGUE !!!

Alors le gars, qui n'est pas de bois, et pédophile dans l'âme, rappelons-le, l'attire dans un coin, et lui dit :

- Tiens, voilà tes 10 F.

Et la petite fille :

- Pfebelebelebelebele !!!

* * * * * *

C'est la Sainte-Catherine, et Toto a ramené à sa jeune maîtresse une boîte enveloppée de papier cadeau et fermée avec un beau ruban rouge. Elle s'empare de la boîte et tente de deviner ce qui se cache à l'intérieur :

- Ce sont des chocolats ?

- Non, maîtresse.

- C'est un gâteau ?

Toto fait «non» de la tête.

La maîtresse remarque alors du liquide qui coule d'un coin de la boîte : elle laisse tomber quelques gouttes sur son doigt et le porte à la bouche pour goûter et dit :

- Ah ! Ça y est ! J'ai trouvé ! Ce sont des cornichons !

Et Toto : - Non, c'est un petit chiot !

1
2
3
FRAPAR.

******

C'est Toto qui rentre à la maison pour dîner, après avoir passé tout le mercredi après-midi dehors.

Sa maman lui demande ce qu'il a fait tout l'après-midi et Toto dit :

- J'ai d'abord joué au foot avec les copains. Ensuite, les autres sont partis, alors je suis allé voir Sandrine (la fille des voisins). On s'est promis qu'on allait se marier !

La maman trouve son petit Toto adorable et, ne voulant aucunement se moquer de lui, elle continue :

- Et comment allez-vous faire pour les frais de mariage ?

Toto répond :

- Ben, avec les dix francs vous me donnez comme argent de poche chaque semaine, et les dix francs que Sandrine récolte chaque semaine elle aussi, ça devrait aller.

Alors le papa demande :

- Ah oui, c'est bien ! Mais comment ferez-vous pour les dépenses supplémentaires, si Sandrine et toi avez un petit bébé ?

Et Toto :

- Ben... Jusqu'ici, on a eu de la chance...

******

Une petite fille rentre de l'école et demande à son père :

- Tu connais la dernière ?

Son père lui répond :

- Non ?

La petite fille dit alors :

- Ben, c'est moi !

******

La veille de la fête des pères, les parents de Toto sont très occupés dans leur chambre... Toto, entendant des bruits étranges, regarde par le trou de la serrure et voit son père baisser son pantalon et dire à son épouse :

- Fais-moi une pipe !

Le lendemain, la maman de Toto l'appelle et lui dit :

- Tiens, va offrir à papa le cadeau que je lui acheté pour la fête des pères.

Quelle n'est pas la surprise de Toto quand son père déballe le cadeau : une pipe !

Aussitôt, Toto baisse son pantalon et dit à sa mère :

- Fais-moi une bicyclette !

* * * * * *

C'est le jour de la rentrée à l'internat du Lycée mixte André Malraux. Le directeur de l'établissement, puis le principal, y vont de leur speech d'accueil, et surtout de leurs recommandations :

- Le dortoir des filles est INTERDIT aux garçons, et de la même manière, le dortoir des garçons est INTERDIT aux filles. Quiconque sera surpris en train d'enfreindre cette règle pour la première fois devra payer une amende de 200 francs. À la deuxième infraction, l'amende sera de 600 francs et la troisième fois, elle sera portée à 1200 francs. Y A-T-IL DES QUESTIONS ?

Et à ce moment-là, un jeune homme s'avance et demande timidement :

- C'est combien si on veut un laissez-passer pour l'année ?

* * * * * *

C'est Toto et un copain à lui, en pleine discussion sur la valeur intrinsèque de leurs parents respectifs.

Alors c'est le copain qui dit :

- Ouais, eh ben, ma maman, elle est meilleure que ta maman !

Alors Toto réfléchit deux secondes, et répond :

- Ouais, j'pense que t'as raison. Mon père dit la même chose que toi.

* * * * * *

Toto se promène le long d'une rivière et voit un pêcheur. Il s'assoit à côté de lui et le regarde.

Au bout d'un moment, il dit :

- Mon papa, quand il pêche, il a deux épuisettes.

Le monsieur ne répond pas.

Plus tard :

- Mon papa, quand il pêche, il a deux gaules.

- Ton papa pêche comme il veut, et moi je fais comme je veux !

Plus tard :

- Mon papa, quand il pêche, il a deux bouchons.

- Ton papa, il commence à m'ennuyer !! Je suis là pour me reposer, alors va jouer plus loin !!!

L'homme se lève et va pisser.

- Mon papa, quand il pêche, il a deux fauteuils.

Excédé, le monsieur se retourne, le sexe à la main et dit :

- Et ça , ton papa il en a deux ?

- Oh oui ! une petite quand il fait pipi, et une grande quand il court après maman !

* * * * * *

C'est Toto et sa petite voisine Jessica qui passent leur temps à se faire «bisquer» : quand l'un reçoit un jouet, l'autre s'arrange pour se faire offrir un modèle identique dans les jours qui suivent.

Un jour, Jessica reçoit un vélo. Mais les parents de Toto refusent de s'aligner.

Jessica en profite pour passer et repasser devant la maison de Toto qui se roule par terre de rage.

Le papa de Toto lui demande ce qui le met dans cet état. Toto lui raconte ce qui se passe, le papa dit quelques mots à l'oreille de son fils et tout de suite, Toto arbore un grand sourire...

Le lendemain, Jessica est à nouveau en train de parader avec son vélo devant la maison de Toto :

- Hé Toto, t'as vu mon vélo !? T'en as pas un pareil, hein ?

Alors Toto lui fait une grimace et baisse son pantalon devant elle en disant :

- Ah ouais ? Eh bien, regarde ça ! C'est quelque chose que tu n'auras JAMAIS !

Jessica sachant que Toto dit vrai, rentre chez elle en pleurant et raconte à sa mère ce qui s'est passé. Alors sa mère, pour la consoler, lui dit quelques mots à l'oreille...

Le lendemain, Toto arrive fièrement devant Jessica et baisse à nouveau son pantalon pour la faire enrager.

Mais Jessica sourit, soulève sa robe et montre son sexe à Toto en disant :

- Tiens, regarde ! Ma mère, elle m'a dit qu'avec ce truc que MOI j'ai, je pourrai avoir autant de trucs comme le tien que je veux !

* * * * * *

Toto est amoureux de sa maîtresse et tout le monde le sait, même la jeune femme.

Un jour, la maîtresse fait un jeu de devinettes. Et à chaque fois qu'elle pose une devinette, Toto intervient. Mais toutes ses réponses sont fausses. Pour le consoler, elle lui répond gentiment chaque fois :

- Ce n'est pas la bonne réponse, Toto, mais c'est quand même bien d'avoir essayé !

À la fin de la classe, Toto vient voir la maîtresse et lui dit :

- Moi aussi, j'ai une devinette pour vous, Mademoiselle.

- Oui, Toto ?

- J'ai dans mon pantalon une petite tige, assez dure, avec un bout tout rouge, et qui peut vous mettre le feu. Qu'est-ce que c'est ?

SLASH !!! La maîtresse lui donne une de ces paires de claques !...

Toto, alors tout en larmes, sort de sa poche une allumette, et dit :

- Ce n'est pas la bonne réponse, Mademoiselle, mais c'est quand même bien d'avoir essayé !

* * * * * *

Toto est dans la salle de bains et regarde sa maman prendre son bain :

- Maman, c'est quoi ce que tu as entre les jambes ?

- Ça, c'est mon «hérisson», répond la maman.

La semaine suivante, la grand-mère est en vacances chez Toto. Toto en profite pour l'observer alors qu'elle va prendre son bain. Il revient ensuite en courant voir sa mère, et il lui dit :

- Maman, je pense que grand-mère devrait aller voir le vétérinaire !

- Et pourquoi, Toto ?

- Parce que j'ai vu son hérisson : il a perdu toutes ses épines et il est tout fripé.

* * * * * *

C'est samedi après-midi, et les parents ont une sacrée envie de «ça va, ça vient». Mais hélas, comme la pluie menace, ils ne peuvent envoyer leur rejeton jouer dehors.

Alors le papa trouve la solution :

- Toto, pourquoi n'irais-tu pas sur le balcon ? Comme ça, tu nous raconterais tout ce qui se passe en bas !

Toto va sur le balcon, et commence son observation. Pendant ce temps, les parents passent aux choses sérieuses.

Toto :

- Il y a une voiture qui se fait remorquer par une dépanneuse dans le parking... Tiens, une ambulance vient de passer à toute vitesse... Il y a des gens qui rendent visite aux voisins d'à côté...

Un moment passe puis Toto reprend :

- Lili fait du vélo sur le trottoir... Les Martin sont en train de baiser...

À ces mots, les parents de Toto sursautent, et le papa interloqué demande :

- Et comment tu sais ça, Toto ?

- Parce que leur fils est sur le balcon aussi.

******

Toto a grandi. Il est maintenant en troisième, et est toujours prêt à dire une connerie pour faire rire les copains.

La prof est excédée par l'absentéisme de ses élèves :

- Désormais, je n'accepterai plus aucune absence, sauf en cas de maladie signalée par certificat médical, ou de décès survenant dans la famille.

À ce moment, Toto lance :

- Et en cas d'extrême fatigue sexuelle ?

Après que la classe ait cessé de rire, la prof lui répond :

- Oh, je pense que tu pourras quand même écrire de l'autre main !

******

Toto se rend à la pharmacie :

- Je voudrais des capotes !

- D'abord, quand on entre dans un magasin, on dit : «bonjour» ! Ensuite, on ne dit pas «capote», mais préservatif. Et enfin, tu es trop jeune pour ça !

- Mais, Monsieur, ce n'est pas pour moi, c'est pour maman qui va faire du stop !

******

C'est Toto qui a eu son premier cours d'éducation sexuelle. Il rentre chez lui, et dit à sa mère :

- Maman, aujourd'hui à l'école, on a appris comment on faisait les bébés.

- C'est bien, Toto.

Lorsque le papa de Toto rentre du travail, il demande :

- Alors Toto, qu'as-tu appris à l'école ?

Toto lui répond qu'il a appris comment on baisait (sic). Son père, furieux, l'envoie dans sa chambre. Mais la maman du petit dit alors à son mari :

- Tu as eu tort ! Il a appris ça à l'école aujourd'hui. Tu devrais aller t'excuser.

Le père, penaud, va voir Toto. Il ouvre la porte et le voit en train de se masturber :

- Bon, Toto, quand tu auras fini tes devoirs, tu viendras me voir !!!

* * * * * *

C'est samedi après-midi. Les hommes jouent au poker dans le salon. Toto tourne autour de la table, pose des questions à tout le monde, bref, il est insupportable. À un certain moment, Toto devient tellement exaspérant que les joueurs menacent de quitter la table. Le tonton de Toto se lève alors, prend le petit par la main, et l'entraîne hors de la pièce.

Vingt minutes plus tard, le tonton revient sans Toto et reprend sa place sans dire un mot. Pour leur plus grand bonheur, les joueurs ne revoient plus Toto de l'après-midi. À la fin de la partie, un des joueurs demande au tonton :

- Mais qu'est-ce que tu as bien pu dire au petit pour qu'il nous fiche la paix ?

- Pas grand-chose, répond l'oncle, je lui ai simplement montré comment on se masturbait.

* * * * * *

- Bonjour, Toto.

- Bonjour, Mémé.

- Si tu me dis combien j'ai de bonbons dans ma main, je te les donne tous les deux.

- Tu en as deux !

- Qui te l'a dit ??!??

* * * * * *

Deux fillettes jouent dans un parc avec leurs poupées. Une des deux petites filles dit à sa copine :

- Où as-tu acheté ta poupée ?

- Chez Carrefour, maman l'a payée 200 francs. Et toi ?

La première :

- Maman l'a payée 300 francs chez Auchan.

Elles voient alors passer une dame avec un vrai bébé dans un landau et ne résistent pas à la tentation de lui demander :

- Et toi, où tu as acheté ton bébé ?

La dame répond en souriant :

- À l'hôpital, j'ai payé 10.000 francs !

Une fois la dame partie, une des petites filles dit à l'autre :

- A mon avis, à ce prix-là, elle s'est fait baiser...

* * * * * *

C'est le premier jour d'école pour la toute jeune prof de français. Lorsqu'elle entre dans la classe, elle remarque aussitôt que quelqu'un a écrit le mot «pénis» (en tout petit) sur le tableau.

Elle scrute tous les visages de la classe pour tenter de déceler qui aurait pu faire cette blague, mais peine perdue ! Du coup, elle efface le tableau et commence son cours.

Le deuxième cours, avec la même classe, le lendemain : cette fois-ci, un garnement a inscrit le mot «pénis» un peu plus grand sur le tableau. La nouvelle prof efface le tableau sans rien dire et commence son cours.

Le lendemain, puis le surlendemain, puis le sur-surlendemain, même scénario, avec à chaque fois le mot «pénis» écrit un peu plus grand sur le tableau...

Vient enfin le samedi matin. La prof entre et s'attend à lire le mot «pénis» en grand sur le tableau, mais à la place, il y a écrit :

«PLUS VOUS LE FROTTEZ, PLUS IL GROSSIT.»

* * * * * *

Un commercial est en train de faire du phoning. Le téléphone sonne dans une maison... et c'est Toto, quatre ans, qui répond :

- Allô ?

Le commercial :

- Bonjour, petit. Est-ce que je pourrais parler à ta maman ?
- Maman est pas là.
- Ah... Est-ce qu'il y a quelqu'un d'autre chez toi ?
- Oui, il y a ma sœur.
- Tu peux me la passer, s'il te plaît ?
- D'accord.

Suit un très long silence. Puis le petit garçon reprend le combiné :

- Allô ?
- C'est encore toi ? Je pensais que tu allais me passer ta sœur ?...
- Ben, j'ai essayé, mais j'arrive pas à la sortir de son parc...

*****

C'est un représentant qui sonne à la porte d'une maison. Toto, dix ans, lui ouvre la porte, un cigare à la bouche et une canette de bière dans la main.

- Bonjour, mon petit. Est-ce que ta maman est là ?

Et Toto répond :

- Devine...

******

Un V.R.P. frappe à la porte. Toto, à travers la porte :

- Qui c'est ?

Le V.R.P. :

- Bonjour ! Dis-moi, ton papa est là ?

Toto :

- Non, il était là il y a cinq minutes, mais il est parti.

Le V.R.P. :

- Ta maman est là, alors ?

Toto :

- Ah non ! Maman était là tout à l'heure, mais elle est partie aussi.

Le V.R.P. :

- Y a personne chez toi, t'es tout seul ?

Toto :

- Ah ben oui parce qu'ici, c'est les cabinets...

******

Le petit Marcel revient de son premier jour d'école. Sa maman lui demande :

- Qu'avez-vous fait à l'école, aujourd'hui ?
- Robert a fait un dessin.
- C'est bien, ça...
- Jules a fait des fleurs en papier.
- Ah, c'est beau... Mais toi, qu'est-ce que tu as fait ?
- Moi, j'ai vomi.

******

Papa et maman sont en train de regarder le film à la télé. C'est un film érotique et ça fait réfléchir maman qui dit :

- Il faudrait quand même que tu parles à Toto de... enfin des fleurs, des abeilles et tout ça, quoi. Il a quand même treize ans maintenant.

Alors papa va dans la chambre de Toto, qui est en train de jouer sur sa Playstation, et lui dit :

- Dis donc, Toto, tu te souviens quand je t'ai accompagné aux putes, l'an dernier ?

- Oui papa. Bien sûr...

- Eh bien, ta mère m'envoie te dire que pour les fleurs et les abeilles, c'est pareil.

* * * * * *

Toto vient de se faire prendre par son papa en train de boire de l'alcool en cachette. Le papa a décidé de lui faire une leçon de morale. Il prépare un verre de whisky, un verre d'eau, et entraîne Toto dans le jardin.

Il prend un ver de terre, et le laisse tomber dans l'alcool. Puis il prend un autre ver, et le laisse tomber dans l'eau.

Le lombric jeté dans l'eau reste vivant, alors que celui qui a été précipité dans le whisky se tord sur lui-même quelques instants, et meurt.

À la fin de l'expérience, le papa demande :

- Alors, Toto, qu'est-ce que je viens de te montrer ?

Et Toto lui répond fort justement :

- Heu... Ça montre que quand on boit de l'alcool, on ne risque pas d'avoir de vers.

* * * * * *

Dans une famille de mécaniciens, le tout jeune fils de douze ans vient de faire son premier tour en auto tout seul.... Et il revient sans la voiture.

- Qu'est-ce qui se passe, Toto ? (le fiston s'appelle Toto).

- Je crois que la voiture a de l'eau dans le carburateur, papa.

- Mais quel fils j'ai ! (ils sont un peu pieds noirs aussi). Il a douze ans, il sait conduire une voiture, et si elle tombe en panne, il sait dire d'où provient la panne. Aïe aïe aïe, tu seras un grand mécano comme papa, toi aussi. Et où as-tu laissé la voiture ?

- Dans le lac, papa.

* * * * * *

L'institutrice :

- Bonjour, les enfants. Aujourd'hui, je vais vous donner votre première leçon d'éducation sexuelle.

L'affreux jojo du fond près du radiateur :

- M'dame, ceux qui sont plus puceaux, y peuvent aller jouer au foot ?

Combles et charades

Quel est le comble de la paresse ?
- Se marier à une femme enceinte.

* * * * * *

Quel est le comble de la patience ?
- Traire une puce avec des gants de boxe.

ou
- Torcher le cul d'un éléphant avec un confetti plié en quatre.

* * * * * *

Quel est le comble du pilote de ligne ?
- S'arrêter sur le mur du son pour faire pipi.

* * * * * *

Quel est le comble de la science ?
- Un cheval-vapeur qui mange des racines carrées dans un champ magnétique.

* * * * * *

Quel est le comble de la propreté ?
- Se laver les mains avant de réparer le moteur de sa voiture.
- Laver les assiettes jetables avant de les jeter.
- Laver son linge propre en famille.
- Salir une réputation, pour s'en laver les mains.

* * * * * *

Quel est le comble de la concupiscence ?
- Une nonne qui s'accroupit dans un champ de concombres.

* * * * * *

Quel est le comble du gynécologue?
- C'est d'être le seul à travailler là où les autres s'amusent.

* * * * * *

Quel est le comble de la connerie ?
- Tourner autour d'un arbre pour essayer de se rattraper.

* * * * * *

Quel est le comble de l'économie ?
- Ne pas regarder à travers ses lunettes de peur de les user.

* * * * * *

Quel est le comble du micro-informaticien ?
- Déshabiller sa souris pour habiller sa maîtresse.

* * * * * *

Quel est le comble du médecin ?
- C'est d'examiner un crayon pour voir s'il a bonne mine.

* * * * * *

Quel est le comble des combles ?
- C'est lorsqu'un muet dit à un sourd qu'un aveugle les observe, et qu'un cul-de-jatte court les dénoncer à la police.

* * * * * *

Quel est le comble de l'avarice ?
- C'est de vomir entre ses dents pour garder les plus gros morceaux.

* * * * * *

Quel est le comble du sans-gêne ?
- C'est de chier devant la porte du voisin et de sonner pour lui demander du PQ.

* * * * * *

Quel est le comble de l'horreur ?
- Glisser sur une rampe d'escalier et s'apercevoir que c'est une lame de rasoir.

* * * * * *

Quel est le comble de l'électricien ?
- Pisser au bas d'un poteau pour faire monter le jus.

O... FFERT AUX... NAVIGATEURS ...SOLITAIRES PAR LE... JOURNAL PLAY... BOY... ?!!
FRAPAR.

* * * * * *

Quel est le comble du magicien ?
- Oublier sa baguette chez le boulanger.

* * * * * *

Quel est le comble de l'optimisme ?
- C'est aller dans un restaurant chic et compter sur la perle qu'on trouvera dans une huître pour payer le repas.

* * * * * *

Quel est le comble pour un serrurier ?
- C'est d'être sous les verrous !

* * * * * *

Quelle est le meilleur exemple (ou le comble) de la revanche ?
- Un bâtard qui se promène autour de l'usine Durex avec une aiguille.

* * * * * *

Quel est le comble du racisme ?
- Prendre un Black & White dans deux verres séparés.

Les charades à tiroirs

Mon premier est une salade.
Mon deuxième est une salade.
Mon troisième est une salade.
Mon quatrième est une salade.
Mon cinquième est une salade.
Mon sixième est une salade.
Mon septième est une salade.
Mon huitième est une salade.
Mon tout est l'auteur anglais d'un conte très connu.

Réponse : Lewis Carroll.

* * * * * *

Mon premier est une tranche de saucisson sur un boomerang.
Mon deuxième est une tranche de saucisson sur un boomerang.
Mon troisième est une tranche de saucisson sur un boomerang.
Mon quatrième est une tranche de saucisson sur un boomerang.
Mon cinquième est une tranche de saucisson sur un boomerang.
Mon sixième est une tranche de saucisson sur un boomerang.
Mon tout est synonyme du retour du printemps.

Réponse : les six rondelles sont de retour.

* * * * * *

Mon premier est un eunuque.
Mon deuxième est un eunuque.
Mon troisième est un eunuque.
Mon quatrième est un eunuque.
Mon cinquième est un eunuque.
Mon tout est une ville militaire française.

Réponse : Saint-Maixent (cinq mecs sans).

* * * * * *

Mon premier est ce que disaient les Corses en voyant Napoléon (Sire).

Mon deuxième est ce que disait Napoléon en voyant des Corses (Oh ! Des Corses !)

Mon troisième est ce que disait la mère de Napoléon à son fils enfant en le couchant (Dors, ange).

Mon quatrième est ce que disait Napoléon enfant à sa mère quand elle le couchait (Ah mère).

Mon tout est une boisson rafraîchissante.

Réponse : Schweppes (Sirop d'écorce d'orange amère).

* * * * * *

Mon premier est la partie supérieure d'une lampe.

Mon deuxième est un département français.

Mon troisième est un vêtement grec.

Mon tout est ce que dit un jeune Beur qui drague.

Réponse : abat-jour, Meurthe-et-Moselle, tunique ?

* * * * * *

Mon premier est un poisson.

Mon second est un arbre fruitier.

Mon tout est un roi de France.

Réponse : anchois pommier (François Premier).

* * * * * *

Mon premier est une étendue d'eau.

Mon deuxième est ce que l'on dit quand on laisse tomber une pièce de dix francs du haut d'un pont.

Mon troisième est très étroit.

Mon tout est une célèbre troupe nationale de théâtre (France).

Réponse : lac - oh mes dix francs - seize (treize et trois font seize) : la Comédie-Française.

* * * * * *

Mon premier est une note de musique.
Mon deuxième est une note de musique.
Mon troisième est une note de musique.
Mon quatrième est une note de musique.
Mon cinquième est une note de musique.
Mon sixième est une note de musique.
Mon septième est une note de musique.
Mon huitième est une note de musique.
Mon neuvième est une note de musique.
Mon dixième est une note de musique.
Mon onzième est une note de musique.
Mon douzième est une note de musique.
Mon tout pourrait être un slogan publicitaire pour un nettoyant ménager.

Réponse : Sol Fa Si La Si Ré Do Mi Si La Do Ré (Sol facile à cirer, domicile adoré).

* * * * * *

Mon premier est un accapareur.
Mon deuxième est un accapareur.
Mon troisième est un accapareur.
Mon quatrième est un accapareur.
Mon cinquième est un accapareur.
Mon tout est une maladie fort gênante en société.

Réponse : la chiasse (car cinq cacas par heure...)

* * * * * *

Charade alsacienne :

Mon premier est une chaussette mouillée sur la corde à linge.
Mon deuxième est une chaussette sèche sur la corde à linge.
Mon troisième est une chaussette sèche sur la corde à linge.
Mon quatrième est une chaussette sèche sur la corde à linge.

Mon cinquième est une chaussette sèche sur la corde à linge.
Et mon tout est un proverbe bien connu.

Réponse : il n'y a que le premier bas qui goutte !

Remarque en passant :
En Alsace, que veulent dire les lettres SP sur les camions de pompier ?
- Sa Prule.

* * * * * *

Encore une charade alsacienne :

Mon premier est un chentarme qui rentre à la caserne.
Mon deuxième est un chentarme qui rentre à la caserne.
Mon troisième est un chentarme qui rentre à la caserne.
Mon quatrième est un chentarme qui rentre à la caserne.
Mon cinquième est un chentarme qui rentre à la caserne.
Mon sixième est un chentarme qui rentre à la caserne.
Mon tout est un éfènement en Alsace.

Réponse : les six cognes sont de retour.

* * * * * *

Et encore une autre :
Mon premier a des dents.
Mon zegond a des dents.
Mon droizième a des dents.
Mon tout est un filain défaut.

Réponse : chat loup scie.

* * * * * *

Et encore une !

Mon premier est un serpent non venimeux.
Mon second se pose sur une toiture.
Mon tout se trouve dans chaque garage.

Réponse : python tuile.

* * * * * *

Et une dernière :

Mes premiers sont des animaux qui courent pour le tiercé.

Mon deuxième n'est pas la femelle du hibou contrairement à ce qu'on pourrait penser.

Ma troisième est une habitante de la Laponie.

Mon quatrième commence le premier janvier.

Et mon tout est ce qu'on dit en Alsace le premier janvier.

Réponse : chevaux chouette laponne année.

* * * * * *

Mon premier est un rongeur qui travaille avec sa queue et qui n'a rien pour s'asseoir.

Mon second est un rongeur qui travaille avec sa queue et qui n'a rien pour s'asseoir.

Mon troisième est un rongeur qui travaille avec sa queue et qui n'a rien pour s'asseoir.

Mon tout est le rapport du périmètre au diamètre.

Réponse : PI.

Car : Trois Castors Sans chaise.

* * * * * *

Mon premier est un cul de poule.

Mon second est un pet de nonne.

Mon troisième est une tête de cochon.

Et mon tout est un ancien moyen de transport parisien.

Réponse : chemin d'œuf, air de sainte, hure. (Chemin de fer de ceinture).

* * * * * *

Mon premier est un fruit.

Mon deuxième est un fruit.

...

Mon dixième est un fruit.

Mon tout est le Beau Danube Bleu (ou la Marseillaise, ou la Traviata, ou tout ce que vous voulez, du moment que cela ne se chante pas trop vite).

Réponse : Pom Pom Pom Pom Pom...
Explication : heu, vraiment, il en faut ?

* * * * * *

Mon premier est un nombre.
Mon deuxième est un légume que l'on trouve dans le couscous.
Mon troisième se trouve dans la salle de bain.
Mon tout est l'énoncé et le résultat d'une multiplication faite par un immigré portugais.

Réponse : 2 x 6 = 12.
Explication : deux pois chiches, douche.

Variante : mon 3e est un coquillage se dégustant en fin d'année.
Réponse : trois pois chiches des huîtres (3 x 6 = 18)

* * * * * *

Mon premier est un cul-de-jatte qui dévale la butte Montmartre en quatrième vitesse.
Mon deuxième est un cul-de-jatte qui dévale la butte Montmartre en quatrième vitesse.
Mon troisième est un cul-de-jatte qui dévale la butte Montmartre en quatrième vitesse.
Mon quatrième est un cul-de-jatte qui dévale la butte Montmartre en quatrième vitesse
Mon cinquième est un cul-de-jatte qui dévale la butte Montmartre en quatrième vitesse.
Mon sixième est un cul-de-jatte qui dévale la butte Montmartre en quatrième vitesse.
Mon tout est une boisson rafraîchissante.

Réponse : six troncs pressés.

Contes de fée

C'est un internaute qui trouve une grenouille. Il la met dans sa poche. Une demi-heure après, la grenouille remue. Il la prend dans sa main. La grenouille se met à parler et dit :

- Je ne suis pas une grenouille, je suis une princesse. Si tu m'embrasses, je redeviendrai la BELLE princesse que j'étais...

L'internaute la remet dans sa poche et continue son chemin... Une demi-heure après, la grenouille remue. Il la prend dans sa main. La grenouille se remet à parler et dit :

- Je ne suis pas une grenouille, je suis une princesse. Si tu m'embrasses, je redeviendrai la SUPER TOP SEXY princesse que j'étais...

L'internaute la remet dans sa poche et continue son chemin... Une demi-heure après, la grenouille remue. Il la prend dans sa main. La grenouille insiste :

- Je ne suis pas une grenouille, je suis une princesse. Si tu m'embrasses, je redeviendrai la SUPER TOP SEXY princesse que j'étais et je FERAI TOUT CE QUE TU DÉSIRES...

L'internaute la regarde et répond :

- T'ES DINGUE, UNE GRENOUILLE QUI PARLE C'EST HYPER COOL !!

* * * * * *

Comment le capitaine Crochet est-il mort ?

- En se grattant les couilles.

* * * * * *

Une jolie jeune fille se promène seule dans la forêt. En passant près d'un lac, elle aperçoit un loup en train de se noyer.

N'écoutant que son courage, elle plonge, saisit le loup par la queue, et le ramène vers le rivage quand soudain, l'animal se transforme en prince charmant. Celui-ci la regarde, lui sourit, et lui murmure à l'oreille :

- Merci, jeune fille. Maintenant, tu sais, tu peux me lâcher...

* * * * * *

Une vieille femme fait du rangement dans son grenier, et tombe sur une lampe poussiéreuse. Elle la frotte et là, un génie apparaît et lui dit :

- Pour te remercier de m'avoir libéré de cette lampe, je t'accorde trois vœux.

La vieille femme souhaite devenir riche : elle se retrouve aussitôt entourée de bijoux et d'or.

Elle demande ensuite à être jeune et jolie : elle se retrouve transformée en princesse.

Pour finir, elle réclame que son vieux chat soit transformé en prince charmant : aussitôt dit, aussitôt fait.

Elle se jette alors dans les bras du Prince, qui lui dit :

- C'est maintenant que tu vas regretter de m'avoir fait castrer.

******

Un homme se balade et aperçoit une lampe à huile. En la ramassant, il se dit :

- Il y en a bien qui gagnent au Loto... Et si je frottais cette lampe et qu'un génie apparaissait ?...

Et donc il frotte la lampe... et gagné, un génie apparaît.

Le génie lui dit :

- Pour te remercier de m'avoir sorti de cette lampe, tu peux me demander deux souhaits, et je les exaucerai sur-le-champ !

Alors le gars réfléchit deux secondes et demande :

- Je voudrais une bouteille de whisky qui ne se vide jamais lorsqu'on la boit.

Et aussitôt, le génie fait apparaître une bouteille entre ses mains. Le gars prend une bonne lampée, et constate qu'en effet, le niveau de la bouteille n'a pas baissé !

- Super, dit le gars. Donnez-m'en une autre comme ça !

******

Une femme et son époux discutent avant de dormir de leur fils qui doit les quitter le lendemain afin de faire son service militaire.

- Tu sais, chéri, comme notre fils n'est pas très au courant des choses de la vie (il n'a que 21 ans), ce serait bien si tu pouvais lui glisser un mot à propos de tu sais quoi, avant son départ. Sinon, il risque de se faire taquiner par ses nouveaux copains à la caserne.

- Tu as raison. Le courage m'a toujours manqué jusqu'à présent, mais demain au réveil, je lui en parlerai.

Le lendemain matin, l'homme tente de parler à son fils, mais les mots lui restent dans la gorge. Il accompagne donc le fiston à la gare, se promettant bien de lui glisser un mot avant son départ. En attendant le train, ils prennent un verre au bar, mais le père ne parvient pas à lui dire...

Pendant que son fils monte dans le train, l'homme se sent coupable d'avoir échoué dans son rôle de père, et se met à courir vers le train qui commence à rouler. Sentant qu'il va enfin se libérer d'un poids énorme, il crie au garçon qui a sorti sa tête par la fenêtre :

- LE PÈRE NOËL N'EXISTE PAS !

* * * * * *

Une dame d'un certain âge entre dans une agence de la Chase Manhattan Bank, avec à la main un grand sac en papier. Elle demande au guichetier de lui ouvrir un compte pour déposer les 3 millions de dollars qu'elle a dans son sac. Mais d'abord, elle aimerait rencontrer le président de la banque.

Après avoir vérifié de visu le contenu du sac en papier, l'employé la conduit auprès du président qui lui demande alors d'où lui vient une telle somme d'argent :

- S'agit-il d'un héritage ?
- Non, répond la dame.
- Spéculation boursière ?
- Non, dit-elle.

Le président se creuse la tête un bon moment avant que la dame ne vienne à son secours :

- Je parie, dit-elle.
- Aux courses de chevaux ?
- Non, je fais des paris avec des gens.

Voyant sa confusion, elle lui explique qu'elle parie avec des gens sur des choses très variées. Et subitement elle ajoute :

- Je vous parie 25 000 dollars que d'ici demain matin, 10 heures, vos couilles seront carrées.

Le président se dit qu'elle est gaga, et accepte le pari qu'il est sûr de gagner. Par sécurité, il rentre tôt et se couche de bonne heure.

Le lendemain matin, il se lève, prend sa douche matinale et constate sans surprise que son anatomie a gardé son aspect initial. Il se rend au bureau en chantonnant, et attend la dame qui entre dans son bureau à 10 heures précises, accompagnée de l'avocat qu'elle emmène toujours avec elle quand il y a de l'argent en jeu.

- Eh bien, dit-elle, et notre pari ?
- Je ne sais pas comment vous dire..., répond-il, mais je suis le même que toujours, simplement plus riche de 25 000 dollars !

La femme, impassible, demande à vérifier elle-même. Le président se dit que c'est une requête raisonnable, considérant la quantité d'argent en jeu, et tombe son pantalon.

Elle lui demande de se pencher, lui prend les couilles et vérifie. Tout est vraiment normal, ses testicules ne sont pas carrés.

Le président lève les yeux et voit l'avocat en train de se taper la tête contre les murs.

- Qu'est-ce qui lui prend ? demande-t-il.

- Rien de grave ! répond-elle. J'ai parié 100 000 dollars avec lui qu'avant 11 heures ce matin, je tiendrais le président de la Chase Manhattan Bank par les couilles.

* * * * * *

C'est une femme très riche, mais démunie au niveau poitrine. Elle est plutôt du genre œuf sur le plat. Elle a une marotte, c'est de faire les antiquaires, et ce samedi, elle découvre un vieux miroir dont le tain est constellé de craquelures. Cependant, l'antiquaire le vend 25 000 F. Étonnée, elle demande au marchand la raison de ce prix élevé. L'antiquaire lui répond que ce miroir a le pouvoir d'accorder un vœu à ses propriétaires.

La femme est tellement excitée - elle sait déjà ce qu'elle demandera au miroir - qu'elle signe le chèque sans sourciller.

De retour chez elle, elle pose le miroir dans sa salle de bains et demande :

- Miroir, miroir, s'il te plaît, transforme ma poitrine en 95 C.

Et miraculeusement, les seins commencent à gonfler, gonfler... la dame est hypra contente, forcément.

Le soir, son mari rentre du travail. Il est complètement incrédule quand sa femme lui raconte toute l'histoire. Néanmoins, il décide d'essayer lui aussi :

- Miroir, miroir, s'il te plaît, fais que ma bite touche le sol !

Et le mari devint cul-de-jatte.

* * * * * *

C'est l'histoire d'un nain qui a 24 enfants.

Elle est courte, mais elle est bonne !

* * * * * *

C'est une jeune fille fan de Patrick Bruel. Elle va le voir en concert, se pâme pendant deux heures, et s'endort sur son fauteuil. Elle se met à rêver de

FRAPAR

Patriiiick !!!... Soudain, elle sent qu'on lui secoue l'épaule et se réveille. Merveilleux ! C'est Patrick Bruel lui-même, qui vient la voir...

- Oh, dit-elle, vous êtes le Prince Charmant de mes rêves.

- Si je suis votre prince charmant, lui répond-il avec un sourire, je peux sans doute exaucer trois de vos vœux.

- Je n'ai qu'un vœu, mais vous pouvez l'exaucer trois fois...

******

Une jeune fille se balade dans un parc, lorsqu'elle entend des gémissements :

- Aidez-moi, aidez-moi...

Cherchant à savoir d'où viennent ces plaintes, la jeune fille regarde aux alentours. Finalement, elle remarque une grenouille coincée sous une branche d'arbre. La jeune fille soulève la branche, libère la grenouille et la prend dans sa main...

La grenouille remercie sa sauveuse :

- Oh merci, mille fois merci. Pour te prouver ma gratitude, tu n'as qu'à me ramener dans ta chambre, me poser sur ton oreiller, et demain matin, je me serai transformée en prince charmant.

Alors la jeune fille fait ce que la grenouille lui propose... et le lendemain, le prince charmant est là, comme convenu !

Vous n'y croyez pas, hein?

Sa mère ne l'a pas crue non plus !

Blagues cosmopolites

Les anti-Suisses

C'est un Suisse qui rentre chez lui le soir, et sa femme lui dit :
- Tu sais aujourd'hui, y'a un type qui est venu.
- Ah oui, et qu'est-ce qu'il a dit ?
- Rien, il est entré et m'a attrapée.
- Ah oui, et qu'est-ce qu'il a dit ?
- Rien, il m'a enlevé mes vêtements.
- Ah oui, et qu'est-ce qu'il a dit ?
- Rien, il m'a prise par tous les bouts.
- Ah oui, et qu'est-ce qu'il a dit ?
- Rien, et après il est reparti.
- Ah oui, et qu'est-ce qu'il a dit ?
- Ben rien du tout.
- Mais alors, on saura jamais pourquoi il est venu !!!

* * * * * *

C'est deux Suisses qui se promènent. Tout à coup, l'un se retourne et écrase violemment un escargot. L'autre, étonné, lui dit :
- Mais tu es fou ! Il ne t'avait rien fait !
- Tu parles ! Cela faisait une demi-heure qu'il nous suivait !

* * * * * *

Pourquoi les Suisses mettent-ils trois préservatifs ?
- Pour ne pas salir celui du milieu.

* * * * * *

Pourquoi les Suisses mettent-ils des préservatifs sur leurs oreilles quand ils font l'amour ?
- Car ils ne veulent pas entendre parler du SIDA.

* * * * * *

Genève, hôtel des voyageurs, deux heures du matin. Un client descend de sa chambre et réveille le réceptionniste :
- Puis-je avoir un verre d'eau, s'il vous plaît ?

Le réceptionniste, moyennement content, ne dit rien (le client est roi), donne le verre d'eau demandé, puis retourne se coucher.

15 minutes s'écoulent. Ding ding... Ding ding ding. Le même client :

- Puis-je avoir un verre d'eau, s'il vous plaît ?

Le réceptionniste (qui avait réussi à se rendormir), moins content, grogne un peu, donne le verre d'eau, puis fonce se recoucher.

10 minutes passent : même scène. Le réceptionniste fulmine, jamais vu ça en 20 ans d'hôtel. Cette fois, c'est cuit, il est fâché, il ne se rendormira jamais.

- Mais qu'avez-vous bien pu manger pour avoir une telle soif ?

Le client (là, il faut prendre l'accent genevois) :

- J'ai pas soif, y'a le feu dans ma chambre.

*****

Quand un Suisse cause tout seul, il fait un monologue.

Quand deux Suisses bavardent, ils font un dialogue.

Quand trois Suisses discutent, ils font un catalogue.

Les anti-Français

Un Français, un peu nationaliste et conservateur à tendance hystérique, rejoint, à un feu rouge, une voiture allemande, immatriculée en Allemagne, dont le chauffeur est allemand. Ça fait beaucoup de tares pour la même voiture, se dit-il en lui-même et en français, bien sûr. Agissons !

Séquence... Action :

Le feu devient vert, le Français aussi, de rage, de voir cet étranger passer devant lui sur cette route qui n'est même pas la sienne. Il accélère à donf et double le Teuton en lui criant les injures les plus humiliantes qu'il connaisse (du style : «Vous n'aurez pas l'Alsace et la Lorraine !»), et se rabat sèchement devant le nez du Germain pour bien lui signifier la profondeur de son mépris.

Séquence... Défis :

Le Boche ne peut pas ne pas répondre à une telle provocation et, utilisant toute la puissance de sa BMW et de son esprit, il redouble le Français et de violence verbale en lui criant, très distinctement, mais avec l'accent de la langue de Gœthe :

«Jarnière !»

Jarnière ? Qu'a-t-il bien pu vouloir dire, se demande le Gaulois. Probablement «charnière», mais ça n'est pas une insulte, il me semble. Je regarderai ce soir dans le dictionnaire.

Et dans le dictionnaire, il peut lire :

Charnière : Espèce de gond.

* * * * * *

C'est l'histoire d'un Parisien qui pue des pieds. Son médecin lui a conseillé de faire des bains de pieds avec de l'eau de mer du Nord, deux fois par jour. Notre parisien arrive donc à Dunkerque, et se rend tôt le matin sur la plage avec une bassine. Il s'approche du maître-nageur assis sur sa chaise, et lui demande l'autorisation de remplir sa bassine. Le maître-nageur acquiesce d'un signe de tête. Le Parisien s'exécute et s'approche à nouveau du maître-nageur pour lui demander combien il doit. Le maître-nageur, qui en a vu d'autres, et qui sait que discuter avec un Parisien ne sert à rien, lui demande 10 francs.

Le soir, notre Parisien de revenir et de demander l'accord du maître-nageur pour remplir à nouveau sa bassine. Celui-ci accepte bien sûr. Mais comme c'est marée basse, notre Parisien met un certain temps avant de revenir auprès du maître-nageur pour lui demander combien il doit payer.

- Même quantité, même prix, répond le maître-nageur qui n'a vraiment pas envie de discuter.

Notre Parisien paie, mais avant de partir, il se retourne vers le maître-nageur et lui lance :

-Dites, c'est fou ce que vous avez bien vendu aujourd'hui !!!

* * * * * *

Deux Français dans un autobus voient monter une bonne sœur en béquilles, avec une jambe dans le plâtre. Un des Français lui demande ce qui lui est arrivé :

- J'ai glissé en entrant dans mon bain et je me suis cassé la jambe.

Le Français se tourne alors vers son copain et lui dit :

- Dis, c'est quoi un bain ?

Et l'autre de répondre :
- Je ne sais pas, je ne suis pas catholique...

******

Quel est l'endroit rêvé pour cacher son argent ?
- Sous le savon d'un Français.

******

On a voulu greffer un cerveau à un Français : le rejet a été immédiat.

******

Pourquoi est-ce que ça sent mauvais en France ?
Parce que les Français dorment la fenêtre ouverte !

******

Pourquoi les Français portent-ils des cravates jaunes ?
- C'est pour aller avec leurs dents.

******

Un Français rencontre ses amis au café et leur annonce :
- Vous êtes tous cocus, j'ai couché avec ma femme.

******

Un Français a inauguré sa machine à écrire : il a coupé le ruban.

******

Les Français, c'est comme les crocodiles : ils ont de petites pattes et une grande gueule.

******

Quelle est la différence entre Dieu et un Français propre ?
- Aucune, on souhaiterait que ça existe !

******

C'est un Français qui entre dans un bar et qui voit un gars complètement bourré. Pour le sermonner un peu, il lui dit :

- Mon cher Monsieur, savez-vous qu'il y a des milliers de Français qui meurent chaque année suite à une consommation excessive d'alcool ?

Le gars le regarde et rigole...

- Vous trouvez ça drôle ?

Le gars répond :

- J'm'en fous, j'suis belge !!!

* * * * * *

Comment appelle-t-on un Français qui a un Q.I. de 100 ?

- Un village.

* * * * * *

Un Français a été retrouvé mort ligoté à un arbre : son chien était parti en vacances.

* * * * * *

Quelle différence y a-t-il entre un lavabo bouché et un Français ?

- Pour le lavabo, au moins, il existe les plombiers.

* * * * * *

Que fait une Française avec son trou de cul tous les matins ?

- Elle lui prépare à déjeuner, et l'envoie travailler.

* * * * * *

Quelle différence y a-t-il entre un Français circoncis et un Juif ?

- La baguette.

* * * * * *

Quel est le comble du pléonasme ?

- Un Français moyen.

* * * * * *

Pourquoi n'y a-t-il pas de fantômes en France ?

- Parce qu'on n'a jamais vu un Français avoir de l'esprit.

* * * * * *

Qu'est-ce qu'un Vosgien (ou un Alsacien) ?

- C'est un Belge qui n'a pas pu arriver jusqu'en Suisse.

Un Français s'est fait mordre par un serpent...
C'est le serpent qui est mort.

* * * * * *

C'est un Français qui est allé à Las Vegas : il s'est ruiné dans un distributeur de boissons.

* * * * * *

Un Français a subi un examen d'urine. Il a échoué.

* * * * * *

C'est un Français qui fait du vélo en Belgique (précisons tout de suite qu'il prend les Belges pour des idiots). Il s'arrête dans une station service et dit au pompiste :

- Le plein, SVP.

Le pompiste fait semblant de faire le plein.

- Et vérifiez l'huile, aussi.

Le pompiste continue de jouer le jeu.

Le Français, mort de rire, remonte sur son vélo. À ce moment, le pompiste lui donne une énorme claque.

- Mais que vous arrive-t-il ? s'écrie le Français, furieux.
- Vous aviez mal fermé votre portière !!!

* * * * * *

Dans la forêt vierge d'Afrique centrale, un explorateur belge arrive dans une vaste clairière au centre de laquelle se dresse une hutte au toit de chaume, surmontée d'une enseigne :

LA COURTE PAILLE, RESTAURANT CANNIBALE.

Intrigué, il s'approche et détaille le menu affiché à l'entrée :

Le Hollandais, la portion, 100 francs.
L'Italien, la portion, 100 francs.
L'Allemand, la portion, 100 francs.
Le Belge, la portion, 100 francs, etc...
Et pour terminer, le Français, la portion, 500 francs !!!

À ce moment apparaît le Chef, en tablier blanc et toque de cuisinier. L'explorateur, intrigué, lui demande :

- Pourriez-vous m'expliquer la raison d'une telle différence de prix ?

Le chef-coq lève les yeux au ciel et dit :

- Ah ! Monsieur, si vous saviez le temps qu'on passe à nettoyer les Français !

* * * * * *

Entendu quelque part en Afrique :

- Les Français, ils savent pas faire l'amour.

- Les Français, ils savent pas faire l'amour du tout...

... Qu'est-ce que j'ai mal au derrière ! ...

* * * * * *

La scène se passe en Chine, dans une entreprise bien traditionnelle. Tous les employés sont travailleurs, mais ne refusent pas une semaine de vacances par an... que leur patron offre avec plaisir (si, si !).

Mais un employé, un peu trop modèle, refuse systématiquement de prendre ses congés.

La première année, le patron lui confie :

- Vous avez eu une attitude exemplaire, vous méritez plus que tous les autres votre repos.

Et le Chinois de répondre :

- Non, je suis heureux de travailler, je continue !

L'année suivante, idem...

- Mais quand prendrez-vous un peu de repos ?

- Je dois honorer mon cher patron et maître par mon labeur si précieux... Je ne peux prendre de vacances.

Et ainsi de suite, chaque année.

Mais un jour, bien des années après, le patron se rend compte que son «employé modèle» a disparu.

Il demande à l'un de ses collègues de travail :

- Où est passé ton partenaire si zélé ? Je ne le vois plus depuis quelques jours.

- Oui maître, c'est normal, mon compagnon a décidé de prendre tous les congés qu'il n'avait jamais pris depuis son arrivée dans l'entreprise... Ça fait quelques mois de repos, hihihihhi.

- Comment ? Mais quelle idée folle lui a traversé l'esprit ?

- Rien de grave, chef, il vient juste de se faire naturaliser français...

* * * * * *

Comment fait-on pour décapiter un Français ?
- On rabat la lunette du W. C. quand il va boire !

ou la variante :
À un Français qui portait un pansement sur le haut du crâne, son copain belge demande :
- Mais comment tu t'es fait ça ?
- C'est la cuvette des chiottes qui m'est retombée sur la tête...
- Et pourquoi?
- Parce que j'ai voulu m'asperger d'eau de toilette, pardi !

* * * * * *

Pourquoi les Français ont-ils le visage complètement griffé le lundi matin ?
- Parce que le dimanche, ils essayent de manger avec une fourchette !

* * * * * *

C'est la Toussaint. Dans un cimetière du 13e arrondissement à Paris, un homme apporte des fleurs pour la tombe de ses parents. Sur la tombe d'à côté, un Chinois est en train de répandre du riz sur la pierre tombale de ses parents à lui.
Le Français (un chouia xénophobe) lui demande :
- Et vous pensez qu'un jour, ils pourront manger votre riz ?
Le Chinois lui rétorque :
- Bien sûr ! Le même jour qu'ils pourront sentir vos fleurs.

Les anti-Corses

C'est un mec d'Ajaccio qui arrive à Paris. Ses copains lui disent :
- Faut te mettre au boulot. Il y a une fille pour toi, rue Saint-Denis. Tu la prends en main, et tu la fais bosser.
Le type va chez la fille, il entre et... il recule d'horreur! Baahhh !
Elle est carrément ignoble... indescriptible, les cheveux visqueux... beurg, on ne va pas insister davantage !
Le gars lui dit :
- À partir de maintenant, je suis ton mac! T'en as déjà eu des macs avant ?
- Ben, ouais ! Six !

- Six !? Qu'est-ce qui leur est arrivé ??

- Ils sont morts !

- Morts !? Dans un règlement de comptes ??

- Nan... Ils sont morts de faim !

* * * * * *

Un TOUT petit Corse entre dans un bar à Marseille et s'assied au comptoir. Là, il regarde le barman et dit (prendre une voix très rauque) :

- UN CRÈME, DEUX CROISSANTS, JE PAIE PAS ET J'AI PEUR DE PERSONNE !

Le barman, un gars simple, gentil, de bonne composition, qui a une femme, six enfants, et qui ne boit que du lait, se dit :

- Les Corses, c'est pire que la mafia. Il va revenir avec toute sa famille si je ne fais pas ce qu'il dit. Alors moi, je lui donne son petit déj', et je passe le restant de mes jours heu-reux !

Alors il lui sert le crème, les deux croissants, et prie pour que tout se passe bien. Le Corse boit, bouffe et se casse.

Le lendemain matin, rebelote. Le petit Corse entre dans le café et dit :

- UN CRÈME, DEUX CROISSANTS, JE PAIE PAS ET J'AI PEUR DE PERSONNE !

Alors le barman se remet à trembler, lui sert le tout, et prie le paradis des barmans que sa place ne soit pas encore prête.

Pas de problème. Le Corse repart...

Mais il revient le lendemain, et TOUTE la semaine comme ça !

Le barman est cool et tout, m'enfin là, il commence à la trouver mauvaise !

Alors, courageux comme il est, il va chez son patron et lui raconte l'histoire.

- ...et il dit qu'il n'a peur de personne !

- Ah ouais ? Eh ben on va mettre le gros Julot avec toi au bar, demain, et on verra bien s'il n'a peur de personne !

Le lendemain, rebelote :

- UN CRÈME, DEUX CROISSANTS, JE PAIE PAS ET J'AI PEUR DE PERSONNE !

Alors là, y'a le gros Julot qui regarde le troll assis au comptoir et dit : (prendre une voix ENCORE plus grosse) :

- AH OUAIS ?! BEN MOI NON PLUS, J'AI PEUR DE PERSONNE !!!

Le petiot le regarde, se retourne vers le gentil barman, et dit :

- Bon alors, DEUX CRÈMES, QUATRE CROISSANTS, ON PAIE PAS ET ON A PEUR DE PERSONNE !

* * * * * *

Au cours d'une récente grève à Ajaccio, la direction de l'entreprise a dû faire appel aux C.R.S. pour faire évacuer l'usine. Ceux-ci sont intervenus à coup de grenades lacrymogènes.

C'était la première fois qu'on voyait des Corses quitter leur travail en pleurant.

* * * * * *

C'est un jeune Corse qui habite Marseille, mais l'été il retourne au pays voir son père. Ce dernier se faisant vieux, le fils lui propose de venir passer l'hiver suivant sur le continent et, pour le motiver, il lui dit :

- Viens! Tu verras, les Marseillais jettent l'argent par les fenêtres !

Le vieux accepte l'invitation.

La fin de l'automne arrive, et le vieux descend prendre le bateau à Bastia. Il arrive à Marseille et se balade sur la Canebière, et... Oh ! surprise ! Il voit un billet de 500 francs par terre... Il commence à se baisser pour le ramasser, puis s'écrie :

- Oh, je ne vais tout de même pas me fatiguer dès le premier jour !

* * * * * *

Pourquoi beaucoup de Corses sont-ils de petite taille ?

- Parce que lorsqu'ils étaient enfants, on leur a dit qu'ils travailleraient quand ils seraient grands !

* * * * * *

Deux Corses arrivent sur le continent pour la première fois. Le premier aperçoit un panneau de la D. D. E. :

«Danger, travaux.»

Il se retourne vers le second et dit :

- Au moins, ici, ils préviennent...

Quelques pâtés de maison plus loin , ils tombent sur un bâtiment où il est écrit :

«Médecine du travail.»

Et l'un des deux Corses dit à l'autre :

- Tu vois , je te l'avais bien dit que c'était une maladie...

* * * * * *

Quel est le seul arbre qui ne pousse pas en Corse ?
- Le boulot !

* * * * * *

Proverbe corse :
«Si tu as envie de travailler, assieds-toi, et attends que ça passe.»

* * * * * *

Les anti-Portugais

Comment reconnaît-on une Portugaise chez le coiffeur ?
- C'est la seule qui a des bigoudis aux jambes !!

* * * * * *

Comment sait-on qu'une Portugaise ne porte pas de culotte ?
- Si elle a des pellicules sur ses chaussures.

* * * * * *

Comment reconnaît-on les avions de Portugaiche airlines ?
- Ce sont les seuls à avoir du poil sous les ailes.

* * * * * *

Savez-vous pourquoi les Portugaises pètent après l'amour ?
- Pour remettre les poils dans le bon sens...

* * * * * *

Comment appelle-t-on un Portugais mythomane ?
- Un mentos...

* * * * * *

Qu'est-ce qu'un cochon qui rit ?
- Un porc tout gai.

* * * * * *

Que veut dire VELCRO en Portugais ?
- Corps-à-corps.

* * * * * *

Quel est le plat préféré des Portugais ?
- La tarte aux poils.

* * * * * *

Pourquoi les petites filles portugaises cachent-elles une vieille crevette dans leur culotte ?
- Pour sentir comme les grandes.

* * * * * *

Pourquoi les Portugais se laissent-ils pousser la moustache ?
- Pour ressembler à leur mère.

* * * * * *

Quelle est la différence entre une otarie et une Portugaise ?
- L'une a le poil luisant et sent la morue.
... L'autre est un mammifère marin.

* * * * * *

Pourquoi les Portugais appellent-ils le sexe de la femme une écluse ?
- Parché qué ché là qu'on mé lé pénich !!

* * * * * *

À quoi ressemble une Portugaise à quatre pattes ?
- À une mygale.

* * * * * *

Qu'est-ce qu'un buisson sur le bord d'une autoroute portugaise ?
- Une Portugaise qui fait du stop...

* * * * * *

Comment a fait Linda de Suza pour perdre 20 kg ?
- Elle s'est rasée sous les bras.

Les anti-Russes ou communistes

Trois prisonniers du goulag discutent.

- Pourquoi t'es là, toi ?

- Je suis arrivé en retard à l'Usine et j'ai été condamné pour sabotage industriel au profit des puissances ennemies.

- Et toi ?

- Oh moi ! Je suis arrivé en avance au travail et j'ai été condamné pour espionnage au profit des puissances ennemies.

- Et toi, camarade ?

- Ben moi, je suis arrivé à l'heure à l'Usine...

- Ah ! Et alors ?

- J'ai été condamné pour conformisme petit-bourgeois...

* * * * * *

Le bonheur, pour un Français, c'est de se retrouver un soir dans un restaurant cinq étoiles, devant un délicieux repas avec une créature pulpeuse à souhait, de monter dans la suite nuptiale, d'y passer un agréable moment, et d'apprendre le lendemain que tout cela était offert.

Voilà LE bonheur pour un Français !

Le bonheur, pour un Anglais, c'est de se lever à cinq heures du matin pour aller faire pisser le chien dans la nuit, le froid, et le brouillard, tandis que les voitures passent en éclaboussant les trottoirs - et les passants.

Voilà LE bonheur pour un Anglais !

Le bonheur, pour un Russe, c'est d'être réveillé à trois heures du matin par des coups frappés à la porte, de se lever, tremblant, d'ouvrir la porte, de se trouver devant deux agents du K.G.B. qui demandent :

- Ivan Petrovitch ?

Et de répondre :

- C'est en face...

Voilà LE bonheur pour un Russe !

* * * * * *

Du temps de la guerre froide :

Brejnev à Kosygin :

- On a combien de Juifs dans notre Union Soviétique ?

- Bof... dans les 6-8 millions.
- Et combien émigreraient si on les laissait faire ?
- Entre 20 et 25 millions...

******

Ceausescu (eh oui, ça date et c'est en Roumanie cette fois-ci) est démoralisé : son peuple ne semble pas l'apprécier. Pour en avoir le cœur net, il veut discuter avec un ouvrier.

- Il paraît qu'on ne m'aime pas ?
- Mais non, mais non.
- Il paraît que des gens seraient prêts à m'assassiner...
- Jamais entendu parler !
- Et même, il paraît que certains seraient prêts à profaner ma tombe !
- ...
- Vous ne dites rien... Tenez, vous, par exemple, vous viendriez profaner ma tombe ?
- Sûrement pas !
- (Soulagé). Et pourquoi ?
- Parce que j'en ai marre de faire la queue !

******

Le camarade Lénine se lève par ce beau matin de printemps et s'adresse au soleil :
- O cher soleil, qui est le plus beau, le plus grand, le plus fort ?
Le soleil :
- Mais c'est toi, mon cher Lénine !
Vers midi, Lénine remet ça :
- O cher soleil, qui est le plus intelligent, le plus génial, le plus classe ?
Le soleil :
- Mais voyons, mon cher Lénine, c'est toi bien sûr !
Vers cinq heures du soir :
- O cher soleil, qui est le plus grand, le plus mégatop, le plus top délire ?
Le soleil :
- Mais voyons, ça ne peut être que toi.
Juste avant de se coucher, Lénine remet vingt sous :
- O cher soleil...
Le soleil :
- Bon, arrête de me gonfler, là, je viens de passer à l'ouest !

******

C'est en Russie. Un type entre dans un magasin :
- C'est ici la boulangerie ?
- Non, ici c'est le magasin où il n'y a plus de viande.

******

C'est un Soviétique qui a économisé rouble par rouble, année après année. Un beau jour, ça y est : il a mis assez d'argent de côté pour s'acheter une voiture !

Le voilà qui va au magasin d'état et qui demande une Lada. Là, on lui répond que le véhicule lui sera livré dans dix ans.

Alors le Soviétique demande :
- Ça sera le matin ou l'après-midi ?

Et le vendeur répond :
- Qu'est-ce que ça peut vous faire ? C'est suffisamment tard pour ne pas s'inquiéter si ça sera le matin ou l'après-midi...

Alors le client :
- C'est parce que j'aurai le plombier dans l'après-midi.

******

Quelle est la différence entre un rouble et un dollar ?
- Un dollar.

******

Ça se passe du temps de la perestroïka.

Mikhaïl Gorbatchev est en visite au Royaume-Uni. C'est Maggie, la dame de fer, qui lui fait visiter une usine. Il est neuf heures du matin et les ouvriers commencent tout juste à entrer dans le bâtiment.

Gorby :
- Que font ces gens ?

Maggie :
- Eh bien, ils commencent à travailler !

Gorby :
- AAAARRggghhh ! Mais chez nous, en URSS, on commence le travail à cinq heures du matin !

Puis ils continuent la visite de l'usine. Vers 10 h 30, une sonnerie retentit et les ouvriers quittent leur poste de travail.

Gorby :

- Où vont-ils ?

Maggie :

- Oh, c'est la pause du matin. Ils s'arrêtent de travailler pendant vingt minutes.

Gorby :

- AAAArrrggghhhh ! Chez nous en URSS, il n' y a pas de pause le matin.

À midi, Maggie et Gorby, qui sont encore dans l'usine, entendent à nouveau la sirène. Aussitôt les ouvriers quittent leur poste de travail.

Gorby :

- Et où vont-ils, maintenant ?

Maggie :

- Eh bien, ils vont déjeuner. Ils ont une heure de pause pour déjeuner.

Gorby :

- AAAArrrggghhhh ! Une heure ?! En URSS, il n'y a que quinze minutes pour ça !

À 14 h 15 précises, la sirène résonne à nouveau, et les employés quittent leur poste encore une fois.

Gorby :

- AAAArrrggghhhh! C'est pas vrai, pas encore une pause ?

Maggie :

- Eh oui... Ils ont vingt minutes de pause l'après-midi !

À 16 h 30, la sirène siffle encore et tout s'arrête dans l'usine.

Gorby :

- AAAArrrggghhhh! C'est pas vrai, pas encore une pause ?

Maggie :

Non, cette fois-ci, c'est pour signaler la fin du travail.

Gorby :

- En URSS, le travail commence à cinq heures du matin, aucune pause, dix minutes pour manger, aucune pause. Vous devriez en faire autant !

Maggie :

- Oh, mais on ne peut pas !

Gorby :

- Et pourquoi pas ?

Maggie :

- Mais parce qu'ils sont tous communistes !

Les anti-Polonais

Vous savez comment on fait un sandwich en Pologne ?

On met un ticket de jambon entre deux tickets de pain.

* * * * * *

C'est un immigré polonais qui travaille sur un chantier de construction juste à côté de chez lui.

Un jour, un camarade de travail lui dit :

- Tu n'as jamais remarqué que le contremaître partait vers 11 heures pour déjeuner, et ne revenait qu'après 15 heures ? Moi j'ai remarqué ça depuis plusieurs semaines, et du coup, j'en profite pour rentrer manger chez moi, et tirer un coup avec ma femme. Tu devrais essayer !

Le lendemain, l'immigré polonais rentre chez lui dès que le contremaître s'est éclipsé. En pénétrant dans l'entrée, il entend la voix de sa femme et celle d'un homme, provenant de la chambre à coucher. Sans bruit, il ouvre la porte de la chambre, et là, qu'est-ce qu'il voit ? Son contremaître en train de se faire sa femme !

Alors le gars ferme la porte sans bruit, quitte la maison et retourne au chantier.

Le lendemain, alors que son camarade de travail lui demande en lui faisant un clin d'œil :

- Allez ! Je pense que tu vas rentrer chez toi en douce ce midi encore, hein ?!

Le Polonais lui répond :

- Tu rigoles, c'est trop risqué ! J'ai failli me faire prendre par le contremaître hier !

* * * * * *

En Pologne, la moitié des habitants attend qu'on lui installe le téléphone...

.... l'autre moitié attend d'obtenir la tonalité.

* * * * * *

Comme on dit en Pologne :

Boire ou conduire...

... De toute façon, on n'a pas de voitures !

* * * * * *

Un riche propriétaire terrien de la Beauce passe ses vacances à chasser en Pologne. Après une après-midi de chasse, où il s'est pris d'amitié avec son porte-carnier (un autochtone), il est invité à prendre le repas dans la demeure du Polonais.

Pendant que la femme prépare le repas, le Polonais fait visiter la maison à son hôte qui lui dit :

- C'est joli, chez vous. Dites-moi, vous avez des terres en propriété ?

Le Polonais lui répond :

- Oui. Pour mon jardin personnel, j'ai quelque chose comme 50 ares...

Le chasseur, prétentieux (c'est un chasseur), relance :

- Chez moi, dans la Beauce, j'ai tellement de terrain que quand je prends ma voiture pour faire le tour de mes terres le matin, le soir je ne suis pas encore rentré !

Et le Polonais répond :

- Ah oui, moi aussi j'ai une voiture comme ça !

* * * * * *

Chez saint Pierre, un matin, il y a une arrivée en nombre de Polonais. Devant la porte des hommes commandés par leurs femmes, il y a une très longue file d'attente... Saint Pierre, un peu agacé, regarde alors l'autre porte, (celle des hommes qui commandent à leurs femmes) devant laquelle un seul homme attend !

Saint Pierre à l'homme :

- Mais dis-moi, comment as-tu fait pour être ici ?

L'homme :

- Je ne sais pas, c'est ma femme qui m'a dit de me mettre là !

* * * * * *

Un Irlandais, un Italien et un Polonais sont assis à un bar. Alors qu'il commande une deuxième bière, l'Irlandais dit :

- Je déteste cet endroit ! Je connais un bar chez moi où la troisième bière est gratuite.

L'Italien renchérit :

- C'est rien, ça ! Chez moi, il y a un bar qui donne une bière gratuite pour une achetée.

Et le Polonais termine :

- Ah ouais ? Eh bien chez moi, il y a un bar où on peut boire gratuitement toute la nuit, et même baiser tant qu'on veut sur le parking dehors...

Les autres :

- Arrête ! Tu dis n'importe quoi. Tu es vraiment déjà allé dans un bar comme ça ?
- Moi, non. Mais ma femme y va tous les soirs.

* * * * * *

Quel est le mois pendant lequel les Polonais boivent le moins ?

- Février : c'est celui qui a le moins de jours...

* * * * * *

Qu'est-ce qui est long, dur, et qu'une jeune mariée polonaise reçoit le jour de ses noces ?

- Un nouveau nom de famille.

* * * * * *

Comment appelle-t-on un Polonais qui porte un chapeau à 50 000 balles ?

- Le Pape.

* * * * * *

Tu sais comment ça marche les cliniques où se pratique l'avortement en Pologne ?

- Ils ont des listes d'attente pour une année.

* * * * * *

Dans une salle de classe polonaise, la maîtresse demande à un élève :

- Ta mère, c'est qui ?
- La Pologne.
- Et ton père ?
- L'union Soviétique.
- Et ton souhait le plus cher ?
- Qu'ils divorcent !

Les anti-Ecossais

Pourquoi les Ecossais ont-ils choisi de cloner une brebis ?
- Pour retrouver leur premier amour.

* * * * * *

Comment appelle-t-on un Ecossais qui a 1500 petites amies ?
- Un berger.

* * * * * *

Comment les Ecossais pratiquent-ils le safe-sex ?
- En ligotant les pattes des brebis trop nerveuses.
Ou :
- En marquant d'une croix dans le dos les brebis qui ruent.

* * * * * *

Une bonne maxime pour l'Ecosse ?
- Un pays où les hommes sont rudes, et les moutons nerveux.

* * * * * *

Deux amis, un Ecossais et un Anglais, sont au guichet d'une banque, lorsqu'un gangster pénètre dans l'établissement en menaçant les clients et le guichetier de son revolver :
Tout de suite, l'Ecossais met la main à sa poche et dit à son pote anglais :
- Tiens... Voilà les 100 livres que je t'avais empruntées.

Vu dans un journal de petites annonces (gratuit forcément) écossais :
«PIERRE TOMBALE DE SECONDE MAIN À VENDRE. PROPRIÉTAIRE DÉMENAGEANT. CONVIENDRAIT À N'IMPORTE QUI S'APPELANT MACNAB.»

* * * * * *

C'est un Ecossais qui débarque à Roissy. Le douanier qui contrôle ses bagages lui demande le motif de sa visite (c'était avant l'Europe) :
- Je viens passer ma lune de miel ici, répond l'Ecossais.
Le douanier demande :
- Mais où est votre femme ?
- Ma femme ? Elle est restée en Ecosse. Elle connaît déjà Paris.

* * * * * *

Un Anglais et deux Ecossais sont sur une plage en Ecosse. L'Anglais, pour passer le temps (et se moquer), propose un pari aux deux Ecossais :

- J'offre 1 £ à celui de vous deux qui restera le plus longtemps sous l'eau.

Ça s'est passé l'année dernière... et on recherche toujours les corps.

* * * * * *

C'est un couple de vieux Ecossais en vacances qui s'attable à la terrasse d'un café pour déjeuner. Ils commandent chacun un sandwich, et le serveur les leur apporte tout de suite avec leurs boissons.

Comme il n'y a pas beaucoup de clients, le serveur a le temps de les observer. Il remarque alors que la dame reste devant son sandwich sans y toucher. Il s'approche et demande :

- Excusez-moi, Madame, mais le sandwich ne vous plaît pas ?

Et la vieille Ecossaise lui répond :

- Non, non, ce n'est pas ça... J'attends que mon mari ait fini pour récupérer le dentier.

* * * * * *

C'est le docteur qui est en train d'expliquer à Paddy Mac Millan comment la nature est capable de compenser certaines déficiences physiques :

- Par exemple, une personne aveugle développera ses autres sens de façon beaucoup plus importante qu'un homme «normal».

Et Paddy répond :

- Je vois c'que vous voulez dire, j'ai r'marqué que si un gars a une jambe plus courte, l'autre est toujours un peu plus longue...

* * * * * *

C'est un fermier qui vit tout seul avec son chien, dans une ferme isolée de la lande irlandaise. Mais le chien est vieux, très vieux, et un beau jour, il meurt. Le fermier, bouleversé, s'en va voir le prêtre du village et lui dit :

- Mon père, mon chien est mort. Je n'avais que lui pour me tenir compagnie. C'était un chien foncièrement bon. Pourriez-vous dire une messe pour lui ?

Le curé lui répond :

- Eh non, malheureusement. Il nous est interdit de dire des messes pour les animaux ; mais il y a une chapelle protestante au bout de la rue, peut-être qu'avec un don ils accepteraient de faire quelque chose pour votre animal.

Le fermier répond :
- D'accord. Je vais essayer auprès d'eux. Vous pensez qu'un don de 1000 £ suffirait ?
Et le curé :
- 1000 £ ?!! Pourquoi ne pas m'avoir dit que votre chien était catholique ?

* * * * * *

Vous le savez, les Irlandais ont la réputation d'être catholiques pratiquants.
Cette histoire se passe à New York, dans un fief d'immigrés irlandais, j'ai nommé «La police municipale». L'officier Patrick McGuire, de la police municipale, patrouille avec sa Harley, lorsqu'il entend un message sur sa radio : un accident a eu lieu non loin de là.
Le policier irlandais arrive sur les lieux et constate qu'une Buick est rentrée dans le cul d'une Chrysler. il s'avère que la Buick est conduite par le Père Francis O'Boyle, alors que la Chrysler est conduite par le Rabbin Isaac Goldstein. L'officier de police McGuire vérifie tout d'abord qu'aucun des conducteurs n'est blessé, puis il inspcctc les véhicules pour constater les dommages.
Enfin, il va voir le Père O'Boyle et il lui demande :
- Alors, mon père, à quelle vitesse roulait le rabbin en marche arrière lorsqu'il vous est rentré dedans ?

* * * * * *

Un Anglais, un Irlandais et un Écossais sont dans un bar et chacun des gars se targue d'avoir l'épouse la plus stupide que la terre ait jamais portée.
L'Écossais dit :
- Pour vous dire comment ma femme est épaisse, l'autre jour, après que je l'ai engueulée parce qu'elle dépensait trop, elle est allée au supermarché et a acheté pour 100 £ de viande parce qu'elle était en promotion ! Et on n'a même pas de réfrigérateur !
L'Anglais trouve que la femme de l'Écossais est vraiment naze, mais soutient tout de même que la sienne l'est encore plus. Alors il dit :
- Justement, la semaine passée, la mienne a acheté une voiture neuve, et elle ne sait même pas conduire !
L'Irlandais pense que la palme revient à sa femme :
- Non, les gars, c'est vraiment la mienne la pire. L'été dernier, elle est allée en Grèce. Dans ses bagages, elle a emporté douze boîtes de préservatifs, et elle n'a même pas de bite !

Les anti-Anglais

C'est un gars qui se promène au bord d'un lac. Tout à coup, il voit quelqu'un qui se débat dans l'eau en criant :

- HELP, HELP !...

Alors il lui lance :

- Hé idiot, t'aurais mieux fait d'apprendre à nager au lieu d'apprendre l'anglais...

* * * * * *

Qu'est-ce qu'une jolie fille en Angleterre ?

- Une touriste.

* * * * * *

Un gars passe une semaine de vacances à Londres. Il a trouvé à se loger dans un Bed & Breakfast. Lorsqu'il descend le matin de la deuxième nuit, la gérante de la maison demande :

- Bonjour, Monsieur. Pour votre breakfast, vous prendrez vos œufs «sur le plat» ou bien «durs» ?

Et le gars lui répond :

- Je voudrais deux œufs sur le plat. Un des deux sera caramélisé. Quant à l'autre (dont le jaune sera cassé), vous le placerez sur un toast qui sera complètement brûlé d'un côté et marron de l'autre. Le toast et son œuf baigneront à moitié dans les haricots et leur sauce. Vous passerez l'assiette dans le micro-onde, de telle manière que le tout soit chaud à l'extérieur mais froid à l'intérieur.

La gérante répond :

- J'ai bien peur que cela ne soit pas possible, Monsieur.

Et le vacancier corrige :

- Ah bon ? C'est pourtant exactement ce que vous m'avez donné hier.

* * * * * *

Un lord anglais prend un bain. Il lui prend une irrépressible envie de péter. Un coup d'œil à droite, à gauche, devant, derrière... Personne. Il pète, ça fait des bulles, il est content, il ferme les yeux pour savourer cet instant...

Un bruit dans la salle de bain le fait sortir de sa béatitude. Il ouvre les yeux et voit sa femme avec une bouteille de bière et un verre.

- Barbara, why do you bring me a beer ?

- Dear, I was in the kitchen, and I heard you say :

- Barbara, bring me a bottle of beer please !

* * * * * *

Un couple d'Anglais dans le métro. Heure de pointe. L'Anglaise transpire à grosses gouttes. Elle se plaint à voix haute :

- Pffff... Je suis chaude !

Les hommes autour la regardent avec un sourire étonné, et le mari comprend la bourde. Il se sent obligé de corriger :

- Veuillez excuser mon femme, elle ne parle pas très bien le français, elle voulait juste dire : «Je suis en chaleur !»

* * * * * *

À Londres, de nos jours, il y a tellement de trafic que la seule façon de changer de file, c'est d'acheter la voiture d'à côté.

* * * * * *

Il y a deux genres d'autoroutes au Royaume-Uni : celles qui sont en construction, et celles qui sont en réparation.

L'histoire se passe avant la mort de Lady Di. La reine d'Angleterre et Lady Di sont dans une Land Rover en train de faire une balade sur les terres royales. Soudain, deux bandits armés se mettent en travers de la Land, au beau milieu du chemin, et braquent leur arme sur le royal couple en criant à la reine :

- DONNEZ-NOUS TOUT VOTRE ARGENT !

La reine répond :

- Mais je suis la Reine d'Angleterre, et vous devez bien vous rendre compte que je n'ai aucun besoin d'avoir de l'argent sur moi...

- Oh ! Merde, dit alors un des bandits avant de se tourner vers Lady Di :

- DONNEZ-NOUS TOUS VOS BIJOUX !

Alors Lady Di répond :

- Mais je ne porte pas mes bijoux aujourd'hui. D'ailleurs, je ne les sors que pour les grandes occasions...

L'un des deux gars hésite un peu, et dit :

- ALLEZ HOP ! DESCENDEZ TOUTES LES DEUX, ON VA PRENDRE LA RANGE, ÇA SERA TOUJOURS ÇA DE PRIS.

Et là dessus, les bandits partent, laissant le royal couple sur le bord de la route.

À ce moment-là, Lady Di se tourne vers la reine et lui demande :

JE CROYAIS AVOIR DIT : "GARDE À VOUS" !..

- Qu'avez-vous fait de tout votre argent ? Vous avez toujours plusieurs centaines de livres sur vous !

Et la reine répond :

- Quand j'ai vu les bandits, j'ai fait un rouleau avec les billets que j'avais, et j'ai glissé le rouleau dans cet endroit que nous seules, les femmes, possédons. Et disant cela, elle porte la main sous sa jupe et extirpe un rouleau de billets de banque !

- Et vous Diana, qu'avez-vous fait de vos bijoux ? Je sais que vous en portez toujours...

- Eh bien, moi aussi, je les ai cachés, lorsque j'ai vu les bandits, dans le seul endroit que ces mufles n'auraient pas osé visiter sur nos personnes... Et Diana s'en va chercher ses boucles d'oreilles, sa bague, et son collier...

Toutes les deux sont là, assises dans l'herbe, silencieuses, et l'air songeur... La reine Elizabeth se tourne soudain vers Diana et lui dit :

- Si Fergie nous avait accompagnées, on aurait encore la Range Rover...

* * * * * *

Celle-là aussi se passe avant la mort de la princesse :

Rien ne va plus avec Charles, particulièrement sur le plan sexuel... Prenant son courage à deux mains, Lady Di lui demande un soir ce qu'il aimerait qu'elle lui fasse... Charles, pensif :

- Please, masturbate me !

Diana :

- OK, je vais y réfléchir.

Manque de bol, elle ne sait même pas ce que ça veut dire. Comme elle se doute qu'il s'agit de sexe, elle va voir Fergie et lui demande des éclaircissements. Fergie rougit un peu, et lui explique qu'il faut faire comme avec une bouteille de ketchup, pour en extraire le contenu.

Le soir même, Lady Di fait savoir à Charles qu'elle est d'accord. Charles se met en position (là ça devient vraiment gestuel). Elle saisit le sexe de son mari de la main gauche, se concentre, visualise une bouteille de ketchup renversée, et de la main droite tape violemment sur le fond de la bouteille...

* * * * * *

Un avion se crashe sur une île déserte. Il y a quinze survivants originaires de cinq pays différents (deux hommes et une femme par pays). Ces cinq pays sont l'Espagne, la France, l'Allemagne, la Grèce et la Grande-Bretagne.

Six mois plus tard, les naufragés n'ont toujours pas été retrouvés mais se sont organisés :

- Un des Espagnols a tué l'autre, et vit désormais avec l'Espagnole.
- Les Français ont décidé de faire ménage à trois.
- Les Allemands ont adopté le principe de la rotation : Hans les jours pairs, et Franz les jours impairs.

Les Grecs vivent ensemble pendant que la Grecque s'occupe du ménage.

Et les Anglais attendent toujours d'être présentés.

Les anti-Grecs

En Grèce, comment on sépare les gays des autres hommes ?

- Avec un pied-de-biche.

* * * * * *

Qu'est-ce qu'un gentleman en Grèce ?

- C'est un gars qui attend d'être sorti avec une fille au moins trois fois avant de faire des propositions à son frère.

* * * * * *

Tu savais pourquoi les soldats grecs portaient tous leur bras dans une écharpe noire le mois dernier ?

- Non ? T'as pas entendu parler du bateau grec qui transportait 10 000 pots de vaseline et qui a coulé ?

* * * * * *

Quelle est la marque favorite de rouge à lèvres des Grecs ?

- Préparation H.

Les anti-Américains

C'est l'histoire d'un Américain, un Texan, qui arrive à Paris. Il prend un taxi. Le taxi passe devant l'Arc de triomphe. L'Américain demande au chauffeur :

- C'est quoi, ça ?
- C'est notre Arc de triomphe...
- Vous avez mis combien de temps pour construire ça ?
- Oh... bah, ça a bien dû prendre 5 ans.

Le Texan répond :

- Chez nous, au Texas, 3 jours...

Le chauffeur commence à se poser des questions.

Le taxi passe devant Notre-Dame; même scène :

- C'est quoi, ça ?
- C'est Notre-Dame, la cathédrale de Paris...
- Vous avez mis combien de temps pour construire ça ?
- Oh... 40 ans, sans doute.
- Chez nous, au Texas, 6 jours.

Le chauffeur commence à comprendre à qui il a affaire.

Ils passent devant la Tour Eiffel :

- C'est quoi, ça ?
- Oh... ça ? Je sais pas... En tout cas, c'était pas là ce matin !

* * * * * *

C'est l'histoire de trois cadres américains qui prennent des cours de français. Ils doivent utiliser le mot cuiller et en donner son genre et son nombre. Le premier dit :

- Le mot cuiller est au pluriel. Par exemple, on dit : «Ma secrétaire m'a léché mes couilles hier.»

Le deuxième dit :

- Le mot cuiller est au féminin. Par exemple, on dit : «Ma secrétaire m'a léché ma queue hier.»

Le troisième dit :

- Le mot cuiller est au masculin. Par exemple, on dit : «Ma secrétaire m'a léché mon cul hier.»

* * * * * *

1697 HK
FRAPAR.

Quel est le meilleur moyen d'éviter qu'une adolescente américaine ne tombe enceinte ?
- Offrir à son père un paquet de capotes.

* * * * * *

Comment on nomme une personne qui connaît trois langues ?
- Un trilingue.
Comment on nomme une personne qui connaît deux langues ?
- Un bilingue.
Comment on nomme une personne qui ne connaît qu'une seule langue ?
- Un Français.
Et comment on nomme une personne qui ne connaît aucune langue ?
- Un Américain.
...
Quelqu'un a ajouté à cela :
Et comment on nomme une personne qui ne connaît qu'une langue que personne ne comprend, mais qui fait plaisir à bien des femmes ?
- Un cunilingue.

Les autres nationalités

Quel est le point commun entre une Zaïroise et le saut à l'élastique ?
- Dans les deux cas, si le caoutchouc pète, t'es mort.

* * * * * *

Pourquoi les Américains n'ont-ils pas d'hémorroïdes ?
- Tous les trous du cul sont au Canada.

* * * * * *

Pourquoi Dieu a-t-il créé les Japonais ?
- Pour que les pédés puissent faire de la moto.

* * * * * *

Qu'est-il écrit dans les bus italiens ?
- Ne parlez pas au chauffeur, il a besoin de ses mains.

* * * * * *

Une équipe d'Italiens a tenté l'ascension de l'Everest. Mais elle a dû arrêter : elle était à court d'échafaudages.

******

Durant la Deuxième Guerre mondiale, les Allemands portaient des sous-vêtements rouges pour ne pas être effrayés par la vue de leur propre sang. Quand ils apprirent cela, les Italiens décidèrent de porter des sous-vêtements marrons...

******

C'est un jeune Italien qui va émigrer aux États-Unis. Sa mère, la mamma, lui donne ses derniers conseils :

- Tu vas en Amérique. C'est très bien, mon fils. Mais tu dois me promettre de ne pas épouser une Américaine : d'abord, elles ne valent rien au lit. Ensuite, elles ne savent pas faire la cuisine, et pour finir, elles nous insultent en nous traitant de Ritals.

Le fiston promet d'obéir, et s'en va prendre son avion.

Cinq années passent. Un beau jour, le fiston rentre en Italie et va voir sa mère :

- Mamma, je dois te dire que j'ai failli à ma promesse : je me suis marié à une Américaine, mais elle n'est pas du tout comme tu m'avais dit. D'abord, elle fait très bien la cuisine. Ensuite, je n'ai jamais connu de fille aussi douée au lit. Et pour finir, elle m'a juré qu'elle ne me traiterait jamais de «Rital» si je ne la traitais pas de «Négro».

******

Au zoo de Vincennes, c'est un véritable petit drame qui se joue. Le gorille mâle est mort, et la femelle gorille est tellement désespérée qu'elle refuse de s'alimenter. Après quelques jours, le directeur s'inquiète sérieusement et se met en quête d'un nouveau mâle pour consoler la veuve gorille. Malheureusement, aucun zoo des environs n'est prêt à se séparer de son spécimen.

Le directeur a alors une idée de génie : dans la fosse aux hippopotames, il y a justement, en ce moment, un terrassier italien très velu, qui pourrait, en se forçant un peu, se faire passer pour le nouvel élu de la belle. Le gars commence par refuser, puis, après moult supplications, finit par se laisser fléchir.

- Bon, c'est d'accord, dit-il, mais attention, seulement à trois conditions :

1. Que je ne sois pas obligé de l'embrasser.
2. Que personne ne regarde.

3. Que les enfants soient élevés comme de bons catholiques.

* * * * * *

Deux sous-marins, l'un russe, l'autre américain, font surface au large des côtes cubaines. Les deux capitaines sortent de leur sous-marin respectif et engagent la conversation :

Le Russe dit :

- Ah, ça fait du bien de respirer un peu l'air frais après une année en plongée. Nous les Russes, nous faisons décidément de bons sous-marins.

L'Américain répond :

- Aow, ce n'est rien. Nous venons de faire surface alors que cela faisait deux ans que nous étions en plongée !

Et à ce moment-là, un troisième sous-marin fait surface. Son commandant sort sur la passerelle, et dit :

- Heil Hitler ! Y a-t-il un endroit pour refaire le plein par ici ?

* * * * * *

Un Marocain, qui arrive pour la première fois à Bruxelles, entreprend de visiter la ville. Soudain, il s'arrête devant un magasin où il est écrit :

TISSUS FRANÇAIS, TISSUS ANGLAIS ET TISSUS BELGES.

Il entre, et une fois devant le comptoir il aperçoit une superbe blonde sculpturale. Il dégrafe son pantalon et pose sa queue sur le comptoir. La blonde, plutôt gênée, s'avance vers l'homme et lui dit :

- Vous devriez ranger tout ça.

- Pourquoi, rétorque le Marocain, ti n'aimes pas Marocains, saloperie, va ! «Tissusse» Français, «tissusse» Anglais et «tissusse» Belges, mais «tissusse» pas Marocains !!!

* * * * * *

Deux Allemands, qui passent un week-end en Angleterre, entrent dans un pub :

- Two Martinis, please.

Le barman :

- Dry ?

Les Allemands :

- NEIN, ZWEI, DU SCHWEINKOPF !!!

* * * * * *

Savez-vous pourquoi les États-Unis ont hérité des Noirs et le Canada anglais des Français ?

- Parce que les Américains ont choisi en premier.

* * * * * *

Pourquoi les flics chinois sont-ils toujours par trois ?

- Un qui sait lire, pour déchiffrer le numéro de la plaque de la voiture en stationnement interdit.
- Un qui sait écrire, et qui marque le numéro sur le P.V.
- Un troisième pour surveiller ces deux dangereux intellectuels.

* * * * * *

C'est à Adelaide, en Australie, que ça se passe. Un routier australien sympa est à la recherche de fret à transporter. On lui propose de convoyer tout un semi de boules de bowling jusqu'à Darwin. Sur la route, en plein bush, il voit deux aborigènes sur un vélo. Il s'arrête et leur propose de les emmener là où ils désirent se rendre. Ils n'auront qu'à monter dans la remorque, qui n'est pas complètement pleine.

Vingt kilomètres plus loin, le gars s'arrête à un truck stop. Là, des policiers viennent le contrôler. Ils lui demandent ses papiers et sa destination. Le routier sympa répond :

- Je vais à Darwin, et il tend ses papiers. Un des flics va à l'arrière de la remorque, ouvre les portes... et les referme aussi sec, en criant :

- Vite, vite ! Repartez tout de suite pour Darwin sans vous arrêter : il y a deux de vos œufs qui ont éclos et qui ont déjà volé un vélo !

* * * * * *

C'est dans un village africain. Le chef vient d'avoir un enfant, mais celui-ci est né blanc. Désespéré et un peu aigri, il va voir le sorcier du village pour comprendre ce phénomène.

Le chef :

- Dis-moi, sorcier, je ne comprends pas pourquoi mon enfant est blanc. Peux-tu m'éclairer ?

Le sorcier :

- Hum, as-tu bien fait l'amour à ta femme comme je te l'ai expliqué ?
- Ah oui, oui, tout comme tu m'as dit !
- Hum, voyons voir, reprenons depuis le début : lorsque tu as fait l'amour à

ta femme, as-tu bien posé ta bouche sur sa grosse bouche, bien comme il faut, bien hermétiquement ?

- Euh... Oui, c'est comme cela que j'ai fait...

- Hum, lorsque tu as mis ton gros sexe dans la foufoune de ta femme, l'as-tu bien mis comme il faut, bien collé hermétiquement et jusqu'au fond ?

- Euh, attends, je demande à ma femme... Oui oui, elle me dit que je l'ai bien mis au fond comme il faut !

- Et au moment où tout s'est fait, as-tu bien mis ton pouce dans le trou du cul de ta femme là ?

Là, le chef se met à réfléchir, et avoue :

- Ah non, ouh là là, ça j'ai complètement oublié...

- Eh bien voilà, ne cherche plus, c'est par là que la lumière est passée...

* * * * * *

C'est N'golo Samba qui quitte son Zaïre natal avec sa femme pour aller rendre visite à son cousin, N'gola Sambo, grand marabout parisien. Après avoir pris un avion affrété par N'golAir (la seule compagnie qui a remplacé les ceintures de sécurité par de la bande Velcro sur l'appui-tête), N'golo Samba et sa femme ont réussi à trouver un petit hôtel, près de Pigalle, avec W-C sur le pallier. Fatigués par le voyage, ils se couchent tout de suite, mais au bout de dix minutes, N'golo Samba réveille son épouse :

- Femme, j'ai soif. P'end ce vée et va me ché'cher de l'eau.

- Oui, N'golo.

Elle sort de la chambre et revient avec un verre d'eau deux minutes après.

Il boit, se rendort, mais se réveille une demi-heure après.

- Femme, j'ai enco'e soif. Va me ché'cher de l'eau.

Elle s'exécute, et revient avec un verre d'eau. Une heure après, même manège :

- Femme, ce voyage m'a complételeeement déshyd'até, va me ché'cher de l'eau...

Mais là, sa femme revient avec un verre vide.

- Coooomment, femme, voud'ais-tu attiiiiser la colée de ton ma'i N'golo ?

- Je suis désolée, N'golo, mais il y avait déjà un blanc assis sur le puits...

* * * * * *

C'est l'histoire d'une fille, divorcée, la quarantaine, enfin, ça va pas trop dans ses affaires, qui se fait chier. Elle en a marre, alors elle décide d'aller dans un bar pour se trouver un mec, pour la nuit. C'est décidé, ce sera un Noir, elle s'est jamais fait fourrer par un Noir, ça la tente.

Elle rencontre effectivement un Noir au bar, ils boivent quelques verres ensemble et elle le ramène chez elle. Elle se déshabille, s'allonge sur le lit, elle écarte les jambes et dit au gars :

- Vas-y, fais ce que tu sais faire le mieux.

Alors le Noir empoigne sa télé et se tire en courant.

* * * * * *

En Afrique du Sud, du temps de l'apartheid, deux Blancs et un Noir viennent de recevoir leur condamnation et sont transférés en prison. Sur la route, le premier Blanc demande au second :

- Qu'est-ce que t'as fait et combien t'as pris ?

- J'ai tué un Noir. J'en ai pris pour deux ans. Mais avec les circonstances atténuantes, dans un an je serai sorti.

Puis le second Blanc pose la même question au premier :

- Et toi, alors ?

- Ben moi, j'ai tué toute une famille de Noirs et ils m'en ont mis pour cinq ans. Mais avec les circonstances atténuantes, dans deux ans je devrais pouvoir être sorti.

Alors le second Blanc se tourne vers le Noir :

- Et toi ?

- Moi ? Je roulais en vélo, mais sans éclairage. Ils m'en ont collé pour 30 ans. Mais comme il faisait jour quand ils m'ont attrapé, je pense pouvoir être sorti dans 15 ans.

* * * * * *

Mobutu arrive en Europe. Au sortir de l'avion, il ressent une petite soif, se dirige vers le bar et commande :

- Un whisky !

- Un whisky comment ? demande le barman.

- Un whisky s'il vous plaît...

* * * * * *

C'est Robert qui fait la gueule sur le chantier, et Zoubir inquiet lui demande ce qui se passe.

Robert :

- C'est ma grosse, j'arrive pas à la satisfaire...

Zoubir :

- Écoute Roubir, ji oune mitode très sunple.

Robert :

- Vas-y, raconte...

Zoubir :

- Moi ma femme, ji la pile à fond, et kan ji sang que ça vient, eh bin, ji retirc ma queue, et quand ji suis calmé, ji repars !

Robert :

- J'ai jamais fait ça...

Le soir même, il essaye, et ça marche impeccable. Le lendemain matin, sa femme comblée lui dit :

- Depuis quand tu baises comme un Arabe ?

******

C'est un Noir qui trouve une lampe magique avec génie installé en série, et qui fait donc trois vœux :

- Je veux être Blanc, dans une grande villa au bord de la mer, et toucher le cul de centaines de gonzesses !

Alors, le génie le transforme en bidet au Plazza à Nice.

Blagues sur les couples et le mariage

Quelle est la différence entre une femme et un ouragan ?

- Aucune, quand ça vient, c'est chaud et humide, quand ça repart, c'est avec ta bagnole et ta maison.

Tout ce qui monte peut nous retomber en plein visage...

Quelle est maintenant la différence entre un homme et un ouragan ?

- Aucune. Quand ça vient, c'est toujours trop vite. Quand ça repart, ça se fout du bordel créé dans la maison.

* * * * * *

Il y a cinq types de relations sexuelles au cours du mariage :

1) Le sexe à la Schtroumpf :

Se passe durant la lune de miel : les deux protagonistes n'arrêtent pas de baiser jusqu'à ce qu'ils soient bleus tous les deux.

2) Le sexe à la cuisine :

Se passe au début du mariage : les deux protagonistes font ça n'importe où, n'importe quand, et donc aussi à la cuisine.

3) Le sexe dans la chambre :

Se passe lorsqu'on s'est un peu calmé. A ce moment, on a souvent des enfants et il est préférable de ne pas se donner en spectacle. On utilise donc la chambre.

4) Le sexe dans le couloir :

Se passe un peu plus tard au cours du mariage, lorsqu'on se croise le matin dans le couloir et qu'on se souhaite un bon : «Va te faire enculer.»

5) Il y a enfin le sexe au tribunal :

Se passe au moment du divorce, quand votre femme vous baise devant tout le monde.

* * * * * *

Un jour que son mari n'est pas rentré du travail, son épouse très nerveuse en parle à sa mère au téléphone :

- Je suis sûre qu'il voit une autre femme !

- Pourquoi toujours penser au pire ? Peut-être il a simplement eu un accident...

* * * * * *

Trois hommes discutent entre eux de la taille de leur douce moitié. L'un dit :

- Moi, ma femme a une taille de guêpe : ce soir je vais la «piquer».

Le deuxième dit :

- Moi, ma femme a une taille de sauterelle : ce soir je vais la «sauter».

Et le troisième dit :

Moi, ma femme a une taille d'éléphant : ce soir je vais la «tromper»...

* * * * * *

Deux vieilles copines bavardent de tout et de rien. A un moment, l'une dit à l'autre :

- Je suis désespérée, depuis quelques années mon mari développe le syndrome de l'oignon, et ça semble irréversible.

- Le syndrome de l'oignon ? Mais qu'est-ce que c'est ? s'enquiert l'autre avec empressement.

- Bah, c'est simple, tout comme l'oignon, son ventre grossit et sa queue sèche.

* * * * * *

Si vous voulez que votre épouse écoute réellement ce que vous lui dites, parlez-lui pendant votre sommeil.

* * * * * *

On estime que l'homme prononce en moyenne 5000 mots par jour, et que la femme en énonce 7000. Le problème, c'est que quand je rentre du travail, j'ai épuisé mon quota, alors que ma femme n'a pas encore commencé ses 7000...

* * * * * *

C'est un couple qui s'entend très bien, mais il n'y a plus d'argent pour faire tourner le ménage. Si bien qu'un jour, ils mettent au point un «plan de redressement» :

FRAPAR.

- Dorénavant, nous ne vivrons plus que d'amour et d'eau fraîche.

Sur ce, le mari part bosser pour la journée. Quand il rentre le soir, il aperçoit sa femme nue se laissant glisser sur la rampe d'escalier.

- Mais enfin chérie, que fais-tu ?!?

- Bah ! Tu vois bien ! Je fais chauffer le dîner...

* * * * * *

Une femme désirant le divorce se plaint auprès du juge du mauvais caractère de son mari.

Le juge au mari :

- Votre épouse prétend que vous ne lui adressez plus la parole depuis des années.

- C'est vrai, répond le mari.

- Pourquoi ?

- Parce que je suis trop poli pour l'interrompre...

* * * * * *

C'est un couple qui cherche un appartement. Mais tout ce qu'on lui propose dépasse ses possibilités. Et un beau jour, miracle ! L'agent immobilier les emmène visiter un magnifique appartement et leur annonce un prix qui représente la moitié de la valeur réelle. Le mari et la femme sont prêts à signer lorsque le vendeur leur dit :

- Je dois vous dire la raison du prix exceptionnel de cet appartement. Le premier qui l'a acheté a vu mourir sa femme dans le mois qui a suivi. Effondré, il a revendu l'appartement à son prix d'achat. La femme du second acheteur est morte dans le mois qui a suivi l'achat, et il l'a revendu immédiatement à son prix d'achat et ainsi six fois de suite.

Le client potentiel regarde sa femme et dit :

- Tant pis, je prends le risque...

* * * * * *

C'était du temps où on trouvait encore dans les rues des balances, qui pour 20 ou 50 centimes vous donnaient votre poids, avec en plus une petite carte qui était supposée être un résumé de votre personnalité.

Ce jour-là, ma femme voulait connaître son poids. Elle met 50 centimes dans la machine, et se place sur le plateau. La machine lui «sort» une carte sur laquelle on peut lire :

«Vous êtes chaleureuse, compréhensive et amoureuse.»

Alors ma femme se retourne vers moi et me dit :

- Ah! Tu vois !?

Et à ce moment-là, je la regarde, puis je regarde le cadran de la balance, et je lui réponds :

- Oui, je vois ! Et je vois que la balance s'est AUSSI trompée sur ton poids.

******

Une femme, enceinte de huit mois, se sent déprimée en regardant son image dans le miroir. Elle demande à son mari si elle bénéficie au moins de cette espèce de rayonnement qu'on attribue aux femmes enceintes.

Il la regarde et lui dit :

- Oui, il y a un peu de ça... Je dirais... que tu as l'air d'une ampoule.

******

Au Texas, un homme et sa femme se rendent à une foire aux bestiaux. Dans une arène défilent les taureaux destinés à la vente :

- Magnifique taureau, bla bla... quinze saillies par jour !

La femme du type :

- T'entends !?

Son mari :

- Ouais... bon...

- Un autre magnifique taureau, vingt saillies par jour !

Et encore :

- T'entends !?

- Une superbe bête que celui-là, vingt-deux saillies par jour !

- T'entends !?

- Nous continuons avec ce spécimen qui atteint dix-neuf saillies par jour !

- T'entends !?

Et comme ça pendant une heure. Pour finir, le mari, qui n'en peut plus de se faire charrier sur la fréquence de ses saillies à lui, se lève et entraîne son épouse vers le vendeur :

- Dites-moi, Monsieur, tous vos taureaux, ils le font avec la même vache ?

- Bien sûr que non, ils ont tout le troupeau.

Le mari à sa femme :

- T'entends !?

******

Le mariage est la seule guerre pendant laquelle on dort avec l'ennemi.

******

Le mariage est le triomphe de l'imagination sur l'intelligence. Le remariage, c'est le triomphe de l'espoir sur l'expérience.

******

Je n'ai pas eu d'enfant dans mon mariage... À part mon mari...

******

Coucher avec un homme peut causer une erreur fœtale.

******

Le mariage est une bonne institution ; mais qui voudrait vivre dans une institution ?

******

Il n'y a pas de femme ou d'homme fidèle, il n'y a que des occasions qui manquent.

******

Les mariages, c'est comme les enterrements, c'est bien seulement quand on n'est pas dans la première voiture.

******

Le mariage, c'est quand l'homme et la femme décident de ne faire plus qu'un. Les problèmes commencent quand ils décident de choisir lequel.

******

Le mariage est une création divine. Comme le tonnerre et l'éclair.

******

Qui donne un poisson à un homme, le nourrit pour une journée. Qui lui apprend à pêcher, est tranquille tous les week-ends.

******

Quelle est la meilleure façon pour une femme de perdre 70 kg de graisse inutile ?

- Divorcer.

* * * * * *

Qu'est-ce qu'on appelle «Faire l'amour» ?

- C'est ce que fait une femme pendant qu'un homme la baise.

* * * * * *

Le mari :

- Pourquoi ne me le dis-tu jamais quand tu as un orgasme ?
- Parce que tu n'es jamais là quand cela arrive.

* * * * * *

J'ai dû divorcer : il ne pouvait plus me supporter quand j'avais bu...

... et je ne pouvais plus le voir quand j'étais à jeun.

* * * * * *

Le mari à sa femme :

- As-tu déjà regardé un homme depuis notre mariage, en te disant que ce serait bien d'être de nouveau célibataire ?
- Oui, toi, tous les matins.

* * * * * *

Un mari et son épouse, enceinte, discutent :

Le mari :

- Je ne comprends pas : trois docteurs nous ont certifié au début de notre mariage que je ne pourrais jamais être père. Donc, l'enfant que tu attends ne peut être de moi !

La femme :

- Tu as de ces raisonnements !!! Alors, si les docteurs avaient en même temps affirmé que j'étais stérile, le petit ne serait de personne... Réfléchis, voyons !

* * * * * *

Le mari :

- Chérie, j'ai une mauvaise nouvelle et une bonne... Tout d'abord, j'ai décidé de partir vivre avec Hélène...

La femme :

- Sans blague ? Et quelle est la mauvaise nouvelle ?

* * * * * *

À la fin du jugement d'un divorce, le juge déclare au mari :

- Après mûre réflexion, j'accorde 7 000 francs mensuels de pension alimentaire à votre ex-femme.

Et le mari répond :

- Très bien. J'essaierai, moi aussi, de lui donner quelque chose de temps en temps...

* * * * * *

Une épouse excédée dit à son ivrogne de mari :

- Connais-tu la différence entre la lune et toi ?
- Ben non, j'vois pas !
- La lune est un astre et toi un désastre !
- Pourquoi me dis-tu cela ?
- Parce que la lune est pleine tous les mois, mais toi, c'est tous les soirs.

* * * * * *

Pourquoi les hommes mariés prennent-ils du poids alors que les célibataires restent maigres ?

- Les célibataires ouvrent leur frigo, n'y trouvent rien qui leur plaise, alors ils retournent au lit.

Les hommes mariés vont au lit, n'y trouvent rien qui leur plaise, alors ils vont au frigo.

* * * * * *

Discussion entre copines devant une tasse de thé :

- Mon mari et moi sommes mariés depuis plus de deux ans, et ne nous sommes pas encore disputés. Si jamais nous ne sommes pas d'accord, et que j'ai raison, mon mari l'admet et adopte mon point de vue.
- Mais... si c'est lui qui a raison ?
- Ah, ça, c'est pas encore arrivé.

* * * * * *

RRRRRRRR
VROOOÂRRRR !!
BONJOUR !... BIEN DORMI ?
J'AI RÊVÉ QUE TU CONDUISAIS UNE GROSSE MOTO ET QUE J'ÉTAIS DERRIÈRE TOI... ET PUIS ON A DÉRAPÉ ET... LE PHARE AVANT S'EST CASSÉ !
FRAPAR

Comment satisfaire une femme à coup sûr ?

- Caresser, faire des éloges, dorloter, faire les choses avec goût, masser, faire des plans pour le futur, complimenter, supporter, ne pas tourmenter, être propre, avoir de l'humour, être apaisant, consoler, étreindre, choyer, exciter, calmer, protéger, téléphoner, anticiper, bécoter, desservir, pardonner, se sacrifier, partir, revenir, supplier, divertir, charmer, rester en arrière, ramper, démontrer l'égalité, fasciner, attendre, implorer, pleurer, se laver, se raser, avoir confiance, s'aplatir, défendre, cajoler, bien se vêtir, glorifier, acquiescer, se parfumer, fusionner, pétiller, aider, câliner, être sensible, admettre, être raffiné, progresser, récompenser, embrasser, accepter, écouter, comprendre, évoluer, offrir des cadeaux, aimer danser, quémander, implorer, s'adapter, soigner, réparer, respecter, soulager, mourir pour elle, tuer pour elle, rêver d'elle, promettre, délivrer, servir, taquiner, flirter, se confier, s'engager, désirer, murmurer, se blottir, élever, adoucir, servir, frotter, sauver, mordiller, gratifier.

Comment satisfaire un homme à coup sûr?

- Se mettre nue.

******

C'est une femme qui se rend au commissariat de police accompagnée de son voisin pour déclarer la disparition de son mari. Le policier lui demande son signalement.

La femme :

- Il a 35 ans, mesure 1 mètre 90 pour 80 kg, a les yeux bleus, de beaux cheveux bruns ondulés, un corps d'athlète, s'exprime très correctement et aime beaucoup les enfants.

Le voisin proteste :

- Mais... votre mari ne mesure pas plus d'1 mètre 70, il est rondouillard, chauve, il jure comme un charretier et il est méchant avec les enfants !

Et la femme répond :

- Oui, c'est vrai... Mais qui veut qu'il revienne ?

******

C'est l'histoire d'un mec qui vient de se marier. Si, pour lui, la vie à deux est une expérience nouvelle, on ne peut pas en dire autant de sa dulcinée qui en est déjà à son cinquième mariage. Mais l'homme est très surpris le premier soir au lit, car il s'aperçoit que sa femme est vierge...

- Dis donc, chérie, ils étaient si moches que ça tes précédents maris ?
- Non, pas du tout. Je vais t'expliquer :

Le premier, c'était un pianiste, alors tu comprends ces artistes : tout avec les doigts.

Le deuxième, c'était un communiste, alors tu vois : des promesses, des promesses, des promesses...

Le troisième, c'était un avocat : des paroles, des paroles, des paroles...

- Et le quatrième ?
- C'était un socialiste.
- Et alors ?
- Eh ben je l'ai eu dans le cul.

Naturellement, vous pouvez remplacer «Socialiste» par «RPR», «UDF», «lepéniste»... au choix.

(Variante de la blague précédente) :

Une dame voulant se marier pour la quatrième fois, va s'acheter une robe de mariée.

La vendeuse lui rappelle qu'elle ne peut pas porter une robe blanche, puisqu'elle s'est déjà mariée trois fois.

Elle répond :

- Bien sûr que je peux, je suis toujours vierge !

La vendeuse lui répond :

- J'ai du mal à vous croire !

Et la dame dit :

- Eh non, c'est vrai : Mon premier mari était psychologue, et tout ce qu'il voulait c'était en parler. Le second était gynécologue, il ne voulait que regarder. Et le troisième, ah ! le troisième... Il était philatéliste... Ah ! mon Dieu ! Comme il me manque !

* * * * * *

Sur la RN 89, à la sortie de Bordeaux, un couple de flics arrête une automobile. Un des flics au conducteur :

- Pourquoi votre ceinture n'est-elle pas attachée ?
- Mais elle l'était... Je viens juste de la détacher parce que vous nous avez arrêtés !
- Ben voyons... Vous avez plutôt fait semblant de l'attacher !
- Mais non... je vous certifie que je l'avais. Demandez à ma femme ...

Ce que fait le deuxième flic.

- Je suis désolée, Monsieur l'agent, mais je ne discute jamais avec mon mari quand il a bu !

Blagues diverses

La maman demande à sa fille ce qu'elle souhaite recevoir comme jouet à son anniversaire.

La petite fille répond :

- Je voudrais bien avoir Action Man et Barbie.

La maman répond :

- Mais chérie, tu sais bien que Barbie n'est pas vendue avec Action Man : Barbie vient toujours avec Ken.

Alors la petite fille regarde sa mère d'un air très sérieux et dit :

- Maman, Barbie vient TOUJOURS avec Action Man ; elle simule avec Ken.

* * * * * *

Vous saviez que Mattel venait de sortir plusieurs nouveaux modèles de Barbie ?

Il y a :

BARBIE DIVORCÉE : vendue avec tous les accessoires venant de Ken.

BARBIE MÈRE CÉLIBATAIRE : une allocation est versée par Mattel tous les mois.

BARBIE FUME DU CRACK : vendue avec une pipe. On peut utiliser du sucre ou remplacer le crack par de la cocaïne.

BARBIE FAIT LE TAPIN : maquillée outrageusement, elle porte un short en jean ultra court et des collants.

BARBIE BRUNE : la seule Barbie possédant un cerveau.

BARBIE PHYSICIENNE NUCLÉAIRE : eh ouais ! Non, c'est une blague.

BARBIE PUNK : adepte du piercing (les trous sont déjà percés).

BARBIE SILICONÉE : vendue sans soutien-gorge.

BARBIE A UN CANCER : enlevez la perruque et Barbie est chauve.

BARBIE FÉMINISTE : a du poil aux jambes et sous les aisselles. Porte les cheveux courts.

BARBIE SDF : livrée avec ses haillons et son Caddie.

BARBIE BOBBIT : livrée avec un couteau et un pénis de rechange pour Ken.

BARBIE FEMME BATTUE : avec un œil au beurre noir et des ecchymoses.

* * * * * *

C'est un curé de campagne qui se rend à bicyclette au cimetière pour un enterrement. Juste avant, il est allé faire des courses dans une droguerie pour acheter divers produits qui lui seront indispensables... À vous de trouver lesquels en lisant l'histoire :

La route qui mène au cimetière est en forte pente, et les freins de son vélo lâchent... Mais le curé sort alors une boîte en carton de sous sa soutane, et en répand le contenu sur son vélo, qui s'arrête alors...

Arrivé au cimetière, il annonce aux personnes présentes pour l'enterrement :

- Ne pleurez pas, un miracle va avoir lieu, Jean (car c'est le nom du mort) va ressusciter !

Comme personne ne le croit et qu'il doit y avoir un climat de foi pour que le miracle ait lieu, il sort un flacon de sous sa soutane, et en répand le contenu sur l'assistance... qui aussitôt après est prise d'une foi inébranlable...

Le curé s'approche alors de l'endroit où le mort repose sous terre, sort un autre flacon et verse son contenu sur la sépulture de Jean (le mort)... et celuici soudain sort de terre, vivant !

Quels étaient les trois produits utilisés par le curé...???

- Le premier, pour arrêter son vélo sans freins : de la poudre à récurer (arrêt-curé).

- Le second, pour donner la foi : un produit antiseptique (anti-sceptiques).

- Le troisième, pour ressusciter le mort : du détergent (déterre-Jean).

******

Trois explorateurs s'enfoncent de plus en plus profondément dans la jungle encore inviolée, terrae incognitae. Pas de chance : après le troisième jour, ils sont capturés par la redoutable tribu, non pas des réducteurs de têtes, ni des cannibales, mais des faiseurs de canoës en peau d'explorateurs.

Pour être loyal, le chef de la tribu demande aux trois condamnés leurs dernières volontés.

Le premier, essayant de gagner un maximum de temps, leur dit qu'il aimerait envoyer un e-mail à sa compagne. Le chef sourit, l'invite dans sa hutte et l'installe devant sa toute nouvelle dual-pentium pro workstation, dial isdn et, cinq minutes plus tard, le gars est éventré, sa peau lui est délicatement retirée pour en faire un canoë tout neuf.

Le deuxième, se creusant les méninges, leur dit qu'il aimerait toucher la lune. Le chef appelle ses deux meilleurs pagayeurs et les envoie dans le plus proche musée. Deux jours plus tard, les voilà qui reviennent avec un échantillon volé de roche lunaire. Le type, croyant avoir échappé à une mort certaine, est écorché et sa peau est mise à sécher pour la fabrication d'un autre canoë.

Le troisième, grand sourire, demande au chef une fourchette.

- Quoi ?!? répond-il. Vous pouvez me demander tout ce que vous pouvez imaginer, et à la place, vous voulez une fourchette !!!

Il s'en va lui-même en chercher une à la cantine du coin. Il revient et tend la fourchette au troisième mec.

- Voilà votre fourchette. Et maintenant, vous allez mourir !

- Pas sûr ! dit le mec en levant très haut sa main qui tenait la fourchette. REGARDEZ C'QUE J'EN FAIS D'VOTRE CANOË !!!

Et il commence à se planter la fourchette partout sur le corps.

* * * * *

Quatre-vingts ans après la bataille de Little Big Horn, un journaliste de la côte Est faisait des recherches sur le Général George Armstrong Custer. On lui avait dit qu'un Indien, qui avait vécu la bataille, vivait encore, et mieux, il se souvenait d'absolument TOUS les événements de sa longue vie.

Le journaliste décide alors de rendre visite à ce Grand Chef Aigle Noir, qui vit maintenant dans une petite ville de Pennsylvanie. Le grand chef, très avenant, est d'accord pour répondre aux questions du journaliste.

- Quel jour de la semaine a eu lieu la bataille? demande le journaliste.
- Un mercredi, répond le chef.
- Que portait Custer ?
- Un uniforme noir.. Une épée de cérémonie... Un vieux chapeau.
- Qu'est-ce que Custer avait mangé au petit-déjeuner ?
- Des œufs.

Le journaliste est assez sceptique en entendant ces réponses. Il remercie le grand chef, quitte la ville, et décide de ne jamais publier son article.

Dix ans plus tard, le journaliste passe par hasard par cette même petite ville de Pennsylvanie en voiture. Il décide d'aller voir si le Grand Chef est toujours en vie. A sa grande surprise, le Grand Chef est toujours là.

Le journaliste lui adresse alors le salut indien :

- How ! (En anglais = Comment).

Et le chef lui répond :

- Sur le plat, avec des pommes de terre sautées pour accompagner.

* * * * *

Une jeune femme, assise dans un bus, fait des mamours à son tout jeune bébé, lorsqu'un mec bourré arrive en titubant dans l'allée centrale. Il s'arrête et regarde dans la direction de la jeune femme, puis il dit :

- Eh ben, c'est le bébé le plus moche que j'ai jamais vu de ma vie.

La femme fond en larmes. En voyant la scène (sans avoir pu entendre ce qui s'est dit) dans son rétroviseur, le chauffeur du bus arrête net, se lève, et va attraper le mec bourré par le col, puis le jette hors de l'autocar.

Le chauffeur dit à la jeune femme :

- Je ne sais pas ce que ce gars vous a dit pour vous mettre dans cet état, mais si ça peut aider à apaiser votre chagrin, je vous propose un peu de café de ma bouteille Thermos...

La femme remercie et accepte. Le chauffeur prend alors son Thermos, verse un verre de café à la jeune dame et le lui tend. Allant ensuite fouiller dans le fond du sac qui contient son repas de midi, le chauffeur sort une banane et lui offre gentiment en disant :

- Et voilà pour votre petit singe.

* * * * * *

Un gars accoste une fille :

- Ça te dirait de tirer un petit coup ?

- Vous me prenez pour qui ? Je ne suis pas une pute !

- Mais qui vous a parlé argent ?

* * * * * *

Un type chiant (choisir le nom que vous voulez) se promène dans le désert, il a soif, il a faim, il a chaud, il titube et tombe.

- Aïe, ça fait mal, mais quelle est donc cette chose longue et dure ?

C'est une lampe. Il la caresse (c'est pour ça qu'elle est longue et dure) et là, miracle :

- Bonjour [Nom_Du_Mec_Chiant], j'étais enfermé dans la lampe depuis des années. Je suis un génie et pour te remercier, je vais exaucer un vœu. Mais attention, [Nom_Du_Mec_Chiant], je suis un petit génie (sinon je ne tiendrais pas dans la lampe), et je ne peux réaliser ton vœu qu'à la condition que tu me fournisses un objet en rapport avec celui-ci. Dernier point : tu n'as droit qu'à une seule proposition.

Et là [Nom_Du_Mec_Chiant] sort un globe terrestre de sa poche et dit :

- Voilà, mon bon génie, tu vois toute la misère sur la terre, les maladies, les guerres, eh bien ! Je voudrais la paix, une abondance de nourriture, que les hommes s'aiment, que les vilaines maladies disparaissent de la surface du globe (zavez vu le rapport), et qu'on puisse enfin avoir des rapports non protégés, bref je voudrais le bonheur sur la terre comme au ciel.

- Alors là [Nom_Du_Mec_Chiant], je suis vraiment désolé, mais je te l'ai dit : je suis un tout petit petit génie, et il y a des vœux que je ne peux vraiment pas réaliser. Je n'ai pas assez de pouvoir, trouve autre chose, je te laisse une chance car bien qu'il soit impossible à réaliser, ton vœu prouve ta bonté.

- Bien, mon bon génie, voilà un autre vœu : j'aimerais être drôle et intelligent (pour faire rire sur Internet).

- Euh ... [Nom_Du_Mec_Chiant], tu peux me repasser le globe s'il te plaît...

* * * * * *

Deux comédiens se rencontrent :

- Alors, qu'est-ce que tu deviens ?

- Eh bien ! Je tourne avec Lelouch...

- Quoi ! Claude Lelouch ?

- Non, Daniel Lelouch, son cousin. Même manière de filmer, même talent, mais moins cher, c'est tout. Ainsi, je côtoie Depardieu...

- Quoi ! Gérard Depardieu ?

- Non ! Julien Depardieu, son cousin. Même manière de jouer, même talent, mais moins cher, c'est tout. La musique du film est composée par Lenorman...

- Quoi ?! Pas Gérard, j'espère...

- Ben si.

* * * * * *

Suggestion lue dans une usine informatique :

Objet : suppression de la climatisation.

Il est possible de faire de substantielles économies en supprimant la climatisation de l'entreprise.

Moyen :

Il suffit de mettre d'un côté du bâtiment ceux qui brassent de l'air, et de l'autre tous ceux qui nous le pompent...

* * * * * *

Un beau jour, un mec va s'acheter une moto super puissante. Il en est super fier et décide de faire un petit tour. Il s'arrête à un feu rouge et qu'est-ce qu'il voit à côté de lui ? Un ridicule et minuscule petit scooter ! Il se dit : tu vas voir la puissance de ma moto !! Le feu devient vert : vvvvvvvvvvvrrrouoooouu ! Il est parti.

Il regarde à côté : ttthhhteuu le scooter le suit.

Il arrive à un autre feu rouge, le feu devient vert : vvvvvvvrrrrrrrrrrrrrrrrrr-rooooooooouuuuuuummmmmmm, il décolle !!

A côté : ttttttttttthhhhhhhhhhhhheeeeeeeeeeeeeuuu, le scooter le suit encore !

Un autre feu rouge. Le feu passe au vert : wwwwwwwwwwwwwwwwwww wwwwwwrrrrrrrrrrrrrooooooooooooooooouuuuummm : il fonce !

Le scooter : tttttttttttttttttttthhhhhhhhhhhhhhhhhheeeeeeeeeeeuuuuuuuuu...

Le gars à la moto finit par demander à l'autre :

- Dis donc, qu'est-ce que t'as mis dans ta bécane ???

L'autre lui répond :

- Aaaarrrêêêêêttte, j'ai ma bretelle coincée dans ton rétroviseur !

* * * * * *

C'est un type avec une moto surpuissante qui est arrêté à un feu rouge. Un adolescent sur une mobylette arrive et lui dit :

- Ouah, elle est bath ta moto !

L'autre :

- Ouais, tu vas voir comme elle démarre !

À ce moment le feu passe au vert, le type démarre en trombe et s'arrête au feu suivant, 200 mètres plus loin. Cinq secondes après, le type en mob rapplique et lui fait :

- Impressionnant, mais tu mets pas ton casque ? Moi j'oserais pas ne pas en porter à cette vitesse.

Le type en moto lui répond

- Ouais c'est ça, allez, va jouer.

Et à ce moment-là, le feu passe au vert. Le type démarre en trombe, et s'arrête au feu suivant, 200 mètres plus loin. Cinq secondes et un copier-coller après, le type en mob rapplique et lui fait :

- T'as tort, c'est dangereux de rouler sans casque. Surtout à la vitesse où tu roules.

Le type en moto s'énerve, mais ne répond rien. Il attend que le feu passe au vert et repart encore plus vite pour semer la mob. Pas de chance, le feu suivant passe au rouge : il s'arrête. Et puis il voit le type en mob qui approche, et il ne veut surtout pas l'entendre encore, alors tant pis, il redémarre en trombe... et se plante dans une voiture qui arrive à droite !

Heureusement, il n'y a que de la tôle froissée, pas de blessé. Et le type en mob arrive et dit :

- C'est dingue, t'es le cinquième motard sans casque que je rencontre depuis ce matin et qui se plante !

* * * * * *

Un nouvel ordinateur hyper surpuissant est en démo dans une salle attenante au Pentagone - Hé! faut pas déconner, ça vaut des sous. Comme ça en vaut même beaucoup, pour calmer deux ou trois excités du Congrès, on a même organisé une journée «portes ouvertes», avec un panel de ménagères bien choisi et les caméras de CNN ™.

Première ménagère (soucieuse) :

- Pourrait-on demander à cette machine ce qu'elle voit pour le boulot et les sous d'ici dix ans ?

L'opérateur tape la question, le bidule greu-greute un peu et crache sur l'imprimante :

«L'économie se portera mieux. Tout le monde aura du travail et des sous.»

Deuxième ménagère :

- Et la situation militaire mondiale ?

Re greu-greu.... et :

«Le monde sera pacifique dans dix ans. Plus de guerre. Plus besoin d'armées.»

Et enfin, la troisième ménagère :

- Ouais, ben moi, j'y pige rien. Le prix du beurre, là, ce sera quoi ?

Greu-greu.... : «Le même partout : 25 yuan.»

* * * * * *

C'est à proprement parler pas vraiment une histoire, mais plutôt un coup à faire à un copain. Demandez-lui de prendre une feuille de papier et un crayon. Faites-lui écrire sur la feuille :

- C'est combien une place de cinéma ?

Et pour finir, faites-lui lire la phrase SANS PRONONCER LES «C». Quand, avec bien du mal, il a lu :

- Est ombien une pla de inéma, vous lui dites :

- Pour les golios c'est demi-tarif.

Ça marche à tous les coups.

* * * * * *

Jacques Balutin, Jackie Sardou et Jean Lefebvre sont dans un bateau. Le bateau coule. Qui est-ce qui est sauvé ?
- Le théâtre français.

******

C'est un gars qui se rend chez son copain pour récupérer des outils. La femme du copain lui ouvre la porte : elle est toute triste.
Le gars dit :
- Bonjour, Martine. Est-ce que Bernard est là ?
Martine lui répond en sanglotant :
- Bernard a eu une terrible attaque ce matin pendant que nous prenions le petit déjeuner... Il est mort devant moi.
Le copain reste pensif quelques secondes puis il dit :
- Et il ne t'a pas parlé de ma boîte à outils ?

******

Un mec se présente dans un restaurant et propose le deal suivant au patron :
- Écoutez : moi, j'ai pas d'argent, mais je vous propose un pari : vous me présentez une assiette propre, et je devine ce qu'il y avait dedans avant de la laver. Si je réussis, vous m'offrez un repas. Intrigué, le restaurateur accepte.
Il pose devant le mec une assiette propre. Le mec :
- Mmmmh, ça, c'était du civet de lièvre aux champignons.
Et effectivement, c'était ce que l'assiette avait contenu !
La scène se répète un, deux, trois jours. Au bout d'une semaine, le restaurateur commence à en avoir marre de devoir donner à manger gratuitement au mec.
Dès qu'il le voit arriver, il file aux cuisines, et demande à la serveuse :
- Ginette, vite, baisse ta culotte !
- Mais enfin, patron !?
- C'est pour faire une blague, Ginette, baisse ta culotte et frotte-toi la chatte contre cette assiette, vite ! Après tu la laves, et tu me la donnes.
Le patron retourne vers le mec assis à sa table et lui donne l'assiette. Le mec renifle une, deux fois l'assiette, interloqué, et après il demande :
- Mais la Ginette, elle travaille ici ?

Et la variante :
C'est un gars qui commande un poulet de Bresse au restaurant. Quand on lui

amène son poulet entier rôti, il introduit son index dans le fondement du poulet, goûte son doigt et dit :

- Ah non ! Ce n'est pas un poulet de Bresse. C'est un poulet des Landes. Apportez-moi un vrai poulet de Bresse, je vous prie.

Un peu plus tard, le garçon lui amène un autre poulet rôti.

Le client recommence la même manipulation, se lèche l'index et dit :

- Ce n'est toujours pas un poulet de Bresse. Celui-ci vient de la Sarthe. De Loué, pour être plus précis. Repartez en cuisine et cette fois-ci, amenez-moi un vrai poulet de Bresse.

Alors, encore un peu plus tard, un nouveau poulet rôti est présenté au client. Celui-ci reprend son petit manège. Et cette fois-ci, un sourire éclaire son visage :

- Ah enfin ! Un vrai poulet de Bresse !

Alors le serveur se retourne, baisse son pantalon et lui dit :

- Vous ne pourriez pas faire quelque chose pour moi ? J'ai été élevé à l'Assistance publique.

* * * * * *

Ce qui suit est un échange au tribunal entre l'avocat de la défense et un fermier demandant un dédommagement pour blessures corporelles.

L'avocat :

- Sur les lieux de l'accident, avez-vous dit au policier que vous ne vous étiez jamais senti aussi bien de toute votre vie ?

Le fermier :

- C'est exact.

L'avocat :

- Alors, comment se fait-il que vous demandiez un dédommagement, sous le prétexte que vous avez été sérieusement blessé quand le véhicule de mon client a heurté votre van ?

Le fermier :

- Quand le policier est arrivé, il s'est dirigé vers mon cheval, qui avait une jambe cassée, et lui a tiré une balle dans la tête. Après, il s'est dirigé vers Médor, mon chien, qui était à moitié écrabouillé, et lui a tiré une balle dans la tête. Quand il m'a demandé comment je me sentais, j'ai pensé que, compte tenu des circonstances, il était judicieux de dire que je ne m'étais jamais senti aussi bien de toute ma vie...

* * * * * *

Des résolutions pour la nouvelle année

Lorsqu'on commence une nouvelle année, il est d'usage de prendre de nouvelles résolutions, supposées être de bonnes résolutions. Voici ce que peut donner un cocktail de ces bonnes résolutions, avec plusieurs années de recul...

Résolution #1

1995 : Je vais essayer d'être un meilleur mari pour Nathalie.

1996 : Je ne quitterai pas Nathalie.

1997 : Je vais essayer de me réconcilier avec Nathalie.

Résolution #2

1995 : Je ne regarderai plus les autres femmes.

1996 : Je ne poursuivrai pas ma relation avec Nicole.

1997 : Je ne laisserai pas Nicole me forcer à l'épouser.

1998 : Je ne regarderai plus les autres femmes.

Résolution #3

1995 : Je ne laisserai pas mon patron me pousser à bout.

1996 : Je ne laisserai pas mon sadique de patron me pousser au suicide.

1997 : Je me battrai pour obtenir mes indemnités de licenciement quand mon patron me virera.

1998 : Je dirai au Dr Silberstein et à tout le groupe ce que mon patron me faisait endurer.

Résolution #4

1995 : Je ne m'énerverai pas quand Bernard et Roger me charieront sur ma calvitie.

1996 : Je ne me mettrai pas en colère quand Bernard et Roger me charieront sur ma calvitie.

1997 : Je ne perdrai pas mon sang froid quand ils diront à tout le monde que je porte une moumoute.

1998 : Je ne parlerai plus ni à Roger, ni à Bernard.

Résolution #5

1995 : Je lirai au moins vingt bons livres par an.

1996 : Je lirai au moins dix livres par an.

1997 : Je lirai cinq livres par an.

1998 : Je finirai le dernier Rika Zaraï.

Résolution #6
1995 : Je vais maigrir jusqu'à 90 kg.
1996 : Je vais me surveiller pour ne pas dépasser 95 kg.
1997 : Je suivrai ce nouveau régime à la lettre.
1998 : Je vais essayer d'adopter une attitude raisonnable sur mon poids afin de ne pas dépasser 100 kg.

Résolution #7
1995 : Je ne dépenserai plus mon argent dans des conneries.
1996 : Je rembourserai mon emprunt bancaire rapidement.
1997 : Je rembourserai mes emprunts bancaires rapidement.
1998 : Je ferai un effort pour ne plus être endetté en 2005.

Résolution #8
1995 : J'irai chez le dentiste cette année.
1996 : Je ferai soigner cette carie cette année.
1997 : Je ferai dévitaliser cette dent cette année.
1998 : Je ferai ce qu'il faut pour ne plus avoir une haleine de coyote à cause de mes chicots cette année.

Résolution #9
1995 : J'irai à l'église chaque dimanche.
1996 : J'irai à l'église aussi souvent que possible.
1997 : Je prendrai un peu de temps pour prier et méditer chaque jour.
1998 : J'essaierai de retrouver les paroles du «Notre Père».

Résolution #10
1995 : Je serai plus positif.
1996 : Je serai moins pessimiste.
1997 : Je serai moins auto-destructeur.
1998 : Je ne penserai plus au suicide.

* * * * * *

C'est un astronome qui fait des conférences dans les grandes villes possédant un observatoire. Toutes les nuits, il fait les mêmes observations, raconte les mêmes anecdotes, répond aux mêmes questions... Il en a un peu marre, et en parle à son chauffeur alors qu'ils se rendent dans la ville suivante. Le chauffeur lui répond que, de son côté, lui aussi en a un peu assez de conduire. Alors l'astrophysicien lui dit :

- Écoutez Roger (le chauffeur s'appelle Roger), depuis le temps que vous m'écoutez faire mes conférences, vous connaissez le topo par cœur. Je vous propose que l'on échange les rôles demain : vous ferez la conférence, et moi je conduirai la voiture. Comme personne ne me connaît dans la prochaine ville, tout se passera bien.

Le chauffeur, qui est un passionné d'astronomie, est d'accord.

Le soir venu, le chauffeur remplace l'astronome au pied levé. Il décrit brillamment les constellations et reçoit un tonnerre d'applaudissements à la fin de son exposé. Vient ensuite la traditionnelle séance de questions.

Une main se lève :

- Qui a découvert Uranus ?

- C'est William Herschel, répond le chauffeur.

Une autre main et une autre question :

- Et qui a découvert Pluton ?

- Quelqu'un qui s'appelait Clyde Tombaugh, répond le chauffeur qui savait ça aussi.

Enfin, du fond de la salle, une question est posée :

- Pourriez-vous nous décrire les différences existant entre le modèle d'instabilité par accroissement du disque et celui par pulsation, en ce qui concerne l'explication des explosions des étoiles à cataclysme variable ?

À ce moment, le conférencier marque une pause, respire un grand coup, puis soupire bruyamment et dit enfin :

- Je suis surpris que vous me posiez une question d'une telle simplicité. Pour vous montrer comme tout cela est vraiment trivial, je vais laisser mon chauffeur y répondre à ma place.

* * * * * *

C'est un jeune cadre dynamique qui s'apprête à quitter son bureau vers les 20 heures, lorsqu'il croise le directeur général de sa boîte en face du broyeur de documents, une feuille de papier à la main...

- Ah ! jeune homme ! Vous allez pouvoir m'aider avant de partir : ceci (en montrant son papier) est très important, et ma secrétaire vient de partir. Sauriez-vous faire fonctionner cette machine ?

Le jeunot répond :

- Certainement, Monsieur.

Il branche la prise, insère le papier dans la fente et le document est aussitôt impeccablement broyé.

- Excellent ! dit le directeur général alors que son papier disparaît. Une copie suffira.

******

C'est un gars qui vend des bibles en porte-à-porte depuis quelques années déjà, et il en a marre : il décide de se mettre à son compte. Il passe donc une annonce pour recruter de jeunes commerciaux qui vendront les bibles à sa place. Trois candidats se présentent :

Le premier lui dit :

- Je VEUX vendre des bibles pour VOUS !

- C'est d'accord mon gars, tu es embauché : tiens, prends ton équipement et va travailler !

Le second arrive et dit :

- Je VEUX vendre des bibles pour VOUS !

- C'est d'accord mon gars, tu es embauché : tiens, prends ton équipement et va travailler !

Le troisième entre et dit :

- Je v-v-v-v-eux ven-ven-ven-dre d-d-d-des bi-bi-bi-bi-bibles p-p-p-pour v-v-v-vous !

- Non mon gars. Je ne peux pas te prendre. Jamais tu n'arriveras à me vendre une bible. Laisse tomber !

- M-m-m-mais j'ai vr-vr-vrai-vrai-vraiment be-be-be-besoin de-de-de ce tr-tr-tr-tra-tra-travail !

Comme il n'y a plus de candidat pour le poste, le nouveau patron accepte de prendre le bègue à l'essai :

- Tiens, voilà un carton de bibles, prends-le et va me vendre tous les livres que tu peux.

À la fin de la journée, les vendeurs rentrent à la base.

Le premier dit :

- J'ai vendu huit bibles, aujourd'hui.

Le second dit :

- J'ai vendu onze bibles.

Le bègue dit :

- Auj-auj-auj-j-j-jourd'hui j-j-j-j'ai ven-ven-ven-vendu vingt-vingt-vingt-huit bi-bi-bi-bibles.

Le patron répond :

- SUPER les gars. Mais demain, j'attends de vous que vous me vendiez beaucoup plus de bibles que ça. Aujourd'hui c'était l'entraînement, demain, c'est la compétition !

À la fin de la deuxième journée, le premier vendeur est au rapport :

- J'ai vendu 32 bibles !

Le second dit :

- J'ai vendu 44 bibles !

Le bègue arrive et dit :

- Auj-auj-auj-j-jour-jour-jour-jourd'hui j-j-j-j'ai ven-ven-ven-vendu soi-soi-soi-xan-xante-dix-dix-dix-neuf bi-bi-bi-bibles.

Le boss répond directement au bègue :

- Fantastique ! Je me demande vraiment comment vous parvenez à vendre quasiment deux fois plus que les autres vendeurs ! Je serais curieux de connaître votre technique...

Alors le bègue répond :

- Je-je-je-je les-les-les ab-ab-aborde sim-sim-sim-ple-ple-plement, et j-j-j-je leur d-d-d-deman-demande s-s-s-s-si ils v-v-v-veulent qu-qu-que j-j-j-je l-l-l-leur v-v-v-v-v-vend-d-d-de une b-bi-bi-bi-bibl-bl-bl-bible ou s-s-s-si ils p-p-p-p-ré-fè-fè-fè-fè-rent qu-qu-qu-que j-j-j-je l-l-leur LISE un pa-pa-pa-pa-ssa-ssa-ssa-ge.

* * * * * *

L'empereur Bokassa est en visite officielle en Grande-Bretagne. Sa Majesté, la reine Elizabeth II, le reçoit avec les honneurs dus à son rang. Notamment, elle le conduit à travers Londres dans un royal cabriolet tiré par quatre royaux chevaux blancs.

Soudain, l'un des chevaux lâche un pet aussi odorant que retentissant. La reine, confuse, se tourne vers l'empereur et lui murmure :

- Je suis désolée, vraiment...

- Ne soyez pas désolée, Majesté, lui répond Bokassa, moi je croyais que c'était le cheval...

* * * * * *

Ce sont trois ouvriers travaillant dans le terrassement pour la construction d'un pipeline de pétrole en Alaska. Leur logement à chacun est une baraque en tôle personnelle car dans la région, c'est encore ce qu'il y a de plus pratique.

Ils sont en train de faire une pause, et se plaignent du froid qu'il fait dans leur baraque personnelle la nuit...

Le premier dit :

- Dans ma baraque, il fait si froid que quand je me verse un verre d'eau, elle gèle avant d'atteindre le verre.

Le second dit :

- Moi, c'est pire : il m'arrive la même chose qu'à toi, mais c'est quand je me verse du café chaud dans une tasse !

Alors le troisième dit :

- Les gars, si vous voulez vraiment savoir ce que c'est qu'une baraque où il fait froid, venez donc dans la mienne...

Les voilà donc qui rentrent dans la baraque du troisième gars qui leur montre alors une tache sur la couverture de son lit. Puis il prend une paire de ciseaux et découpe cette tache. Il dépose ensuite le morceau d'étoffe découpée près du radiateur et dit à ses potes de regarder et de faire silence...

Une minute plus tard, au moment ou l'étoffe se décongèle, ils entendent un gros pet bien bruyant (suivi de son odeur bien sûr).

* * * * * *

Deux gars, dans une prison du Texas, sont condamnés à mort. Ils vont passer à la chaise électrique le même jour. On les conduit dans la chambre d'exécution.

Le prêtre leur donne les derniers sacrements, puis le directeur de la prison fait son discours, et enfin le curé invite tout le monde à prier.

Le directeur se tourne ensuite vers le premier qui sera exécuté et lui demande :

- Quelle est votre dernière volonté ?

Le gars répond :

- J'aime danser... Vous pourriez passer la Macarena à la sono pour que je danse une dernière fois ?

Le directeur :

- Certainement, on peut faire ça pour vous.

Se tournant vers le deuxième condamné :

- Et vous, quelle est votre dernière volonté ?

Le gars :

- S'il vous plaît, tuez-moi en premier !

* * * * * *

Dans un bar à Aubagne, Tony et Doumé discutent devant leur quatorzième pastis...

- Alors Tony, qu'est-ce que t'as fait ce dimanche ?

- Je suis allé pêcher...

- Ah, ouais, et ça a mordu ?

- Putain, ouais, et pas qu'un peu. J'ai pris une sardine... comme ça !! (Là, Tony, il écarte les bras au maximum pour montrer la taille de la sardine.) Et encore, j'ai pas les bras assez longs...

- Tony, tu pars en couilles ou quoi, là ! Ça existe pas des sardines comme ça. Tu me prends pour un con, tu me respectes pas, là !!!

- Eh ouais je te le dis, elle était comme ça, putain ! Tu le sais que je mens jamais aux collègues !!

Jusqu'au dix-huitième pastaga, un silence de mort s'instaure entre les deux hommes. Puis Tony prend sur lui et relance la discussion :

- Et toi Doumé, qu'est-ce que t'as branlé ce week-end ??

Léger blanc, puis Doumé condescend à répondre :

- J'ai chassé, à la Treille.

- Ah ouais et qu'est-ce que t'as pris ?

- Rien, putain, ça a pas marché, y'avait que dalle dans la colline !

- Arrête-toi Doumé, un flingueur comme toi, t'aurais rien chopé ??!! Tu me prends pour un con ou quoi !!

- Non, je te dis qu'il y avait rien à tirer !!!

- Doumé, tu me balades là ou quoi ! Un chasseur comme toi, un expert...! J'te crois pas !!!!!

Là, Doumé baisse le ton et confie à Tony :

- Bon, Tony, OK, il m'est arrivé un truc incroyable. Je te raconte, mais y faut que t'en parles à personne. Tu entends !! Personne ne doit savoir ce que je vais te dire maintenant !!

Tony, un peu impressionné, laisse choir doucement :

- OK, Doumé, OK. Pas de problème, je moufterai rien.

- Bon, OK, alors voilà : samedi, j'étais dans la pinède avec mon Verney Caron depuis dix minutes quand j'ai entendu un bruit dans les fourrés. Putain, tu me connais comme je dégaine ! Ni une ni deux, j'épaule, je flingue. Tu le crois ou non, c'était la chèvre à Monsieur Jean de Gémenos. Putain, killée net, entre les deux yeux. Tu me connais, je rate rien...

- Non ??!! Putain, tu lui as niqué sa chèvre à Monsieur Jean !!!! Et qu'est-ce que t'as fait alors ?!!!

- Eh, qu'est-ce que tu voulais que je fasse ? Je suis retourné à la GTI prendre la pelle militaire pliante et j'ai creusé.
- Ah ouais ? Et après ?
- Après ? Après, j'avais presque fini quand au bout du chemin tu sais ce que je vois ?
- Putain, non, dis-moi !!!!
- Monsieur Jean...
- Non ???!!!
- Eh ouais, il arrivait doucement en marchant.
- Putain et alors, qu'est-ce que t'as fait ??!!
- Qu'est-ce que tu voulais que je fasse : j'avais le fusil rechargé, j'y en mis deux, une dans chaque œil...
- Noooooon !!! Arrête !! T'as étendu Monsieur Jean ??!! Tu déconnes complètement là ??!!
- Putain, mais qu'est-ce que tu voulais que je fasse, c'était lui ou moi...
- Et alors, après, qu'est-ce que tu as fait ?
- Après ? Après, j'ai traîné Monsieur Jean jusqu'à sa chèvre et j'ai creusé un trou plus gros.
- Putain !!... Et alors ??!!
- Alors ? Alors il ne me restait plus qu'un bras de Monsieur Jean à enterrer et devine qui je vois au bout du chemin ?
- Putain, je sais pas moi, dis-moi !!!!!!
- Madame Jean qui arrivait tranquille...
- NON !!!! Et alors, qu'est-ce que tu as fait ??!! Tu as quand même pas tué madame Jean !!! Pas madame Jean !!!
- Ah ben là, j'ai pas le choix, Tony : SOIT TU RÉTRÉCIS TA PUTAIN DE SARDINE, SOIT JE FAIS UN CARNAGE !!!!!!!!!!!!!!!!!!!!

* * * * * *

C'est un gars qui veut un boulot de contrôleur ferroviaire. On le fait rencontrer un inspecteur afin de passer des tests.

L'inspecteur commence à lui poser des questions :

- Que faites-vous si vous réalisez que deux trains allant en sens contraire utilisent la même voie ?

Le gars répond :

- Dans ce cas, je change l'un des trains de voie.
- Et si la commande électrique ne répond pas ?

- Alors je laisse tomber l'électronique pour aller actionner le levier manuel sur la voie elle-même.

- Et si le levier manuel a été frappé par la foudre ?

- Alors je retourne à mon poste d'aiguillage en courant pour prévenir par téléphone le poste d'aiguillage précédent de faire le nécessaire.

- Et si la ligne est occupée ?

- Alors je quitte le poste d'aiguillage et je cours vers le poste téléphonique d'urgence situé au passage à niveau.

- Et si ce poste a été détruit par des vandales ?

- Oh... Alors je vais en courant jusqu'au village prévenir mon oncle Roger !

L'inspecteur, surpris par la réponse, demande :

- Ah tiens ?! Et pourquoi cela ?

- Parce qu'il n'a jamais vu d'accident ferroviaire.

******

C'est un gars qui a un long cou, un très très long cou, et qui cherche l'âme sœur. Or, un jour, par le biais d'une agence il rencontre une nana qui a de très grandes oreilles, de très très grandes oreilles.

Oh, bien sûr, il ne la trouve pas très belle et elle ne le trouve pas très séduisant. Néanmoins, ils se retrouvent face a face dans un restau très chic, très très chic.

Et là, il s'aperçoit qu'elle a une énooooorme culture.

Et là, elle s'aperçoit qu'il a un sens de l'humour inouiiiii.

Alors ils finissent la soirée ensemble.

Et là, il s'aperçoit que c'est un coup d'enfeeeeer.

Et là, elle s'aperçoit que c'est un romantique de premièèèère.

Alors au petit matin, ils se lèvent et, devant un super petit déj', ils se regardent tendrement :

Elle :

- J'ai passé la plus belle nuit de mon existence, merci beaucoup !

Et lui répond :

- Oh, ça va , t'as pas vu tes oreilles !!

******

Un homme entre chez le coiffeur avec un petit garçon. Il se fait couper les cheveux, puis dit au coiffeur :

- Coupez les cheveux du petit, je vais faire une course.

Une heure passe, l'homme ne revient pas.

Le coiffeur dit au petit garçon :

- Il ne revient pas, ton papa ?

- C'est pas mon papa, c'est un monsieur qui m'a pris par la main dans la rue en me disant :

- Viens, gamin, on va se faire couper les cheveux à l'œil !!

* * * * * *

On demande à un multimilliardaire comment il a fait pour en arriver là.

- Facile, j'ai toujours respecté à la lettre deux principes absolus. Le premier de ces deux principes est de ne jamais révéler tout ce que je sais.

* * * * * *

Le secret de la fortune, explique un multimillionnaire lors d'une conférence, tient en un seul mot : patience ! Avec de la patience, on peut tout faire.

- Tout ? ricane l'un de ses auditeurs.

- Absolument !

- Vous pourriez, par exemple, transporter de l'eau dans une passoire ?

- Certainement ! ... En ayant la patience d'attendre qu'elle gèle.

* * * * * *

C'est un groupe de touristes qui visite les vestiges de la civilisation Maya au Mexique.

Alors que le groupe s'apprête à entrer dans un temple, l'un des touristes veut faire le malin et demande au guide des détails sur leur lieu de visite.

Le guide répond :

- Les fouilles concernant le site ne sont pas terminées. Il arrive encore de trouver des poteries et des bijoux aux alentours du temple. En ce qui concerne l'âge du temple dans lequel vous allez pénétrer, on sait de manière certaine qu'il a 2503 ans !

Le touriste, impressionné par le savoir du guide, reste muet. Par contre, sa femme surenchérit tout de suite :

- Mais dites-moi, comment pouvez-vous être si précis ?

- Oh, c'est simple. Il y a trois ans, lors de l'ouverture du temple au public, les archéologues ont affirmé qu'il était vieux de 2500 ans.

* * * * * *

Au cours d'une discussion dans un bar, un gars lance à la cantonade :

- Hé ben moi, les gars, je connais tout le monde personnellement sur la planète, et je suis prêt à tenir un pari pour 50 000 francs !

Son voisin lui dit :

- N'importe quoi. C'est rigoureusement impossible. Tiens par exemple, est-ce que tu me connais, moi ?

Le gars répond :

- Oui, bien sûr. Tu ne te souviens pas ? On s'est rencontrés à la fête de l'Huma en 1974. Je m'appelle Robert Glandu, ça ne te dit plus rien ?

Le voisin répond :

- D'accord, c'est vrai, je me souviens maintenant. Mais je n'arrive toujours pas à croire que tu puisses connaître rigoureusement tout le monde ! Par exemple, est-ce que tu connais Lionel Jospin ?

Et Robert Glandu répond :

- Ouais, Monsieur. Même que l'été, il m'arrive d'aller lui dire bonjour chez lui, à Cintegabelle. Tu veux que je te prouve qu'on se connaît ?

Et Robert Glandu prend le téléphone du bar, compose le numéro perso de Jospin... Et parle avec lui pendant vingt minutes en ayant soin de prouver au gars du bar qu'il parlait bien au Premier Ministre.

Le voisin de bar est assez estomaqué, mais pas encore convaincu. Alors il demande :

- Et le pape? Je suis sûr que tu ne connais pas le pape !

Robert Glandu lui certifie le contraire, mais plutôt que de tenir un long discours, il propose d'aller directement vérifier au Vatican, les frais d'avion étant pris en charge par le perdant.

Les voilà tous les deux en route pour le Vatican. Dès leur arrivée, Robert demande une audience au Pape, qui l'accorde tout de suite. Le voisin du bar reste sur la place Saint-Pierre car Robert Glandu lui a dit qu'il apparaîtrait au balcon en compagnie de Jean Paul II...

Et effectivement, lorsque le pape apparaît au balcon, Robert Glandu est à ses côtés.

À ce moment-là, Robert Glandu, de son balcon papal, voit le voisin de bar tomber dans les pommes : sans tarder, il court sur la place voir ce qu'il en est et, une fois au chevet du gars, il lui demande ce qui s'est passé. Le voisin de bar lui répond :

- Que tu me connaisses, OK. Que tu connaisses bien le barman, OK. Que tu sois pote avec Jospin, d'accord. Mais qu'au moment où tu apparais aux côtés du pape, mon voisin sur la place me demande «Qui c'est le type à côté de Robert Glandu?», là, c'était trop !

* * * * * *

L'autre jour, au bar, un gars en a raconté une bien bonne :

Il était en train de sortir de sa place de parking d'Auchan quand, un peu trop pressé, il a fait une belle éraflure sur la portière de la voiture d'à côté avec son pare-chocs.

Voyant qu'un autre gars avait vu ce qui s'était passé, le gars descend de sa voiture et dit :

- Je vais lui laisser un mot sur son pare-brise, comme ça il pourra me contacter pour les histoires d'assurance !

Et la note qu'il a placé sur le pare-brise est la suivante :

- Cher automobiliste,

En sortant de ma place de parking, j'ai malencontreusement éraflé votre portière. Comme j'ai été vu par quelqu'un, je lui ai dit que je vous laisserai un petit mot. Certainement qu'il pensait que ce serait pour vous donner mon nom et mon numéro de téléphone.

Il se trompait.

Bonne journée.

* * * * * *

Une visite fait toujours plaisir. Si ce n'est à l'arrivée, c'est au départ. (Sagesse populaire bretonne)

* * * * * *

L'honneur, c'est comme les allumettes, ça ne sert qu'une fois.

* * * * * *

Le chagrin, c'est comme le ver solitaire. Le tout, c'est de le faire sortir.

* * * * * *

Deux skins de Carpentras, sortant d'une boîte de nuit un peu éméchés, décident de passer par le cimetière, histoire de rire un peu. Arrivés au beau milieu du cimetière, leur attention est attirée par un bruit répétitif, comme celui fait par un marteau sur de la pierre.

Tremblants de peur mais seulement intérieurement (ce sont des skins), ils avancent pour savoir ce qui est à l'origine du bruit et voient un vieillard, armé d'un marteau et d'un burin, en train de taper sur une pierre tombale.

Un des skins soupire de soulagement :

- Ah ben vous alors, vous pouvez vous vanter de nous avoir foutu la trouille. Et pourtant, il nous en faut déjà une bonne dose, hein, Dédé !

On vous avait pris pour un fantôme... Mais dites un peu, qu'est-ce que vous faites ici à cette heure-ci ?

Et le vieux répond :

- Ces abrutis ! Ils ont fait une faute d'orthographe à mon nom !

******

C'est trois samouraïs qui veulent mesurer leur adresse au sabre. Ils se choisissent un juge réputé pour sa droiture. Le juge, qui s'y connaît en tournois de samouraïs, leur a apporté de quoi se mesurer : des mouches.

Il ouvre une petite boîte dans laquelle il y a une mouche. Le sabre du premier samouraï sort de son fourreau en un éclair, et la mouche retombe sur le sol, coupée en deux ! Le juge est satisfait par cette première performance, et félicite le concurrent.

Lorsque le deuxième samouraï est prêt, le juge ouvre une nouvelle boîte et laisse s'envoler une autre mouche. Cette fois-ci, le deuxième samouraï donne deux coups de sabre dans l'air, et la mouche retombe, coupée en quatre ! Le juge est vraiment impressionné. Et il le dit au deuxième samouraï.

Mais il reste un troisième concurrent. Lorsque celui-ci est prêt, le juge ouvre sa troisième boîte contenant une troisième mouche... Le samouraï sort son sabre, dessine une arabesque dans l'air et rengaine, mais la mouche continue à voler...

Le juge dit alors :

- Mais la mouche vit toujours !

- C'est vrai, répond le troisième samouraï. Mais elle ne pourra plus jamais se reproduire.

******

Il fait très très chaud. C'est l'été, et cet homme qui roule en voiture n'a qu'une seule idée en tête : se rafraîchir. Aussi, lorsqu'il voit ce pont au-dessus de cette rivière à l'eau cristalline, il s'arrête. Bien sûr, il n'a pas de maillot de bain, mais ce n'est pas un problème car il n'y a personne alentour. Le gars

SCIONS, SCIONS DU BOIS...
GORE BAND
FRAPAR.

pataugе quelques minutes, ravi de se refroidir un peu, puis il aperçoit deux vieilles dames sur la rive, qui regardent dans sa direction. Le gars, un peu timide, panique et cherche à sortir de l'eau en cachant toute sa virilité. Aussi, quand il voit le manche d'une poêle à frire dépasser des graviers de la berge, il s'en saisit et place la poêle devant son sexe. Les vieilles s'approchent alors de lui en rigolant. Le gars ne sait plus où se mettre et ne cherche qu'à s'enfuir, lorsqu'une des vieilles dit :

- Vous savez, jeune homme, j'ai une espèce de don de télépathie : j'arrive à savoir exactement ce que les gens pensent rien qu'en les regardant !

Le gars, qui n'a rien à faire de ce que raconte la vieille (et qui n'a qu'une envie, c'est qu'elles dégagent au plus vite), répond :

- Ah oui. C'est incroyable. Et moi, par exemple, à quoi est-ce que je pense en ce moment ?

- Eh bien, vous pensez que la poêle que vous tenez possède encore son fond...

* * * * * *

C'est un ingénieur système qui raconte :

- J'ai toujours un beeper dans la poche pour qu'on puisse me joindre quel que soit l'endroit où je me trouve en cas de pépin. Tu comprends, il faut pouvoir réparer très rapidement. Ce beeper, je l'ai depuis les années 80 ; avant c'était carrément un luxe. J'allais parfois au cinéma pendant mes heures de garde, et ce que je craignais arrivait parfois, mon beeper sonnait. Il y avait toujours quelqu'un derrière moi qui disait au moment où je me levais :

- Lui ? Médecin ? Ça m'étonnerait.

(On imagine l'ingénieur système avec un look d'ingénieur système normal, nerd à donf, T-shirt, cheveux gras et tout).

- Maintenant, quand je vais au ciné et que mon beeper retentit, j'entends derrière moi, quand je me lève :

- Lui ? Dealer ? J'aurais jamais cru.

* * * * * *

Dans une petite ville de province, un représentant de commerce décide de faire étape pour la nuit. Malheureusement pour lui, il n'y a qu'un seul hôtel, et toutes les chambres sont réservées. Il insiste alors auprès de l'aubergiste :

- Vous devez me trouver une place pour dormir, même un lit n'importe où, je suis complètement vanné !

L'aubergiste lui répond :

- Ben, j'ai bien une chambre avec deux lits qui n'est occupée que par une personne... Et je suis sûr que cette personne serait ravie de partager sa chambre, ainsi que les frais de location avec vous... Mais pour tout vous dire, cet homme est un ronfleur de la pire espèce. À tel point que ses voisins de chambre viennent se plaindre ici tous les matins. Bref, c'est vous qui voyez.

- Pas de problème, je prends la chambre. Je suis trop crevé !

L'aubergiste présente les deux pensionnaires et les laisse prendre leur repas du soir.

Le lendemain matin, le représentant descend prendre le petit déjeuner, et contrairement à ce que pensait l'aubergiste, il a l'œil vif et semble en pleine forme, bien reposé.

L'aubergiste lui demande :

- Vous avez réussi à dormir ?

- Oui, sans problème.

- Les ronflements ne vous ont pas gêné ?

- Pas du tout : il n'a pas ronflé de la nuit.

- Comment cela ?

- Eh bien, l'homme était déjà au lit quand je suis rentré dans la chambre. Alors je me suis approché de lui, et je suis allé déposer un baiser sur ses fesses en disant :

- Bonne nuit, ma beauté...

Et le gars a passé le reste de la nuit assis sur son lit à me regarder.

* * * * * *

C'est un pilote de bombardier anglais qui se fait descendre par la D.C.A. allemande au cours de la Deuxième Guerre mondiale. On l'emmène à l'hôpital où il s'avère que sa jambe droite a subi de très gros dégâts. Seule l'amputation permettra de lui sauver la vie. L'Anglais reste stoïque lorsqu'on lui annonce la nouvelle, et souhaite simplement que son membre amputé soit expédié sur le sol anglais par un pilote allemand, lors d'un prochain raid sur Londres.

Les Allemands trouvant l'idée très amusante, la jambe est emportée dans un bombardier dès le lendemain.

Une semaine plus tard, il s'avère que la main du pilote anglais est sérieusement contaminée par un staphylocoque doré de la pire espèce. Une fois encore, la seule option est l'amputation. Comme la première fois, le pilote anglais est d'accord sous réserve que la main soit balancée sur le sol anglais.

Et le lendemain, la main est balancée en même temps que les bombes au dessus de Londres.

Mais deux semaines plus tard, c'est la deuxième jambe du pilote qui donne des signes de faiblesse (encore ce bon vieux Staph.). Le pilote anglais s'apprête déjà à demander la même faveur, mais cette fois-ci, les autorités militaires allemandes répondent NEIN ! Pas question !

Le pilote anglais, perplexe, leur demande pourquoi ce revirement de situation. Et les Allemands répondent :

- Nous pensons que vous cherchez à vous échapper...

******

Deux tribus se livrent bataille depuis des décennies, et la première tribu se fait toujours massacrer. Un explorateur décide d'aider la tribu des plus faibles.

- Bonjour à toi, grand chef. Je vais t'expliquer comment on gagne lorsqu'on est plus faible.

Le missionnaire met sa main devant un mur, et dit :

- Frappe !

Le chef, interloqué, ne sait que faire.

- Frappe, je te dis !

Le chef se décide, et assène un violent coup de poing sur le mur, l'explorateur ayant retiré sa main au dernier moment.

- Ça c'est la ruse, c'est avec ça que vous gagnerez !

Le chef, ayant compris la leçon, s'empresse d'aller enseigner ce qu'est la ruse à ses guerriers.

- Écoutez-moi, j'ai le secret pour vaincre.
- Que faut-il faire, ô grand chef ?
- Il faut utiliser la ruse...
- Mais qu'est-ce que la ruse ?

Le chef met alors sa main devant son visage, et lui dit :

- Frappe !!

Blagues sur l'adultère

Une dame a acheté une armoire chez Ikea et a décidé de la monter toute seule, sans attendre son mari. Elle regarde bien le plan et se met à l'ouvrage. Voilà, c'est fait. Mais en bas, dans la rue, un autobus passe. Le sol vibre, et l'armoire se met à trembler, trembler et patatras ! La voilà par terre.

La dame ne s'avoue pas vaincue. Elle reprend le montage, en suivant bien les étapes. Elle ajoute même un point de colle ici et là... Voilà, c'est terminé. Mais l'autobus qui fait la navette est revenu, et de nouveau le sol vibre, l'armoire tremble, tremble et plaf ! Elle s'effondre.

- Nom d'une pipe, il y a comme un défaut ! se dit la dame, et elle appelle le service après-vente Ikea. On lui envoie aussitôt un technicien. En arrivant, celui-ci dépose sa sacoche, laisse son mégot dans le cendrier et déclare :

- Bien, voyons ça, je vais refaire le montage et nous verrons ce qui se passe.

Il assemble les éléments et, en un quart d'heure, l'affaire est réglée.

- Hé bien, elle est très bien cette armoire, où est le problème ?

- Attendez un peu que le bus passe, et vous verrez...

Le bus passe effectivement, le sol vibre, l'armoire tremble, tremble et badaboum, elle tombe en miettes.

- Ah ça... Que le grand cric me croque, j'aurai le dernier mot ! dit le technicien, et il recommence le montage, mais avec de la colle superforte, des vis supplémentaires, de grands coups de marteau... Là, c'est fait.

Et le bus qui continue son service passe dans la rue, et le sol vibre, l'armoire tremble, tremble, tremble et vlan, elle se retrouve en mille morceaux.

Le technicien se fâche :

- Caramba, j'en aurai le cœur net. Je vais tout remonter normalement, et entrer dans l'armoire au moment où le bus approche pour voir ce qui se passe.

Et c'est à ce moment-là que le mari de la dame rentre du travail. Je dois préciser qu'il est très jaloux. Tout de suite, il voit la sacoche, le mégot, et apostrophe sa femme :

- Tu me trompes, j'en suis sûr maintenant. À qui est cette sacoche ? Et ce cigare ? Tiens, et cette armoire, c'est nouveau ! Ton amant est là-dedans, je le sais ! Et il ouvre l'armoire.

- Alors, qu'est-ce que vous foutez là, vous ?

- Ben, vous n'allez pas me croire, mais j'attends l'autobus...

* * * * * *

C'est une femme qui, profitant de l'absence de son mari, le trompe (banal jusque là). Une fois l'acte fini, elle s'endort et l'amant s'éclipse. Mais alors qu'il passe devant l'armoire, il entend :

- Putain, c'qu'y fait noir là dedans !

Il ouvre la porte, et découvre un petit garçon qui lui dit :

- Si tu me donnes pas 500F je dis tout à mon père.

L'amant cède et s'en va.

Quelques jours plus tard, l'amant et la femme recommencent...

Et lorsque l'amant s'en va, il entend une petite voix provenant de la penderie :

- Putain, c'qu'y fait noir là dedans !

Il ouvre et le petit lui demande 1000F. L'amant cède encore.

Le lendemain, à table, le petit garçon dit à son père :

- Tu as vu, papa, je me suis acheté un nouveau vélo.

Le père répond alors :

- Écoute, mon fils, ce vélo coûte au moins 1500F. Je ne sais pas où tu as eu cet argent, mais ce ne doit pas être très beau, alors va tout de suite te confesser...

Le garçon se dirige vers l'église, entre dans le confessionnal et s'exclame :

- Putain, c'qu'y fait noir là dedans !

Alors une voix, de l'autre côté de la cloison, rétorque :

- Ah non, tu ne vas pas venir me taxer jusqu'ici !

* * * * * *

C'est une femme qui est à l'article de la mort. Son mari lui tient la main, près du lit. Des larmes coulent doucement le long de ses joues. Bref, c'est triste.

La femme essaie de parler :

- Chéri...

Le mari l'interrompt :

- Chut. Ne parle pas.

Mais la femme insiste de sa voix fatiguée et chevrotante :

- Chéri, laisse-moi parler. Je dois t'avouer quelque chose...

Le mari, tout en sanglots :

- Tu n'as rien à avouer. Tout va bien.

La femme :

- Non, tout ne va pas bien. Il faut que je t'avoue une chose, sinon je ne pourrai pas mourir en paix : je t'ai trompé !

Le mari lui serre alors la main avec affection, et répond :

BONJOUR !
C'EST L'PLOMBIER !
COMME D'HAB', MA
P'TITE LUCETTE !!
FRAPAR.

- Ne te préoccupe pas de ça. Je suis au courant. Pourquoi t'aurais-je empoisonnée, sinon ?

* * * * * *

C'est un gars qui emmène une fille faire une virée en voiture, la nuit. Sentant venir le moment propice, il s'arrête au bord d'un chemin et abaisse les sièges pour faire couchette. Ils font l'amour une première fois, mais la fille en redemande. Alors le gars se remet au fourneau. Mais après la deuxième fois, la fille n'est toujours pas satisfaite. Le gars, bien volontaire, s'y remet aussitôt... Mais après cette troisième fois, la fille n'est toujours pas rassasiée.

Le gars lui dit alors :

- Attends une minute, il faut que je sorte faire pipi.

Pendant qu'il est dehors en train de soulager sa vessie, il voit un homme en train de changer sa roue de voiture. Il s'avance vers lui et dit :

- Hé dites donc, j'ai là une fille dans la voiture, ça fait déjà trois fois que je lui fais l'amour et elle n'est pas encore rassasiée. Je vous change la roue si vous me remplacez pour un tour.

Le gars est d'accord. Il est déjà dans la voiture et dans la fille, lorsqu'un policier tape au carreau et éclaire le couple à l'intérieur de la voiture avec sa lampe-torche.

Le policier (hypocrite) :

- Qu'est-ce que vous faites ici ?

Le gars :

- Je fais l'amour à ma femme.

Le policier :

- Pourquoi vous ne faites pas ça à la maison ?

Le gars :

- Pour vous dire toute la vérité, je ne savais pas que c'était ma femme jusqu'à ce que vous nous éclairiez avec votre lampe...

* * * * * *

C'est un homme qui sort de chez lui le soir pour aller acheter des cigarettes. Au café-tabac, il fait connaissance d'une ravissante jeune femme qui lui semble particulièrement chaude. Après quelques verres, ils conviennent d'aller passer un moment dans l'appartement de la fille. Une fois la partie de jambes-en-l'air terminée, le gars réalise qu'il est trois heures du mat' :

- Oh non... Ma femme va me tuer ! J'ai une idée : est-ce que tu as du talc ?

La fille lui donne du talc. Il s'en empare et commence à s'en frotter les mains, puis il rentre chez lui.

À la maison, sa femme l'attend dans le couloir. Elle est plutôt furax :

- Dis-moi ! D'où est-ce que tu viens encore ?!

- Eh bien, chérie, en fait... Je suis allé au tabac pour m'acheter des clopes, et là-bas, j'ai rencontré une superbe fille. On a bu quelques verres et, tu sais, elle était vraiment excitée, et comme elle était très jolie, on est allé chez elle... dans son lit...

- Ah ouais ?! Fais-moi voir tes mains (elle lui prend les mains et tourne ses paumes vers la lumière). Espèce de satané menteur ! T'as encore été au bowling, hein ?!

******

C'est une femme qui s'est absentée pendant deux jours pour rendre visite à une amie malade. Lorsqu'elle rentre chez elle, son petit garçon l'accueille en lui disant :

- Maman, maman, devine quoi : hier, pendant que je jouais dans le placard de votre chambre, papa est rentré dans la pièce avec la voisine, ils se sont déshabillés, et ils ont été sur le lit et papa il s'est mis sur elle, et il a fait des pompes avec elle !

La maman prend la main de son fils et lui dit :

- Plus un mot ! On va attendre que ton père rentre du travail et tu lui répéteras exactement ce que tu viens de me dire !

Le père revient du travail. Sa femme lui saute dessus en disant :

- Je te quitte ! Je fais mes valises et je me tire !

Le mari :

- Mais enfin, pourquoi ?

La mère (au petit garçon) :

- Vas-y ! raconte encore ce que tu m'as dit tout à l'heure !

Le petit garçon :

- Eh bien, hier, alors que je jouais dans l'armoire de votre chambre, papa est rentré avec la voisine, et ils se sont déshabillés, et ils se sont jetés sur le lit et papa est monté sur la voisine, et ils ont fait exactement ce que tu avais fait avec l'oncle Fernand quand papa était parti l'été dernier.

******

Un jeune marié rencontre un ami le lendemain de sa nuit de noces. Comme il a l'air soucieux, l'ami s'informe auprès du jeune marié :

- Ben, voilà : ce matin, j'ai repris mes habitudes de célibataire et, avant de partir travailler, j'ai donné 200 F à ma femme !

- Et c'est tout ? fait l'ami, mais ce n'est pas grave, ça !

- Oui, mais ce qui m'inquiète, conclut le jeune marié, c'est qu'elle m'ait rendu 50 F !

* * * * * *

Un gars va consulter son médecin :

- Je suis très ennuyé, docteur, mon fils a couché avec une fille qui lui a refilé une sale maladie...

- Qu'il vienne me voir.

- C'est que, poursuit le malheureux, il l'a refilée à la bonne.

- Oh oh !

- Et la bonne me l'a transmise.

- Ah là là ! Bon ! Voyons ça !

- Mais c'est pas tout, docteur ! avoue encore le gars, forcément, moi, au courant de rien, j'ai dû la refiler à ma femme...

- N... de D... ! hurle le médecin, alors à cause de ce petit con, nous voilà tous contaminés !

* * * * * *

Une maman va voir son petit garçon qui est en pleurs dans son lit parce qu'il a fait un cauchemar :

- Tout va bien, fils ?

- Oh maman, j'ai fait un cauchemar horrible. J'ai rêvé que Tatie Jeannie était morte...

La maman rassure le fiston, lui promettant que la tante Jeannie va bien et lui dit de se rendormir.

Mais le lendemain, tante Jeannie meurt dans un accident de voiture.

Une semaine plus tard, le fiston se réveille à nouveau en hurlant la nuit. La maman vient voir ce qui se passe : c'est un autre cauchemar...

- J'ai rêvé que grand-père était mort...

La maman, déjà un peu moins sûre d'elle, rassure le gamin du mieux qu'elle peut et lui dit de se rendormir.

Mais le lendemain, grand-père meurt d'un arrêt cardiaque.

Une semaine plus tard encore, nouveau cauchemar...
- J'ai rêvé que papa mourrait demain !
La maman assure à son petit que son papa va super bien.
La mère retourne se coucher, mais ne parvient pas à dormir. Elle décide de tout dire à son mari. Du coup, le mari n'arrive plus à se rendormir lui non plus. Il passe ensuite toute la journée dans la crainte : il va au travail à pied de peur d'avoir un accident de voiture, il ne mange rien le midi de peur de choper une intoxication alimentaire ou un empoisonnement, il évite de parler à qui que ce soit de peur de se faire tuer par un fou, il sursaute au moindre bruit et se cache sous son bureau.
À la fin de cette journée de travail très très pénible, il rentre à la maison, toujours à pied.
Lorsqu'il entre dans la maison, il dit à sa femme :
- Pouah, je n'en peux plus. Je suis usé nerveusement et physiquement. C'est vraiment la pire journée de mon existence...
Et sa femme lui répond :
- Tu dis que c'est ta pire journée... Pense un peu au facteur : ce matin, il est tombé raide mort devant la porte !

******

C'est deux gars qui discutent au bureau. Ils parlent de la nouvelle secrétaire qui vient d'être embauchée. Roger s'adresse à Robert :
- Oh dis donc ! Hier, alors que ma femme me croyait au match de foot avec les copains, je l'ai invitée à dîner et ensuite on est allés à l'hôtel. Ben je peux te dire qu'elle fait vachement mieux l'amour que ma femme !
Deux jours plus tard, Robert s'adresse à Roger :
- À propos de la nouvelle secrétaire, hier, moi aussi je suis sorti avec elle. On est allés à l'hôtel ensuite. Eh ben ! Si tu veux mon avis, elle ne fait pas beaucoup mieux l'amour que ta femme.

******

Pierre et Roger sont associés. Pierre mange chez son associé car sa femme est partie rendre visite à sa mère. (Roger n'est pas encore rentré).
- Eh bien ! Quel repas ! Je savais que mon associé avait une femme ravissante, mais il m'avait caché qu'elle était aussi excellente cuisinière...
- Pierre, je pense que je ferais mieux de te prévenir, Roger sera là dans une heure, minaude la femme de l'associé.

- Mais... Je n'ai rien tenté, proteste Pierre.

- Je sais, dit-elle en soupirant, je voulais juste que tu saches de combien de temps tu disposais.

* * * * * *

C'est trois femmes en train de prendre le thé un après-midi.

La première dit :

- Mon mari me trompe, j'en suis sûre maintenant. J'ai retrouvé une paire de bas dans la poche de sa veste, et ce n'étaient pas les miens !

La seconde renchérit :

- Ah ça me réjouit un peu que tu dises ça, car mon mari me trompe aussi. Et j'en suis certaine car j'ai retrouvé un préservatif neuf dans son portefeuille. Alors, par vengeance anticipée, je l'ai percé de petits trous avec une aiguille à coudre !

La troisième ne dit rien et s'évanouit.

* * * * * *

Ce sont deux femmes qui discutent de leur vie de couple. La première dit à la seconde :

- Cette fois-ci, c'est décidé : je vais demander le divorce !

- Mais pourquoi ? demande l'autre.

- J'ai vu ce branleur (je parle de mon mari) aller au cinéma avec une autre femme ! !

- Et tu sais qui était cette femme ?

- Non, je ne l'avais jamais vue auparavant.

- Et tu n'as pas imaginé un seul instant qu'il pouvait y avoir une autre explication que celle à laquelle tu penses ? Pourquoi ne les as-tu pas suivis dans le cinéma pour savoir ?

- Ben, je ne pouvais pas : l'homme avec qui j'étais avait déjà vu le film.

* * * * * *

Un gars rentre chez lui furax.

- Tu me trompes, je le sais ! Alors, combien d'amants t'as eu depuis qu'on est marié, hein ? Crois pas que je vais me laisser faire !

Le gars s'en va en jetant le vase que la belle-mère leur a offert. Il va dans la cuisine, s'ouvre une bière et un peu penaud revient voir sa femme quelques instants plus tard.

- Excuse-moi, j'étais énervé, je savais plus ce que je disais.

Sa femme reste silencieuse.

- Excuse-moi, j'te dis... Écoute, tu vas pas faire la tête, j'te dis que je me suis emporté.

Sa femme le regarde et dit :

- Je fais pas la tête, je compte.

******

Un soir, Marcel rentre chez lui excité, le nez en sang... Sa femme lui demande :

- Que t'est-il arrivé ?
- Je viens de me battre avec le gardien de l'immeuble.
- Et pourquoi ?
- Il prétend qu'il a couché avec toutes les femmes de l'immeuble, sauf une !
- Hmmm. Je parie qu'il s'agit de Mademoiselle Rose, la vieille fille du troisième !

******

- Ça fait 17 ans que je suis marié et je suis toujours amoureux de la même femme. C'est pas merveilleux, ça ?
- Oui, mais si ta femme l'apprend, qu'est-ce que tu vas prendre !

******

C'est au paradis. Saint Pierre accueille dix femmes qui sont mortes le même jour.

- Que toutes les femmes qui ont trompé leur mari fassent un pas en avant. Et neuf femmes sur les dix présentes avancent d'un pas. À ce moment-là, saint Pierre se retourne vers Dieu et lui dit :
- Et qu'est-ce qu'on fait de la sourde ???

******

Une femme et son amant sont au lit, lorsque la femme entend la voiture de son mari entrer dans le garage.

La femme adultère s'affole :

- Vite, vite ! Cache-toi dans la salle de bains !

L'amant se rue dans la salle de bains, à poil, pendant que la femme glisse ses habits sous le lit en catastrophe.

Juste à temps...

Le mari entre dans la chambre et demande à sa femme :

- On peut savoir ce que tu fais toute nue sur le lit ?

- Chéri, j'ai entendu la voiture, et je me suis dit que j'allais te faire une surprise...

- Ouais, super. Je passe à la salle de bains et j'arrive.

Avant qu'elle ne puisse l'arrêter, le mari est dans la salle de bains où il voit l'amant tout nu en train de frapper dans ses mains...

- Mais qu'est-ce que vous faites ici ?

- Je suis de la compagnie d'extermination des nuisibles. Votre femme nous a appelés pour supprimer les mites qui vous envahissent.

- Mais... Vous n'avez pas de vêtements !

Alors l'amant se regarde, sursaute, et dit :

- Ah ! Les sales petites bêtes!

* * * * * *

Pourquoi un veuf belge achète-t-il des préservatifs noirs ?

- Parce qu'il a promis à sa femme de porter le deuil fidèlement jusqu'au bout.

* * * * * *

C'est deux gars en train de jouer au golf.

Ils n'ont pas de chance car ils se trouvent à jouer derrière deux femmes qui sont vraiment hypra nulles, et qui ne manquent jamais d'envoyer leur balle dans le bunker, dans le lac et dans le rough... Et en plus, elles ne songent même pas à proposer aux hommes qui les suivent de les dépasser pour leur éviter de perdre leur temps !

Après deux heures d'attente, un des deux gars dit :

- Je vais aller leur demander de nous laisser jouer ce trou devant elles !

Le gars y va, mais arrivé à mi-chemin, il fait demi-tour et revient vers son ami pour lui dire :

- Je ne peux pas y aller : l'une des deux joueuses est ma femme, et l'autre ma maîtresse ! Mais vas-y, toi...

Alors le deuxième gars s'avance vers les deux joueuses... Arrivé à mi-chemin, il fait demi-tour et revient en disant à son partenaire :

- Le monde est petit, hein...

* * * * * *

C'est l'histoire de ce couple très dépensier qui n'arrive jamais à économiser pour prendre des vacances en Inde, ce dont il rêve depuis longtemps.

Un jour, le gars a une idée : à chaque fois qu'ils feront l'amour, ils mettront un billet de côté dans une tirelire. Un an plus tard, ils décident de casser la tirelire.

Le mari compte les billets et dit :

- C'est bizarre, à chaque fois qu'on a fait l'amour, j'ai mis des billets de 100 francs dans le nourrain (merci, Me Capello), et je trouve des billets de 200 francs et d'autres de 500 francs...

Et la femme répond :

- Parce que tu penses vraiment que tout le monde est aussi pingre que toi ?

* * * * * *

Il vaut mieux être cocu que ministre ! Au moins, on n'est pas obligé d'assister aux séances !

* * * * * *

Un mari et sa femme ont beaucoup de difficultés pour joindre les deux bouts. Criblés de dettes, ils décident que la femme doit se prostituer. Le mari amène donc sa femme à l'endroit de la ville où ce genre de commerce a lieu, puis l'informe qu'en cas de besoin, elle pourra le trouver à une centaine de mètres de là, au café.

Peu de temps après que l'apprentie prostituée ait commencé à faire le pied de grue, le premier automobiliste intéressé s'arrête. Il lui demande combien elle vend ses services pour l'affaire complète. Elle répond :

- Je ne sais pas, je suis débutante. Si vous patientez deux minutes, je vous dis ça tout de suite.

Et elle s'en va demander à son mari qui lui répond de demander 500 francs. Elle transmet le tarif au client qui lui dit :

- C'est trop cher pour moi. Combien ce serait pour une pipe ?

Et là, rebelote, la nouvelle est obligée d'aller voir son mari pour connaître le prix. Ensuite, elle revient et dit au client :

- Pour la pipe, c'est 200 francs.

Pour ce prix-là, le client est d'accord. Elle monte alors dans la voiture du type qui baisse son pantalon, puis son caleçon.

La novice peut alors constater qu'elle est tombée sur LE Streumon. C'est ni plus ni moins Rocco Siffredi en taille réelle. Visiblement, la vision du pénis du gars la perturbe, car elle sort de la voiture et fonce rejoindre son mari au café. Là, elle lui demande :

- Dis, je pourrais t'emprunter 300 francs ?

* * * * * *

Une femme va consulter le médecin pour une grosse fatigue (pour ceux qui ne savent pas ce que c'est une grosse fatigue, voir à asthénie) qui dure depuis pas mal de temps.

Après les examens et l'auscultation classique qui ne montrent rien de particulier, le médecin en vient à lui demander quelle est la fréquence de ses rapports sexuels :

- Je fais l'amour le lundi, le mercredi et le samedi.

Le docteur lui dit :

- Je vous ai prescrit un traitement médical. Mais en plus des médicaments, il faudra vous abstenir de faire l'amour une fois sur trois, par exemple, le mercredi !

- Ah, ce n'est pas possible, Docteur. Pas le mercredi. C'est la seule nuit que je passe avec mon mari.

* * * * * *

C'est un gars qui est en train de regarder paisiblement la télé dans son fauteuil le soir, lorsque sa femme arrive sans bruit derrière lui et lui assène un bon coup de poêle à frire derrière la tête.

Le gars, à moitié assommé, lui demande :

- Quoi, qu'est-ce qui se passe ? Tu as bu ?

Et sa femme répond :

- Tu peux m'expliquer à quoi correspond ce morceau de papier que j'ai trouvé dans la poche de ton veston, et sur lequel il est écrit «Marylou» ?

Le mari :

- Oh ! Chérie, c'est ça ? Vraiment, tu te fais des idées pour rien : tu te rappelles, il y a deux semaines, quand je suis allé aux courses à Longchamp ? Eh bien ! l'un des jockeys m'a noté le nom de son cheval sur un bout de papier pour que je parie dessus.

Et cette explication suffit à apaiser l'âme courroucée de la dame.

Trois jours plus tard, alors que le mari est à nouveau en train de regarder la télé, rebelote : un bon coup derrière la tête !

- Mais chérie ?! Qu'est-ce qui te prend encore ? Tu es folle, ça fait mal !

Et la femme répond :

- Va dire ça à ton cheval, il vient d'appeler au téléphone !

* * * * * *

Un milliardaire, patron d'un empire de la presse, reçoit un coup de fil de son avocat :

- J'ai une bonne et une mauvaise nouvelle pour vous. Vous voulez la bonne ou la mauvaise d'abord ?
- Dites toujours la bonne...
- Votre femme détient une photo qui vaut bien 5 millions de francs.
- Waow, super. Et quelle est la mauvaise ?
- La mauvaise, c'est qu'il s'agit de vous avec votre secrétaire.

* * * * * *

C'est un mari qui rentre chez lui à l'improviste. Il pénètre dans la chambre à coucher, et s'étonne de trouver sa femme entièrement nue...

- Ben ma chérie... comment qu'ça s'fait que t'es toute nue ?
- C'est parce que tu m'achètes plus de fringues, alors forcément, j'ai plus rien à me mettre !
- Tu te fous de moi ? Il ouvre la penderie et compte les robes sur les cintres :
- Une robe... deux robes... trois robes... pardon, Monsieur... quatre robes...

* * * * * *

Si vous êtes en train de faire l'amour avec deux femmes en même temps, et qu'une troisième femme entre dans la pièce, qu'est-ce qui se passe ?

- Un futur divorce, certainement.

* * * * * *

Quelque part à Montréal, au Canada, un fils dit à son père :

- Papa, je veux aller étudier à la Sorbonne, en France. J'ai besoin de 5000 $ pour le séjour.

Le père lui donne l'argent, tout fièrement. Le fils s'en va en France, mais il ne va pas du tout étudier à la Sorbonne. Il va plutôt dépenser son argent dans les casinos, le Crazy Horse, et plein d'autres endroits du même genre.

Il ne lui reste donc plus d'argent. Il appelle son père au Canada et lui dit :

- Papa, j'ai découvert quelque chose d'extraordinaire en France à la Sorbonne : j'ai rencontré un chien qui parle le français aussi bien que toi et moi. Envoie-moi 10 000 $ pour que je le fasse connaître à la télévision. On va devenir riches et célèbres.

Le père envoie l'argent et encore une fois, le fils le dépense partout dans les casinos, au Crazy Horse et ailleurs. Il ne lui reste plus d'argent et il rappelle encore son père au Canada :

- Papa, j'ai encore trouvé quelque chose d'extraordinaire : le chien peut parler l'anglais aussi bien que le français. Envoie-moi 10 000 $, je vais le faire connaître en Angleterre. On va être riches.

Le père commence à avoir beaucoup de soupçons, il n'aime pas bien ça mais il lui envoie quand même les 10 000 $. Le fils dépense encore tout son argent aux mêmes endroits. Il ne lui reste plus de sous, mais il n'ose plus rappeler son père pour lui demander une rallonge. Alors il prévient qu'il revient immédiatement en bateau.

Le fils arrive - seul bien entendu - à Montréal.

Le père :

- Alors, où est-il, ce chien ?

- Papa... je vais te raconter, répond le fils. Nous étions sur le pont du bateau et nous discutions ensemble, le chien et moi, quand cet imbécile me dit :

- Au fait ! Ton père ... Est-ce qu'il couche encore avec sa secrétaire ? Je l'ai attrapé, et je l'ai jeté par dessus bord...

- Ah, mon Dieu! Que tu as bien fait !

* * * * * *

C'est un couple de vieux qui discute. Le mari :

- Tu te rappelles lorsque nous nous sommes mariés ? Notre petite boîte à haricots...

- Notre petite boîte à haricots ?

- Oui, rappelle-toi... On avait dit que si l'un de nous trompait l'autre, il mettrait un fayot dans sa propre boîte...

- Ah ben oui, je me le rappelle.

Le mari, tendant sa boîte à la femme :

- Voilà. J'me disais qu'à notre âge, cela n'avait plus d'importance et qu'on pourrait peut-être les ouvrir maintenant.

- Ben, si tu l'dis.

La femme ouvre la boîte de son mari qui dit :
- Trois fayots. Mais cela ne m'a jamais empêché de t'aimer, tu vois. Et maintenant, je peux ouvrir ta boîte ?
La femme va chercher sa boîte et la tend au mari qui l'ouvre.
- Mais elle est vide ! Tu es merveilleuse ! Alors tu ne m'as jamais trompé ?
- Pfff... Et comment tu crois que je t'ai nourri pendant la guerre ?

Et une variante très proche :
Alors qu'il cherchait sa carte d'électeur au fond de la penderie, un paysan tombe sur une boîte à cigares contenant trois pépins de citrouille et trois billets de 500 francs. Lorsque sa femme rentre du marché, il lui demande à quoi ces graines de citrouille et cet argent correspondent.
Prise au dépourvu, et engourdie sous les remords d'un lourd fardeau qui lui pesait sur les reins depuis trop longtemps (pfff...), sa femme lui avoue :
- Mon chéri, il faut que tu sois indulgent... Pendant toutes nos années de mariage, j'ai rencontré beaucoup de gens en faisant les marchés, et je dois te l'avouer, je t'ai été infidèle parfois. Et pour qu'il reste une trace de ces infidélités, j'ai décidé qu'à chaque fois que je te trompais, je mettrais une graine de citrouille dans cette boîte à cigares...
Le paysan, loin de faire un scène à sa femme, reconnaît que, lui non plus n'a pas toujours été très fidèle. Du coup, il pardonne volontiers les écarts de sa femme.
Mais une autre question trotte dans la tête du brave homme :
- Dis-moi... Les graines de citrouille, d'accord, mais les 1500 francs, à quoi ils correspondent ?
Alors sa femme répond :
- Eh bien, quand les graines de citrouille valent dans les 500 francs la livre, je les vends...

* * * * * *

C'est l'histoire d'un marin servant sur un porte-avion qui rentre à la maison après six mois passés sous la mer en mission. Naturellement, après une si longue absence, le marin est excité comme pas possible. A peine rentré, il saute sur sa femme pour entamer une partie de «ça va, ça vient» exceptionnelle... Tout à coup, un courant d'air fait claquer une porte quelque part dans la maison !
Alors le mari lance :

- Oh non ! Ça doit être ton mari qui rentre à la maison !!
Et sa femme lui répond :
- Ne t'inquiète pas, il est en mer pour six mois...

******

Un homme va consulter une voyante.
Voyante : - Je vois... Je vois... Je vois que vous avez deux enfants.
Homme : - Ça, c'est ce que vous croyez ! J'ai trois enfants, Madame.
Voyante : - Ça, c'est ce que VOUS croyez !

******

Monsieur Martin rentre chez lui à l'improviste et découvre sa femme au lit avec son meilleur ami :
- Jean, ça alors... moi, j'y suis obligé, mais toi ??

******

Le juge à l'accusé :
- Vous êtes reconnu NON coupable de l'accusation de bigamie qui pesait contre vous. Vous pouvez retourner avec votre épouse.
Alors l'accusé de répondre :
- Laquelle, votre Honneur ?

******

C'est un couple sans problème qui roupille. Il est près de deux heures du matin, et ils sont plongés dans un profond sommeil peuplé de rêves quand tout à coup la femme, qui devait faire un cauchemar, s'écrie :
- Ciel ! Mon mari !!!
Alors, son époux endormi, pris de panique, saute du lit et s'enferme dans le placard.

COMME ÇA, SI TON MARI S'AMÈNE, IL AURA UNE SACRÉE SURPRISE !
FRAPAR.

Blagues sur l'inceste

C'est le petit frère qui entre dans la salle de bains où se lave sa grande sœur. Il s'approche de la douche et dit :

- Tu me montres tes seins ?

- Ça va pas non, barre-toi, petit con !

- Si tu ne me les montres pas, je dirai à papa que tu as piqué du fric dans son portefeuille, et elle finit par les montrer.

- Tu me montres ton sexe ?

- Ha ! Non, les seins, c'est une chose, mais ça, non !

- Si tu ne me le montres pas je dirai à papa que tu lui as piqué sa voiture hier soir, et elle finit par lui montrer.

- Je peux toucher ?

- Ha ! Non, te montrer c'est une chose, mais ça, non !

- Si tu ne me laisses pas toucher, je dirai à papa que tu as fait dormir ton copain à la maison hier soir, et elle finit par lui laisser toucher.

Le gamin excité dit alors :

- On baise ?

- Ça va pas la tête ! réplique la frangine.

- Si tu veux pas, je dirai à papa que ton copain a piqué ses fringues.

Ils baisent et après l'acte, la sœur se retourne vers son frère et lui dit :

- Tu sais que tu baises mieux que papa ?

Et le frère répond :

- Ouais, je sais, maman me l'a déjà dit !!!

* * * * * *

Un gars d'une région bien reculée française (mais c'est possible avec un autre pays) comme le Cantal (j'aurais pu citer un autre département), amène sa fiancée chez ses parents pour la première fois. Après un moment, le père prend son fils à l'écart pour en savoir un peu plus long sur sa future belle-fille :

- Oh ! elle est formidable papa ! dit le fils. Elle est intelligente, drôle, vraiment jolie : en fait elle est tout ce dont j'ai toujours rêvé chez une femme. Et la cerise sur le gâteau : elle est encore vierge !

- Alors là, fils, je t'arrête. Tu devrais réfléchir encore un peu : si elle n'est pas assez bonne pour sa propre famille, qu'est-ce qui te fait croire qu'elle sera assez bonne pour la nôtre ?

* * * * * *

C'est l'hiver dans les Alpes. Une véritable tempête de neige a forcé deux cousins (un garçon et une fille) à passer la nuit dans le même lit. Les voilà qui se couchent.

La fille trouve son cousin plutôt bien fait, et comme elle est assez délurée, elle lui dit :

- Ce côté du lit ne me convient pas. Tu veux bien me laisser l'autre côté ? Tu n'as qu'à me passer par dessus pendant que je glisse par dessous...

Mais son cousin lui répond :

- Non, ça va aller... Et il sort du lit, se lève, fait le tour, et va se coucher de l'autre côté.

Maintenant, la cousine est encore plus en rut qu'avant et elle dit :

- Finalement, je préférais l'autre côté. Pourquoi est-ce que tu ne me PASSERAIS pas PAR DESSUS pendant que je glisse de l'autre côté ?

Mais le cousin répond encore :

- Non, ça va aller, je vais faire le tour... il sort du lit, se lève, et va se coucher de l'autre côté.

Alors la fille qui n'en peut plus, lui dit :

- Ah, c'est pas vrai ça ! Tu ne comprends donc pas ce que je veux ?!

Et le cousin répond :

- Bien sûr que si, j'ai compris ! Tu veux ce putain de lit pour toi toute seule, mais n'y compte pas !

Blagues en famille

Un garçon demande à son père :

- Papa, je dois faire un exposé à l'école, est-ce que je peux te poser quelques questions ?

- Oui, bien sûr, je t'écoute.

- C'est quoi, la politique ?

Le père réfléchit un peu, puis se lance :

- Eh bien voilà. Prenons comme exemple notre foyer. Je suis un salarié, je gagne de l'argent : appelons-moi «le capitalisme». Ta mère, c'est l'administrateur des biens, appelons-la «le gouvernement». Nous devons nous occuper de toi et pourvoir à tes besoins, donc toi tu es «le peuple». Appelons la bonne «la classe ouvrière», et ta petite sœur qui n'a qu'un an, «le futur». Est-ce que c'est plus clair maintenant ?

Le petit réfléchit et dit :

- Je ne suis pas très sûr, mais je vais y réfléchir.

Cette nuit-là, réveillé par les cris de sa petite sœur, le garçon va voir ce qui ne va pas. Découvrant que sa jeune sœur a sérieusement rempli ses couches, le petit se rend dans la chambre de ses parents. Voyant que sa mère est profondément endormie, il se dirige vers la chambre de la bonne où, à travers le trou de serrure, il voit son père en train de sauter la jeune employée.

Le petit est tellement dégoûté par ce qu'il a vu qu'il retourne dans sa chambre et se recouche.

Le lendemain matin, le petit va voir son père :

- Ça y papa, maintenant je crois avoir compris ce que c'est que la politique.

- Très bien, fiston ! Raconte-moi maintenant dans ton propre langage.

- Eh bien, pendant que le Capitalisme encule la Classe Ouvrière, le Gouvernement roupille, le Peuple est complètement ignoré, et le Futur est dans la merde.

* * * * * *

Au jardin public, une petite fille est très occupée à faire un château de sable. Passe un petit garçon tout nu. La fillette l'aperçoit et, intriguée, demande à sa mère :

- Maman, maman !!! c'est quoi ce qu'il a sous le ventre, le petit garçon ?

Embarrassée, la mère répond :

- Heu... c'est un sifflet.

Une demi-heure plus tard, la petite fille, qui était repartie jouer, revient en courant vers maman :

- Maman, maman !!! Le sifflet du petit garçon ...!
- Eh bien quoi ? demande la mère.
- Il ne siffle pas ! termine la petite fille.

* * * * * *

Une petite fille prend un bain avec son frère. Très triste, elle demande à sa maman :

- Dis, maman, pourquoi je n'ai pas de zizi, moi aussi j'en voudrais un comme mon frère...

Et la maman de répondre :

- T'inquiète pas, tu en auras autant que tu voudras quand tu seras grande.

Et la variante :

- T'inquiète pas, quand tu seras grande, si tu es sage tu en auras un, et si tu n'es pas sage, tu en auras plusieurs.

* * * * * *

Une jeune fille gémit, langoureusement étendue dans le lit d'un play-boy :

- Si ma mère me voyait, qu'est-ce qu'elle dirait ?...
- Elle dirait qu'une fille bien élevée ne parle pas la bouche pleine !

* * * * * *

Un homme téléphone à son collègue. C'est le jeune fils de trois ans qui répond :

- Allô (tout bas).
- Bonjour, est-ce que ton papa est là ?
- Voui (tout bas).
- Puis-je lui parler ?
- Non (tout bas).
- Pourquoi ?
- Il est occupé (tout bas).
- Y a-t-il d'autres personnes ?
- Voui (tout bas).
- Qui ?
- Ma mère (tout bas).

- Puis-je lui parler ?
- Non (tout bas).
- Pourquoi ?
- Elle est occupée (tout bas).
- Mais y a-t-il d'autres personnes dans la maison ?
- Voui (tout bas).
- Qui ?
- La police (tout bas).
- Mais (énervé) puis-je leur parler ?
- Non (tout bas).
- Mais pourquoi ?
- Ils sont occupés (tout bas).
- Mais que font-ils, à la fin ?
- Ils me cherchent (très très bas).

* * * * * *

Une petite fille :
- Dis, Maman, ça s'écrit comment «bite», avec un T ou deux T ??
La Maman :
- Mets-en trois, c'est jamais assez long !!!

* * * * * *

Deux bébés viennent de naître à l'hôpital. L'un dit à l'autre :
- T'es une fille ou un garçon ?
- Je suis une petite fille... et toi ?
- Moi, je ne sais pas !
- Baisse ton drap, je vais te dire ce que tu es.
Il baisse son drap mais :
- Baisse plus bas, je ne vois pas !!!
Il baisse encore plus bas et la petite fille dit :
- Oh, ben t'es un petit garçon, t'as des chaussons bleus !!!

* * * * * *

La maman de Toto, qui passait par la salle de bain, surprend Toto en train de se masturber dans son bain :
- Toto ! Tu ne devrais pas faire ça avec ton zizi !
- Pourquoi ? C'est mon zizi, et je le lave aussi vite que je veux !

* * * * * *

Une jeune fille vient de passer un semestre complet dans un pensionnat pour demoiselles, réputé très strict. La mère et la fille se retrouvent et papotent.

La fille :

- Maman, il faut que je te parle. Je ne suis plus vierge !

La mère :

- Je ne suis pas surprise, tu sais. Je me doutais que cela allait arriver tôt ou tard. J'espère simplement que ça a été une expérience très romantique...

La fille :

- Oh oui, maman ! Les huit premières fois, c'était formidable. Mais à partir de la neuvième, ça a commencé à faire un peu mal.

* * * * * *

C'est une petite fille qui rentre chez elle, et raconte à sa maman que des garçons lui ont demandé d'aller chercher leur ballon accroché à une branche d'arbre.

La maman, ayant compris la ruse des gamins, explique à sa fille :

- Mais c'était pour voir ta culotte, petite idiote !

Sans attendre et d'un air très sérieux, la petite fille réplique :

- T'en fais pas maman, je le savais, c'est pour ça que je l'ai enlevée avant de monter...

* * * * * *

Une petite fille et sa maman sont sur la plage... et un monsieur arrive en maillot de bain. La petite demande à sa maman :

- Qu'est-ce qu'il a, le monsieur, dans son maillot ?

La maman, embêtée, lui répond :

- Son portefeuille.

Alors la petite fille ajoute :

- Eh ben, depuis qu'il te regarde, qu'est-ce qu'il fait comme économies !

* * * * * *

Mon fils m'a demandé ce qu'on devenait après la mort. Je lui ai répondu qu'on était enterré, puis que les vers venaient nous bouffer tout entier. J'aurais peut-être dû lui dire la vérité - que la plupart d'entre nous allaient en enfer et brûlaient pour l'éternité - mais je n'ai pas voulu lui faire peur.

******

Le papa et la maman de Toto se rendent compte que si Toto grandit en taille, son sexe reste minuscule. Ils contactent le pédiatre qui leur conseille de faire manger à Toto beaucoup de tartines.

Le lendemain matin, la maman de Toto se lève la première comme d'habitude et prépare une énorme pile de tartines.

Lorsque Toto descend, elle lui dit :

- Prends les deux tartines en haut de la pile ; toutes les autres sont pour ton père.

******

Lettre d'une jeune fille à ses parents :

Chère maman, cher papa,

Ça fait maintenant trois mois que je suis partie pour la fac. J'ai pris beaucoup de retard pour vous écrire, et je suis désolée de vous avoir négligés. Maintenant, je vais vous mettre au courant. Mais avant de lire la suite, asseyez-vous. Vous ne continuez pas tant que vous n'êtes pas assis, hein ?

Je vais plutôt bien maintenant. La fracture et le traumatisme crânien que j'ai eus en sautant par la fenêtre du dortoir en feu, peu après mon arrivée, sont maintenant presque guéris. Je n'ai passé que deux semaines à l'hôpital, et ma vue est redevenue presque normale. En plus, ces affreuses migraines ne surviennent plus qu'une fois par semaine au maximum.

Heureusement, le pompiste de la station service du coin avait tout vu. C'est lui qui a prévenu les pompiers et appelé l'ambulance. Il est aussi venu me voir à l'hôpital, et comme je ne savais pas où aller avec le dortoir réduit en cendres, il a eu la gentillesse de m'héberger.

En fait, c'est juste une chambre en sous-sol, mais c'est plutôt mignon. C'est un garçon adorable, et nous sommes tombés follement amoureux. On veut se marier. On n'a pas encore choisi la date, mais ce sera avant que ma grossesse ne commence à se voir.

Eh oui, chers parents, je suis enceinte. Je sais à quel point vous avez hâte de devenir grands-parents, et je suis certaine que vous accueillerez le bébé avec tout l'amour et les tendres soins que vous m'avez témoignés quand j'étais petite. La seule chose qui retarde notre union, c'est la petite infection qu'a mon fiancé, et qui nous empêche de passer les analyses prénuptiales. Moi aussi, bêtement, je l'ai attrapée, mais tout ça va vite disparaître avec les injections de pénicilline que je me fais chaque jour.

Je sais que vous accueillerez mon compagnon à bras ouverts dans notre famille. Il est très gentil, et même s'il n'a pas fait beaucoup d'études, il a beaucoup d'ambition. Bien qu'il ne soit pas de la même religion que nous, je connais votre tolérance toujours réaffirmée, et je suis certaine que vous n'attacherez aucune importance au fait que sa peau soit un peu plus foncée que la nôtre. Je suis sûre que vous l'aimerez autant que moi. Ses parents sont eux aussi des gens très bien : il paraît que son père est un célèbre mercenaire dans le village d'Afrique dont il est originaire.

Maintenant que je vous ai mis au courant, il faut que vous sachiez qu'il n'y a pas eu d'incendie du dortoir. Je n'ai ni traumatisme ni fracture du crâne, je ne suis pas allée à l'hôpital, je ne suis pas enceinte, ni même fiancée, je n'ai pas la syphilis et il n'y a pas d'homme bronzé dans ma vie.

C'est juste que j'ai eu un 3/20 en histoire et un 1/20 en sciences, et j'ai voulu vous aider à relativiser les choses.

Je vous embrasse bien fort.

Votre fille.

******

Toute la famille est partie découvrir le Népal en voyage organisé. Alors que maman est restée au bivouac parce qu'elle a les jambes lourdes et en plus elle a ses règles, et tout ça..., papa et le fiston sont partis visiter le monastère voisin où ils assistent à un spectacle incroyable :

Tous les moines sont placés en cercle autour d'un brancard. Sur ce brancard, une très vieille femme, toute ridée, complètement grabataire, est allongée. Tous le monde chante (en diaphonie, enfin en sortant deux tonalités de voix) alors que la pièce est envahie des vapeurs d'encens.

Après une bonne demi-heure de prières, le papa et son fils voient avec incrédulité quelqu'un se relever du brancard. Et ce n'est plus une vieille femme, mais au contraire une jeunesse qui pourrait concurrencer Cindy Crawford !

Alors le père regarde son fils et lui dit :

- Quel dommage qu'on n'ait pas emmené ta mère !

* * * * * *

Maria est une jeune Italienne issue d'une famille où la tradition DOIT être respectée. Du coup, le jour où elle se marie avec Tony, elle est encore vierge. En fait, elle ne sait même pas comment est fait un garçon.

La nuit de noces doit avoir lieu dans une chambre située chez la maman de la mariée.

Maria, le soir venu, confie à sa mère qu'elle a un peu peur de ce qui va advenir. Mais la mamma la rassure en lui disant :

- Ne t'en fais pas, Maria, Tony est un bon garçon. Monte dans la chambre et aie confiance car il prendra soin de toi.

Alors Maria monte dans la chambre nuptiale.

Dans la chambre, Tony est en train d'enlever sa chemise et expose ainsi sa poitrine velue à sa femme.

Maria descend en courant demander à sa mère :

- Maman, maman, Tony a plein de poils sur la poitrine, on dirait un singe !

- Ne t'en fais pas, Maria, tous les bons garçons ont du poil sur la poitrine. Il n'y a que les petits minets qui sont imberbes. Monte rejoindre ton mari maintenant, il va s'occuper de toi.

Alors Maria remonte dans la chambre nuptiale.

Et Tony enlève son pantalon. Maria a peur quand elle constate que son mari a plein de poils sur les jambes. Et ça ne rate pas, la voilà qui redescend l'escalier pour demander à sa mère :

- Maman, maman, Tony a plein de poils sur les jambes, c'est dégoûtant !

- Ne t'en fais pas, Maria, tous les bons garçons ont du poil sur les jambes. Tu dois être fière d'avoir un mari si poilu ! Monte le rejoindre, maintenant, il va s'occuper de toi.

Et Maria remonte dans la chambre pour la troisième fois.

Là, elle voit Tony qui sort un 357 Magnum de son étui, et le pose sur la table de nuit.

Maria, toujours aussi affolée, descend les escaliers quatre à quatre, et bafouille à sa mère :

- Maman, maman, Tony a un gros calibre ! Un ... un ... un machin de trente centimètres au moins !!!

- Reste ici, ma fille ! Maman va s'occuper de ça.

Une variante de celle du dessus :

C'est au tour du dernier fils de la ferme de se marier. Il s'agit du Raymond, qui est un peu demeuré. La mère lui fait ses dernières recommandations :

- Écoute, mon fils, tu montes avec la Christiane, et si tu as des problèmes, tu m'appelles, et je t'aiderai.

- Oui, m'man ! Et il monte. Dans la chambre, sa dulcinée roucoule, roule des yeux, et défait ses bas avec des gestes à faire péter une durit à un moine octogénaire. Mais le Raymond, intimidé, tourne les talons et descend vers sa mère, affolé :

- M'man, m'man, la Christiane elle se met toute nue, on dirait !

- Mais c'est normal, mon fils, on se déshabille toujours pour faire «la Chose». Fais pareil !

Le Raymond remonte, et, un peu honteux, enlève ses frusques. Il se retrouve comme un benêt debout près du lit où la Christiane, dans le plus simple appareil, se tortille comme un ver en susurrant des cochonneries. Le Raymond redescend en courant, et complètement ahuri, annonce à sa mère :

- M'man, ça y est, on est tout nus tous les deux, qu'est-ce que j'fais maint'nant ?

Sa mère, excédée, lui dit :

- Bon Dieu de bois, t'es quand même pas futé ! Maint'nant, tu la montes comme font les bêtes !

Le regard illuminé par un éclair de compréhension, le Raymond remonte l'escalier en courant. Pas de bol, il glisse au premier tournant et se tape le crâne contre la dernière marche : BOUM !

Alors il crie à sa mère :

- M'man, m'man, ça saigne ! Ça saigne !

- C'est normal, lui crie sa mère, continue !

Alors, il se tape le front contre la marche : BOUM ! BOUM ! BOUM ! BOUM !

* * * * * *

C'est un gars, dans un bar. Il a pas mal picolé et il confesse à son copain de beuverie que sa femme ne jouit jamais !

Alors son pote lui dit :

- Écoute bien : ce soir, en rentrant, tu vas te faufiler dans ta chambre. Sans réveiller ta femme, tu vas te glisser entre ses jambes en passant par l'extrémité du lit. À ce moment-là, tu vas la lécher, mais surtout, tu ne t'arrêteras pas, jusqu'à ce qu'elle jouisse, de lui lécher le clitoris ! Je te garantis que même si c'est long à venir, avec cette méthode, ta femme grimpera aux rideaux.

Le soir même, le gars rentre chez lui et décide de tenter le coup. Il passe entre les jambes de sa femme sans la réveiller, et commence à l'entreprendre avec sa langue.

Après dix minutes : rien ne bouge.

Après trente minutes, les crampes commencent à lui bloquer la mâchoire, mais il continue car il VEUT faire jouir sa femme ce soir !

Enfin, après quarante minutes de cunnilingus, sa femme jouit !

Le gars, tout heureux et content de lui, décide d'aller à la cuisine boire une bière (on pourrait ajouter «pour tuer le goût...»).

Arrivé dans la cuisine, il voit sa femme assise à table, une tasse de café à la main. Il lui demande en criant :

- Mais comment as-tu pu descendre de la chambre si rapidement ?!!!

Et sa femme lui répond :

- Chhhhut ! Tu vas réveiller ta mère qui dort en haut !

* * * * * *

La même blague que précédemment, mais avec une chute plus élaborée :

C'est un gars qui rentre sur le coup de minuit, après trois semaines passées en mer sur une plate-forme offshore. Il est assez en manque et, à peine entré dans la maison, il se rue dans la chambre à coucher. Là, il trouve sa femme le nez sous les couvertures. Alors sans chichis ni préliminaires, il se glisse sous les draps et commence à besogner son épouse.

Dix minutes plus tard, sa libido étant satisfaite, le mari descend dans la cuisine pour se faire un sandwich. Mais il est médusé lorsqu'il constate que sa femme est déjà dans la cuisine en train de boire une infusion :

- Comment tu as fait pour descendre de la chambre aussi vite ? On vient juste de faire l'amour, et je suis sorti de la chambre alors que tu étais encore dans le lit !

Sa femme s'écrie :

- Oh mon Dieu, c'est pas vrai ? Tu n'as pas fait ça ? C'est ma mère qui est dans notre chambre ! Elle se plaignait tout à l'heure d'une forte migraine, alors je lui ai conseillé d'aller s'allonger un moment...

Alors la fille court à l'étage, retrouve sa mère dans la chambre, et lui dit :

- Maman, je ne peux pas croire ce qui est arrivé. Pourquoi n'as-tu rien dit ?

Et la belle-mère du type répond :

- Je n'avais pas parlé à cet idiot depuis quinze ans, et ce n'était pas maintenant que j'allais m'y remettre.

* * * * * *

C'est une charmante jeune fille qui se prépare pour aller au bal du quartier. Sa maman l'observe pendant les préparatifs (vous savez, chez les filles, en général ça prend du temps).

La jeune fille a mis sa plus belle robe, mais celle-ci est un peu courte. Par mégarde, elle fait tomber sa boucle d'oreille et se penche pour la ramasser. Oh ! Stupeur ! Sa maman s'aperçoit que sa fille n'a pas mis de culotte !

- Allons, ma petite fille, tu ne vas quand même pas aller au bal sans culotte ??

- Écoute, maman, quand on va au concert on ne met pas de boules Quiès !!!!

* * * * * *

Roger entre au bureau le lundi matin, le visage tout boursouflé d'égratignures multiples, comme s'il s'était bagarré avec son chat, et tombe face à face avec son ami Léo :

- Mon Dieu, Roger, qu'est-ce qui t'est arrivé ?

- M'en parle pas, vieux !...Fin de semaine atroce... inimaginable ! Tout est allé de travers... Pour finir, hier, j'ai enterré ma belle-mère...

- C'est triste, vieux... je compatis... mais dis donc... Qu'est-ce qui t'a arrangé la gueule comme ça ?

- C'est qu'elle ne voulait pas, la salope !!

* * * * * *

Un soir, Charles-Hubert de Plouhanec quitte son pavillon (de six étages) de Neuilly au volant de sa Rolls, pour se rendre dans le petit bar qu'il fréquentait, étant militaire, voilà déjà longtemps. Il cherche son vieux pote Marcel... et le trouve.

- Salut, Marcel !

- Hé ! L'aristo ! Ça fait une paie !

- Ben oui, que veux-tu, dis...

- Ouais. T'as besoin d'un tuyau, hein ?

- Ben oui. Me faudrait une fille, mais alors, très maigre, tu vois ?

- Mouais. Va deux rues derrière le bistrot, et demande la grande Monique, de ma part.

- Merci, vieux !

TCHERNOBYL ?
NON, JE LES AI FAIT CLONER !!
FRAPAR.

Et il suit les indications de Marcel. Ayant trouvé Monique (une perche maigre à faire peur), il lui demande :

- C'est combien ?

- 200, mon loup.

- OK, montez. Et il ouvre la portière.

- Ah non (elle louche sur la bagnole), t'es un richto, toi, et ils sont tous malades, les riches. Moi, je suis une honnête pute, pas de cochonneries, hein !

- Bon, bon. Voilà 200 de plus, et taisez-vous.

Elle monte dans la Rolls, il démarre, et quinze minutes plus tard arrive chez lui.

Monique :

- Oah non, hein, dans ces grandes maisons, il se passe trop de choses. On retourne à mon hôtel, je marche pas !

Il lui donne encore 200 francs, elle se tait et le suit.

La faisant entrer dans le salon (celui où il y a le piano), il appelle la bonne et lui demande :

- Gertrude, faites venir Marie-Louise, je vous prie.

Se retournant vers la grande Monique :

- Et vous, déshabillez-vous !

Monique :

- Beeeh ! Vicelard ! Avec une fille ? Pas mon truc. Je me tire.

Il lui redonne 200 frs : elle se déshabille.

La servante entre alors, avec une petite fille de six ans. La prenant par la main, il s'approche de la grande Monique et lui dit :

- Vous voyez, Marie-Louise, comment vous deviendrez si vous ne mangez pas votre soupe ?

* * * * * *

Demandez-vous si vos parents ne vous aiment pas lorsque...

1. Les jouets dans votre bain étaient un toaster et une radio.
2. Quand vous avez été kidnappé, et que les ravisseurs ont envoyé un doigt à vos parents, votre père a demandé plus de preuves.
3. Votre mère vous a dit qu'elle vous considérait juste comme un bon ami.
4. Votre mère avait des malaises le matin après votre naissance.
5. Vous deviez faire des pâtés dans la litière du chat.

6.Vos parents vous ont dit d'aller dire au revoir à votre oncle juste au moment où il s'est assis sur la chaise électrique.

7. L'os préféré du chien était votre radius.

8. Quand vous avez demandé à un policier s'il pouvait vous aider à les retrouver, il a soupiré : «Il y a tant d'endroits où ils peuvent se cacher...»

9. Quand vous avez menacé de vous jeter par la fenêtre et qu'ils ont appelé un prêtre pour vous parler, il a dit : «A vos marques...»

10.Ils vous ont fait poser bébé sur une publicité pour le contrôle des naissances.

11.Ils embrassaient le chien sur la bouche, mais ne buvaient pas dans votre verre.

12. Le jour où vos vêtements ont pris feu, ils ont essayé de les éteindre avec de l'essence.

* * * * * *

C'est un papa qui est en train de faire l'éducation sexuelle de son gamin. Il lui parle des préservatifs et lui montre même plusieurs exemplaires.

Le fils demande :

- Papa, ceux qui sont vendus à l'unité, c'est pour quoi faire ?
- Ceux-là, ce sont plutôt pour les jeunes qui sortent en boîte le samedi soir.
- Et ceux qui sont vendus par trois, papa ?
- Ceux-là sont plutôt pour les étudiants lorsqu'ils rentrent le week-end. Il y en a un pour le vendredi, un pour le samedi, et un pour le dimanche.
- Et cette boîte-ci, qui en contient 12, à qui sert-elle ?
- Ah celle-ci, c'est pour les couples mariés : janvier, février, mars...

* * * * * *

Une dame qui, après trente ans de vie commune, a empoisonné son mari en mettant de l'arsenic dans son café, est interrogée par le Procureur lors de son procès :

- Mais enfin, Madame, lorsque vous avez commis votre crime, vous n'avez jamais éprouvé de pitié pour votre mari ?

L'accusée lui répond :

- En fait, si. Quand il m'a demandé de lui resservir une tasse.

* * * * * *

C'est un avocat qui défend son client souhaitant obtenir la garde de son enfant, et qui dit au juge :

- Monsieur le Juge, quand vous mettez une pièce dans la fente d'un distributeur de canettes, à qui est la canette ? À vous, ou au distributeur ?

- À moi, bien sûr ! répond le Juge.

- Donc, l'enfant appartient bien à mon client...

* * * * * *

C'est Johnny qui a sa petite-fille en vacances. Elle écrit à sa maman :

«Patati patata (déjà petites elles ressemblent à leur mère) repatati repatata... Nous avons fait une promenade sur le bateau de papy Johnny... Patati patata...»

À ce moment, Johnny intervient :

- Aqueu c'est pas un bateau, ma petite chérie, c'est un yacht !

- Ah bon !

La petite corrige sa lettre et demande :

- Et comment ça s'écrit, «yacht» ?

- Aqueu finalement tu as peut-être raison : c'est un bateau.

* * * * * *

Un gamin va voir sa mère accompagné de sa petite copine.

- Hein maman, que quand on a notre âge, on peut pas avoir d'enfants, hein m'man ?

- Mais non, mon cœur, vous êtes trop jeunes pour ça ! répond la mère en souriant.

Alors en se retournant vers sa petite camarade :

- Tu vois, je te l'avais bien dit, c'était pas la peine que je me retire...

* * * * * *

Un gars à un autre :

- Ma femme parle tellement que l'hiver dernier, quand on est allés passer deux semaines à Cuba, elle est rentrée au pays avec un coup de soleil sur la langue.

* * * * * *

C'est l'histoire d'un couple plus tout jeune. Ça fait bien deux ou trois ans que le mari n'a pas touché sa femme, qui désespère. Un jour, il rentre du boulot et s'adresse à elle :

- Monte tout de suite dans la chambre !!!

Depuis tout ce temps, elle n'espérait plus, enfin aujourd'hui, tout a l'air de changer. Elle obéit et monte immédiatement.

Son mari la rejoint et lui dit :

- Déshabille-toi !!!

Elle pense :

- Enfin, il s'est décidé !

Le mari :

- Fais le poirier devant le miroir !!!

La femme, impatiente :

- Oui, chéri.

Le mari :

- Écarte les jambes !

La femme, complètement excitée :

- Tout de suite, chéri.

Sur ce, le mari pose son menton entre les jambes de sa femme, se regarde dans le miroir, et dit :

- Les copains ont raison, ça m'irait bien la barbe.

* * * * * *

Quelle est la différence entre une plaque de chocolat et une belle-mère ?

- La plaque de chocolat constipe, et la belle-mère fait chier.

* * * * * *

Il haïssait tellement sa belle-mère qu'il a fait écrire sur sa tombe :

«R.I.P. R.I.P. R.I.P. HOURRA !!!!»

* * * * * *

Le pharmacien au client :

- Ah non, Monsieur, je ne peux pas vous donner de l'arsenic comme ça : il vous faut une ordonnance !

- Et si je vous montre la photo de ma belle-mère, ça va ?

* * * * * *

Une mère à sa fille :

- Ton fiancé n'est vraiment pas malin : ça sera délicieux d'être sa belle-mère.

******

Un mari et sa femme font les courses ensemble un samedi après-midi :

- Chéri, c'est l'anniversaire de ma mère, demain. Si on lui achetait un appareil électrique ?

- Bonne idée. Qu'est-ce que tu penses d'une chaise ?

******

Deux amis se rencontrent sur le parking du vétérinaire :

- J'emmène mon chien chez le véto parce qu'il a mordu ma belle-mère.

- Ah bon, tu ne vas quand même pas le faire euthanasier ?

- Non, tu rigoles... Je viens pour lui faire aiguiser les dents !

Variante :

Deux amis se rencontrent sur le parking du vétérinaire :

- J'emmène mon chien chez le véto parce qu'il a mordu ma belle-mère.

- Ah bon, tu ne vas quand même pas le faire euthanasier ?

- Non, c'est pour que le véto lui injecte un sérum contre la rage.

******

- Ma belle-mère a été mordue par un chien errant hier dans la rue !

- Oh ! c'est terrible !

- Oui, tu aurais dû voir ce pauvre chien mourir dans d'atroces convulsions !

******

- Ma belle-mère s'est fait mordre par un chien hier !

- Ah ouais ? Et comment va-t-elle ?

- Elle, ça va. Mais le chien est mort.

******

Un notable vient d'être accepté au Rotary. Le Président lui demande :

- Nous faisons une collecte pour la maison de retraite en ce moment. Peut-être pourriez-vous donner quelque chose afin de marquer d'une pierre blanche votre adhésion ?

- Mais bien sûr. Je vais tout de suite vous chercher ma belle-mère.

******

La femme :

- Oh dis donc, chéri, cet après-midi il est arrivé quelque chose d'incroyable : la grosse pendule du salon est tombée par terre. Un peu plus tôt, maman l'aurait reçue sur la tête !

- Cette horloge a toujours eu du retard... Comme c'est dommage !

* * * * * *

Derrière chaque homme qui a réussi, on trouve une femme dévouée, et une belle-mère incrédule.

* * * * * *

Adam et Eve formaient le couple le plus heureux et le plus chanceux de la terre : ni l'un ni l'autre n'avait de belle-mère.

* * * * * *

Au zoo :

- Monsieur, votre belle-mère est tombée dans le bassin des crocodiles !

- Ce sont VOS crocodiles, alors vous n'avez qu'à les sauver vous-même.

* * * * * *

Est-ce qu'on peut tuer sa belle-mère avec un journal ?

- Oui, si le journal enveloppe un fer à repasser.

* * * * * *

Un père à son fils :

- Écoute, fiston, tu as 16 ans, il faut qu'on parle des filles.

- Qu'est-ce tu veux savoir, P'pa ?

* * * * * *

Un homme et une très belle femme dînent dans un grand restaurant. Soudain, l'homme se laisse glisser très doucement sous la table, alors que la femme fait comme si de rien n'était.

Intrigué, le maître d'hôtel s'avance jusqu'à la table et dit à la dame :

- Je vous prie de m'excuser, mais votre mari vient de glisser sous la table. Est-ce que tout va bien ?

La femme lui répond :

- Non, mon mari ne vient pas de glisser sous la table... Mon mari vient d'entrer dans le restaurant.

Blagues sur les femmes

Un sergent instructeur demande à ses hommes :
- Vous roulez en Jeep, un hélicoptère vous pourchasse, que faites-vous ?
Le premier répond :
- Je m'arrête et je me cache dans un buisson.
Réponse du sergent :
- Ouais, pas mal. Et toi, qu'est-ce que tu fais ?
Le deuxième répond :
- Moi, je me cache sous la Jeep.
Réponse du sergent :
- Ouais, c'est moins bien ça. Et toi, qu'est-ce que tu fais ?
Et le dernier dit :
- Moi, je fais comme les femmes : je mets le clignotant à droite, et je tourne à gauche.

* * * * * *

Monsieur, si vous étiez mon mari, je verserais du poison dans votre verre.
Lady Astor à Winston Churchill.

Madame, si vous étiez ma femme, je le boirais.
Winston Churchill à Lady Astor.

* * * * * *

Le même Winston à une Anglaise de très bonne famille qui venait de lui reprocher son état d'ébriété :
- Oui, mais moi Madame, demain je serai à jeun et vous, vous serez toujours aussi moche.

* * * * * *

- Aimer les femmes intelligentes est un plaisir de pédéraste.
Baudelaire.

* * * * * *

Qu'est-ce qui est pire qu'un sale macho misogyne ?
- Une bonne femme qui n'obéit pas quand son mari lui donne un ordre.

******

C'est Robert qui dit à son pote Roger :

- Je ne suis pas encore prêt pour me marier. Il faudra que ma femme ait quelques qualités : elle devra être une ménagère économe à la cuisine, une bonne maîtresse de maison quand nous recevrons des amis, et au lit, elle devra mettre le feu tous les soirs !

Quelques années plus tard, Robert s'est enfin marié ; les deux amis se retrouvent devant un verre :

- Alors Robert, finalement ça y est, tu t'es marié ?!
- Eh ouais, je me suis laissé attraper !
- Et alors, ta femme a toutes les qualités que tu recherchais ?
- Pas exactement. Disons que toutes les qualités y sont, mais pas dans l'ordre que j'espérais : ma femme brûle tout ce qu'elle prépare à manger à la cuisine, elle est une bonne maîtresse de maison quand nous recevons des amis, mais le pire, c'est qu'au lit, elle est très économe.

******

Quel est l'autre nom pour le majeur (le doigt) ?

- Whiskas, parce que c'est pour les chattes difficiles.

******

Combien de temps ça prend à une femme qui a ses règles pour visser une ampoule ?

(En criant) : «ÇA PRENDRA LE TEMPS QUE ÇA PRENDRA !»

******

Comment appelle-t-on une femme intelligente ?

- Un travesti.

******

Pourquoi y a-t-il de moins en moins de femmes qui portent des manteaux de cuir ?

- Parce qu'elles se sont aperçu que ça ne servait à rien d'enlever la peau d'une vache pour la remettre sur une autre.

******

Dieu créa l'homme et, ne le trouvant pas assez seul, il lui donna une compagne pour lui faire mieux sentir sa solitude.
Paul Valéry.

******

La femme est, selon la Bible, la dernière chose que Dieu a faite. Il a dû la faire le samedi soir, on sent la fatigue.
Alexandre Dumas fils.

******

Les femmes ne suivent pas les mauvais conseils... Elles les précèdent.
Abel Hermant.

******

Il aurait été récemment prouvé que la bière contiendrait des hormones féminines... Ce qui fait qu'après dix bières, un homme ne sait plus conduire !
Une autre preuve : un homme, un vrai, après avoir bu cinq litres de bière :
- ne raconte que des conneries ;
- ne fait que se planter en voiture.

******

Quelle est la différence entre une femme et une tortue ?
- Aucune, il suffit de les retourner pour qu'elles remuent les jambes.

******

Il ne faut pas juger une femme sur ce qu'elle dit, ce serait vraiment trop injuste pour elle.

******

Pourquoi les femmes portent-elles une robe blanche le jour de leur mariage ?
- Pour aller avec le lave-vaisselle, la cuisinière, le réfrigérateur, le lave-linge etc...

******

Qu'est-ce qu'une fille gentille ?
... C'est un fille qui suce.
Qu'est-ce qu'une fille très gentille ?

... C'est une fille qui suce et qui avale.

Qu'est-ce qu'une fille très, très gentille ?

... C'est une fille qui suce, qui avale et qui se casse.

* * * * * *

Dialogue entre deux potes :

- Tu devrais rencontrer ma femme. Elle est médium et me dit l'avenir.

- Ben... T'as de la chance, la mienne est extra large et ne me dit plus rien.

* * * * * *

Pourquoi les femmes de 40 ans aiment-elles autant faire l'amour ?

- Parce qu'elles ont toujours l'impression que c'est la dernière fois...

* * * * * *

Quel est l'animal le plus dur à tuer ?

- La femme. Deux balles au cul, une décharge dans le ventre, et elle gigote toujours.

* * * * * *

Pourquoi les hommes sont-ils souvent au-dessus pendant l'amour ?

- T'as déjà essayé de remplir une gourde à l'envers, toi ?

* * * * * *

Comment appelle-t-on un homme qui dit des cochonneries à une femme qu'il ne connaît pas ?

- Du harcèlement sexuel.

Comment appelle-t-on une femme qui dit des cochonneries à un homme qu'elle ne connaît pas ?

- Du 08 36 70 69 69 (15 francs la minute).

* * * * * *

Dieu a fait l'homme si complet qu'il lui a fallu mettre les organes génitaux à l'extérieur.

Pour la femme, il y avait de la place.

* * * * * *

MON SAUVEUR, ENFIN!
CHIC! UNE BOUÉE!!
FRAPAR.

Pourquoi la Statue de la Liberté est-elle une femme ?
- Ils avaient besoin que la tête soit vide pour y faire un restaurant.

* * * * * *

Pourquoi a-t-on accordé le droit de vote aux femmes ?
- Pour que les voix des hommes mariés comptent double.

* * * * * *

Quelques questions que les femmes ne devraient jamais poser :
- À quoi tu penses ?
- Est-ce que tu m'aimes ?
- Tu me trouves grosse ?
- Est-ce qu'elle est mieux que moi ?
- Qu'est-ce que tu ferais si je mourrais ?

* * * * * *

Pourquoi Dieu a-t-il créé l'homme 10 minutes avant la femme ?
- Pour qu'il ait l'occasion d'en placer une.

* * * * * *

Pourquoi les femmes ont-elles le cerveau gros comme un pois chiche au réveil ?
- Parce qu'il gonfle pendant la nuit.

* * * * * *

Comment sait-on qu'une femme s'est servie de l'ordinateur ?
- À l'odeur du joystick.

* * * * * *

Pourquoi les femmes ne pissent-elles pas debout ?
- Parce que ce sont elles qui lavent les chiottes !!

* * * * * *

Qu'est-ce que les femmes et les préservatifs ont en commun ?
- Ils passent tous les deux trop de temps dans votre portefeuille et pas assez sur votre bite !

******

Les curés sont consolés de ne pas être mariés quand ils entendent les femmes se confesser.

******

Qu'est-ce qu'une femme fidèle ?
- C'est une femme qui s'acharne sur un seul homme.

******

Quelle est la différence entre une femme fidèle et une infidèle ?
- La première a des remords, l'autre des regrets.

******

Il n'y a pas de femmes fidèles, il n'y a que des femmes non sollicitées.

******

Quel est le point commun entre une femme et un imperméable ?
- Dès que ça mouille, il faut les enfiler.

******

La différence entre une femme et une batterie ?
- La batterie a un côté positif.

******

Comment différencier un sumotori d'une féministe ?
- Le sumotori se rase les jambes.

******

Une femme qui se croit intelligente réclame les mêmes droits que l'homme. Une femme intelligente y renonce.
Colette.

******

Quand une femme se tait, c'est qu'elle va dire quelque chose.
Anonyme.

******

Aucune femme ne se marie pour l'argent : elles sont toutes assez intelligentes pour tomber amoureuses d'un millionnaire avant de l'épouser.

Cesare Pavese.

* * * * * *

Trois choses insupportables : le café brûlant, le champagne tiède, et les femmes froides.

Orson Welles.

* * * * * *

Les hommes ont une vie plus agréable que les femmes. Premièrement, ils se marient plus tard et, deuxièmement, ils meurent plus tôt.

H.L. Mencken.

* * * * * *

Ce n'est pas vrai que les hommes mariés vivent plus longtemps. Ça semble seulement plus long.

Anonyme.

* * * * * *

Si les hommes deviennent chauves, c'est à cause de l'intense activité de leur cerveau.

C'est pour la même raison que les femmes n'ont pas de barbe...

Blagues «gores»

Pourquoi les myopathes ont-ils rarement le permis de conduire ?
Parce qu'ils atteignent rarement 18 ans.

******

Qu'est-ce qui a quatre pattes et un bras ?
Un Doberman dans un jardin d'enfants...
(existe aussi en version Pitbull)

******

Qu'est-ce qu'on obtient en croisant un Pitbull et un mouton ?
- Un Pitbull avec de la laine entre les dents.

******

Ce sont deux frères au soir de Noël. Le premier enfant a une montagne de cadeaux, alors que le deuxième n'a qu'un seul jouet. Le premier dit à son frère d'un air moqueur :

- T'es pas dégoûté que j'aie autant de cadeaux, et que toi tu n'en aies qu'un seul ??

Le deuxième lui répond :

- Moi je m'en fous j'ai pas le cancer !

******

Un gamin, cul-de-jatte et manchot, fête son anniversaire. Tout impatient de voir son cadeau, il demande et redemande à sa mère :

- Maman ! Maman ! ouvre-moi mon cadeau...

La mère ouvre enfin le cadeau, et le gamin s'exclame :

- Oh nooon, encore un chapeau...

******

Un gars rentre du travail et trouve sa petite amie en train de faire ses valises :

- Et où tu vas comme ça, bon sang ??!?

Elle répond :

- Je te quitte.
- Tu me quittes ?? Et pourquoi, s'il te plaît ??
- Parce que tu es un pédophile !

Le gars répond :

- Pédophile ?! Où as-tu donc pu apprendre un mot pareil à 9 ans ?

* * * * * *

Vous vous souvenez de l'accident d'hélicoptère de Thierry Sabine et Daniel Balavoine ?

Avec les débris, les gens de là-bas ont construit une machine agricole : devant, ça bine et derrière, ça bat l'avoine.

* * * * * *

Comment appelle-t-on un enfant qui tue son père et sa mère ?

- Un orphelin.

* * * * * *

C'est une petite fille qui va donner son sang au centre de transfusion. L'infirmière lui demande :

- Alors ma petite, tu es venue donner ton sang ?

- Oui, Madame.

L'infirmière lui fait la prise de sang, puis lui donne un petit sandwich au thon.

La petite, en mangeant son casse-dalle, regarde dans la pièce à côté. Elle y voit des hommes qui se bâfrent au milieu d'innombrables plats de charcuterie, de canapés et de pâtisseries.

- Madame, pourquoi eux y z'ont plein à manger et pas moi ?

- Tu vois, ma petite, eux ce sont des donneurs de sperme et comme c'est pas facile d'en avoir, on essaye de les attirer en leur offrant une nourriture abondante, tu comprends ?

- Oui, Madame.

Deux semaines après, la petite revient au centre.

- Alors ma petite, tu es revenue donner ton sang ? C'est bien !

- Hummm Hummm (dit la petite en faisant non de la tête et en fermant bien la bouche).

* * * * * *

Quelle est la différence entre une salope et une grosse salope ?

La salope suce et se fait enculer, alors que la grosse salope se fait enculer puis elle suce...

* * * * * *

Savez-vous comment on appelle le sexe de Michael Jackson ???
- Vérité !
Car la vérité sort toujours de la bouche des enfants...

* * * * * *

Dernière production d'Hollywood, avec Michael Jackson en vedette :
«Chérie, j'ai élargi les gosses !»

* * * * * *

C'est Michael Jackson qui va voir son bébé à l'hôpital. A la vue du nouveau-né, Michael pousse un grand cri :
- AAAAHHHHHHH, MAIS IL EST TOUT NOIR !!!!!
Le médecin pour le réconforter :
- Oui, mais c'est un petit garçon, Michael...

* * * * * *

La femme de Michael Jackson vient de mettre au monde le fils de M.J. Michael demande au médecin :

- Doc', combien de temps dois-je attendre avant de reprendre les rapports sexuels ?

L'accoucheur :

- Attendez que le petit ait dix ou douze ans...

* * * * * *

Vous savez ce qui est noir (enfin, plutôt gris en fait), qui mesure cinq centimètres, et qui est dans le slip des petits garçons ?

- Le doigt de Michael Jackson.

* * * * * *

Quelle est la différence entre les boutons d'acné et Michael Jackson ?
- L'acné «vient» sur votre visage APRÈS la puberté.
(to come = éjaculer et venir en anglais).

* * * * * *

Quelle est la différence entre Michael Jackson et Cher ?
- Deux cicatrices !!!!!

******

Qu'est-ce que Michael Jackson et le Père Noël ont en commun ?
- Tous les deux vident leurs sacs dans les chambres des petits enfants.

******

Deux clochards discutent :
- Putain ...! Tes pieds sont plus crados que les miens !
- C'est normal, j'suis plus vieux qu'toi.

******

Deux hommes et une femme sont des naufragés qui ont eu la chance de pouvoir atteindre à la nage une île déserte. Malheureusement, la femme meurt d'épuisement sur la plage.

Les hommes, se sentant seuls, laissent libre cours à leurs pulsions les plus bestiales et en profitent pour se taper la morte.

Bien qu'ils la mettent au frais tous les soirs, au bout d'une semaine, sous l'action conjuguée des remords et de l'odeur, le premier dit à l'autre :
- Ça ne peut plus durer, personne ne pourrait supporter cela, enterrons-la.

Et ils l'enterrent.

Une semaine plus tard, le second dit à l'autre :
- Ça ne peut plus durer, personne ne pourrait supporter cela : déterrons-la !

******

C'est deux gars qui se racontent ce qu'ils ont fait le week-end.

Le premier dit au second :

- Ben moi, je me suis baladé le long de la voix ferrée... et j'ai rencontré une fille superbe couchée sur les rails. Je l'ai ramenée à la maison, et franchement, ça a été le meilleur coup de ma vie. Et ça a duré tout le week-end.

Alors l'autre gars lui demande :
- Oh dis donc, et elle faisait bien les fellations ?

Et le premier répond :
- J'ai pas pu essayer ça... J'ai pas retrouvé sa tête sur les rails.

******

C'est un gamin qui revient de l'école avec son bulletin de notes. Il a 20/20 partout sauf en lecture où il a 19 1/2. Son père est furieux, il le tabasse et lui ordonne d'avoir 20 partout au trimestre suivant.

Deuxième trimestre : idem.

Alors le père frappe son fils tous les soirs, il lui fait travailler la lecture jusqu'à minuit pendant tout le trimestre, le gosse est épuisé et couvert de bleus.

Troisième trimestre : idem.

Le père devient fou (il l'était déjà un peu, non ?), il décroche son fusil, vise son fils... A ce moment, la mère intervient et lui dit :

-Arrête, Robert (il s'appelle Robert) tu sais bien que c'est difficile de lire le braille avec un crochet !

* * * * * *

Dans sa maison, une femme est débordée de travail : elle fait le ménage de la cave au grenier, lave le linge, la vaisselle, bref, elle fait plein de trucs, pendant que son mari est vautré dans son canapé, en matant la télé et en buvant une bière.

Comme elle veut faire prendre le bain au bébé, mais qu'elle est trop occupée, elle demande à son mari s'il veut bien le faire à sa place. Le mari se lève, grognon, en lâchant un :

- Groumph ! J'ai sorti les poubelles il y a trois jours !

Mais bon, comme sa femme insiste, il y va.

Elle passe l'aspirateur dans la cave, et malgré le bruit , elle entend un puissant cri du bébé.

Elle remonte à toute vitesse, va à la salle de bain, et que voit-elle ? Son mari tient le bébé par le pied droit, la tête du petit trempe dans l'eau du bain et il déplace le nourrisson de long en large dans la baignoire.

La femme prend le bébé et dit à son mari :

- Qu'est-ce qui te prend ? Un bébé, ça se prend dans les bras et on plonge le petit dans la baignoire, en le tenant toujours dans ses bras.

Et le mari gueule :

- Non mais t'es pas folle ? Je veux pas me brûler !

* * * * * *

Un nouveau service Minitel vient d'être créé :

Tapez 3615 PARKINSON... si vous pouvez...

******

C'est un homme qui n'a qu'une heure pour manger et se retrouve dans un restaurant italien. Comme le restaurant est plein, le serveur lui demande de patienter. Une demi-heure passe et l'homme commence à se demander si finalement, il mangera quelque chose.

Il aperçoit alors à une table un homme, plongé dans son journal, devant un plat de spaghettis à la bolognaise, fumant... L'homme s'installe discrètement en face du lecteur, et dévore les pâtes d'une traite. C'est à ce moment qu'au fond du plat, il découvre un peigne, ignoble, rempli de vermine. Aussi sec, il vomit dans l'assiette ce qu'il vient d'ingurgiter, puis la repousse discrètement devant le lecteur qui n'a pas bougé. Alors, l'autre baisse son journal et lui dit :

- Vous aussi, le peigne ?

******

Dans un petit fast food de quartier, une vieille dame passe au comptoir et commande un hamburger. Le gars derrière la caisse se retourne et crie vers la cuisine :

- Un hamburger !

Le gars en cuisine crie :

- Et un hamburger, un !

Joignant le geste à la parole, il prend une poignée de viande hachée, la coince sous son aisselle, pompe avec le bras plusieurs fois pour aplatir, et enfin dépose la galette sur le gril.

La vieille femme, qui a vu la scène, dit :

- C'est la chose la plus dégoûtante que j'ai vue de toute ma vie.

Le caissier répond :

- Ah oui ? Alors vous devriez venir le matin quand il prépare les beignets... (Vous savez, les beignets ronds avec un trou au milieu - des doughnuts, quoi).

******

Un passant est accosté par une prostituée, rue Pigalle. Après avoir regardé la fille de bas en haut, l'homme accepte de monter avec elle l'escalier sordide d'un hôtel de dernière catégorie. Arrivé dans la chambre, la lumière allumée, il ne regrette pas de l'avoir suivie. Pour ses yeux, surtout ses magnifiques yeux bleus. Des yeux à faire damner un Saint !

- Je vais te faire le coup de la campagne électorale ! propose-t-elle en se débarrassant de sa jupe et de son pull-over.

- C'est combien ? demande le client.

- 150 francs. Mais ça vaut le coup, crois-moi !

- Ok !

La fille dégrafe son soutien-gorge, baisse son slip, tandis qu'il se déshabille dans son coin :

- Et qu'est-ce que c'est que cette spécialité, le coup de la campagne électorale ? interroge-t-il en lui donnant 150 francs.

- Tu vas voir ! promet-elle.

Ils se couchent, s'enlacent, se chevauchent et font un câlin quatre étoiles durant un bon quart d'heure. Lorsqu'épuisé, il reprend des forces en la contemplant, impudiquement étendue sur le lit, il lui revient en mémoire la proposition insolite de sa compagne et lui demande :

- Alors, tu me le fais, le coup de la campagne électorale ?

La fille retire alors son œil de verre, le pose sur la table de nuit et dit :

- Maintenant, vas-y, bourre-moi le crâne.

Et une variante :

C'est un mec qui va aux putes. Il s'approche d'une pute pas trop moche (ce qui est rare pour une pute, surtout à Paris).

- C'est combien ?

- 400 balles si c'est vite fait, 800 balles et tu me gardes une demi-heure, 1200 balles et je te taille une pipe en chantant la Marseillaise.

- Quoi ? Va pour 1200 balles, il faut que je voie ça !

Arrivés dans la chambre, la fille prévient :

- Ça sera dans le noir, il faut que je garde ma technique secrète... Il y a la concurrence...

- Oui, oui, ok, dit le mec qui avait déjà la gaule.

La fille éteint, se met à genoux, fait ce qu'elle avait à faire, et en même temps chante à tue-tête :

- Allons zenfants de la partriiiiii-iiii-eeeeeeee..

Une fois sa petite affaire terminée, le mec, à la fois ému par ce chant patriotique et subjugué par la performance de la péripatéticienne, lui demande :

- Bon, écoute, je te donne deux mille balles de plus si tu me dis comment tu fais. Je trouve ça trop fort !

- Simple ! répond la pute, j'enlève mon œil de verre...

******

Un Monsieur distingué «monte» avec une dame de petite vertu quelque part du côté de la rue Saint-Denis (Paris, France).

Après les préliminaires qui consistent en la toilette intime du Monsieur, la dame se déshabille et là, ô surprise, le pubis de la dame se révèle lisse, zéro poil...

Déçu, le Monsieur demande :

- Mais vous n'avez pas de poils, là ? En pointant le pubis du doigt.

Et elle de répondre :

- Tu as déjà vu de l'herbe sur une autoroute ?

******

Paf ! ça n'a pas loupé ! Grand carambolage sur l'autoroute ! Ça devait arriver, hein ! Bagnoles, tôles froissées, retournées, secouées, déchirées, bousculées, percutées, lattées, cognées, défoncées, explosées... (respirez). Bref, plein de cadavres... de la chair, des os, des grandes flaques de sang partout ! Beeueueaaahh. (Beeeuaa aussi !)

Les flics arrivent, et tout à coup, un p'tit vieux tout vêtu de noir approche, les yeux injectés de sang, un morceau de sucre (taille 3/4) dans la main, et demande timidement à un policier :

- Dites, eeuuuhh... est-ce que je peux prendre un canard ?

******

Qui est-ce qui volait et qui roule maintenant ?

- Superman.

******

Quelle est la différence entre Super Tomate et Superman ?

- Y'en a au moins un des deux qu'est un légume...

******

La pensée du jour :

Maintenant que Superman est un légume, il va faire de l'ombre au Concombre Masqué.

******

AUSTRALIAN OPEN
!?
FRAPAR.

C'est une blague visuelle...

Qu'est-ce que c'est que ça ?

(Sortez la langue de la bouche, tendez la vers la gauche, puis tendez-la vers la droite, répétez trois fois de suite, puis pour finir, tendez la langue de bas en haut).

- C'est Christopher Reeves qui danse la Macarena.

Et deux variantes sur le même thème :

Prenez un billet de banque (peu importe la coupure) et placez-le sous votre aisselle. Maintenant, prenez ce billet avec les dents et tendez-le bien haut. Regardez-vous dans un miroir... Qu'est-ce que vous êtes ?

- Christopher Reeves dans un bar à strip-tease !

Mettez une balle de tennis sous votre aisselle. Puis soulevez votre aisselle pour laisser tomber la balle.

Qu'est-ce que c'est ?

- Le premier service de Christopher Reeves.

Et c'est toujours une blague visuelle :

Qu'est-ce que c'est que ça ? (Essayez de mordre votre épaule gauche, puis votre épaule droite, en donnant à chaque fois un grand coup de tête).

- C'est Superman qui enfile sa cape.

* * * * * *

Attention elle est hyper dégueu...

Alors... c'est l'histoire de deux clodos (pas des SDF comme il y en a malheureusement de plus en plus, non deux vrais clodos des années 70). Bref, donc deux clodos sont sur le bord de la Seine et il y a un macchabée qui flotte près d'eux . N'ayant rien de mieux à faire, ils prennent une barque et vont le repêcher.

Quand ils le déposent sur la berge, le ventre du macchabée explose exposant un magma de spaghettis, de sang, de boyaux. Vu qu'ils n'ont rien mangé depuis six jours (il n'y avait alors pas encore les Restos du Cœur), ils décident de bouffer les tripes du macchabée. Le premier se met difficilement à table, mais comme il a très faim, il mange tout de même.

Le deuxième clodo ne prenant pas part au repas, son copain lui dit :

- Alors tu ne manges pas ?

Et l'autre de répondre :
- Non, j'attends que tu dégueules pour manger chaud...

* * * * * *

Deux frères jouent dans un terrain vague , ils ramassent un bout de plastique et rentrent chez eux.
Montrant fièrement leur trouvaille à leur mère, celle-ci s'énerve et leur dit :
- Vous jouez avec un préservatif, c'est répugnant. Lâchez ça tout de suite, vous êtes consignés dans votre chambre.
Une fois dans leur chambre, l'aîné dit au plus jeune :
- Ben heureusement qu'on ne lui a pas dit qu'on avait mangé toute la vanille qu'il y avait à l'intérieur.

* * * * * *

C'est deux Mexicains (Lopez et Pedro) qui discutent en faisant la sieste à l'abri de leurs grands sombreros.
Le premier, Lopez, est constamment en train de trifouiller sa moustache à la Dali. Il dit à son pote Pedro :
- Hé, Pedro, j'ai vu ta petite sœur ce matin. Elle est mignonne !
Son voisin de sieste lui répond :
- Ma c'est normal Lopez. C'est une toute jeune fille et en plus c'est ma sœur.
Alors le gros dit en tripotant sa moustache :
- Hé, Pedro, ce soir, jé vais baiser ta pétite sœur !
- Ma Lopez, tou né pé pas faire ça. Elle est tellément jeune... elle n'a même pas de poils sour lé sexe encore !
Et alors Lopez, en tournant sa moustache dit :
- Peut-être, mais cé soir, elle en aura.

* * * * * *

Au Far West, c'est hiver et il fait très très très froid. Deux bigotes, qui se rendent à l'église, regardent arriver un cow boy couvert de poussière. Il arrête son cheval devant le saloon, l'attache en face de l'abreuvoir, puis passant derrière l'animal, il lui soulève la queue et l'embrasse sur l'anus.
Les deux bigotes voyant cela sont révoltées :
- C'est dégoûtant ! Pourquoi faites-vous une chose pareille !?
Alors le cow boy répond :
- J'ai les lèvres gercées...

Une des bigotes répond :

- Et vous pensez que ça va arranger vos gerçures ?

- Non, mais au moins ça m'empêchera de me lécher les lèvres.

* * * * * *

C'est une femme qui vient de perdre 90 % de son intelligence (son mari vient de décéder). Dans la famille, il est d'usage de se faire incinérer et non pas enterrer, alors la veuve dit à l'employé des pompes funèbres de prendre contact avec le crématorium.

La veillée funèbre a lieu, tout le monde vient bénir le mort, puis arrive le moment de conduire le défunt jusqu'au crématorium pour l'incinération.

Là, Madame Veuve se rend compte que son mari est habillé d'un costume noir, alors qu'il a toujours détesté le noir. Par contre, le bleu était sa couleur fétiche. Du coup, la veuve s'adresse tout de suite à l'employé du crématorium et lui dit :

- Tenez ! Voilà un chèque en blanc. Faites ce qu'il faut pour trouver un costume bleu pour mon mari. C'est extrêmement important !

Comme il n'est pas d'usage de contrarier les personnes dans le chagrin, l'employé dit qu'il va faire le nécessaire.

Un peu plus tard, pour la levée du corps, la veuve constate que l'employé est parvenu à trouver un costume bleu très joli et en demande le prix à l'employé qui répond :

- En fait, ce costume n'a rien coûté. Une chose amusante s'est produite : au moment où vous êtes partie, on apportait un autre corps, de sexe masculin, de la même corpulence que votre mari, et qui portait un costume bleu. J'ai alors demandé à la veuve de cet homme si cela ne la dérangeait pas de voir son mari incinéré en costume noir plutôt qu'en costume bleu. Elle m'a répondu que cela avait peu d'importance. Alors, comme elle était d'accord, j'ai inversé les têtes...

* * * * * *

Un jeune marié en voyage de noces a quitté son épouse pour aller faire une partie de pêche. Sur le bord de la rivière, il rencontre un de ses potes.

- Comment, tu n'es pas avec ta femme ?

- Ben non, tu sais combien j'aime la pêche...

- Tout de même, tu aurais pu rester consommer un peu ton mariage...

- Ben non, elle a une infection vaginale... Et tu sais combien j'aime la pêche.

- D'accord, mais à ce moment-là tu pouvais tout de même l'embrasser un peu ?
- Ben non, elle a des abcès dentaires et toutes ses dents sont gâtées... Et tu sais combien j'aime la pêche.
- Bon, mais alors pourquoi tu ne l'as pas emmenée faire une promenade ?
- Impossible, elle a un pied-bot. Et tu sais combien j'aime la pêche.
- Excuse-moi, mon pote, mais si elle a autant de problèmes, pourquoi l'as-tu épousée ?
- Ben c'est qu'en plus elle a des vers. Et tu sais combien j'aime la pêche...

* * * * * *

(NDLR : marche mieux si mimée...)

Un petit garçon n'a pas de bras ni de jambes. En fait, ce n'est qu'une tête. Reposant sur un coussinet installé sur l'appui de fenêtre, il regarde ses camarades jouer au football...

- Maman, je peux aller jouer au foot ?
- Mais tu n'y penses pas, tu n'as pas de jambes ni de bras...
- Oui, mais je veux jouer au foot.
- Ben... Prie très fort et peut-être que demain...

Rempli d'espoir, notre jeune héros se met à prier encore et encore toute la nuit. Le lendemain, deux bras sont apparus à la base du cou.

- Maman, Maman, crie-t-il en sautant de son lit et courant sur ses deux nouvelles mains, je peux aller jouer au foot ?
- Ben non ! Football = ballon au pied !!! Prie encore, on ne sait jamais.

Un peu triste, il remonte sur l'appui de fenêtre croise les bras et s'endort en priant très fort.

Le lendemain, c'est le miracle : deux jambes ont poussé à la base du cou.

- Maman, Maman, regarde !!!!!
- Fantastique, mon chéri, c'est le plus beau jour de ma vie, va te montrer à ton père !!!

Dans le jardin, on entend des cris de joie, le père revient en criant :

- Chérie, chérie, viens voir la grosse araignée que j'ai écrasée !!

* * * * * *

Comment a-t-on inventé le fil à couper le beurre ?

- En regardant un lépreux jouer de la harpe.

* * * * * *

Qu'est-ce qui est rouge, long, et qui fond dans la bouche ?
- Une bite de lépreux...

* * * * * *

Comment un peintre lépreux gagne-t-il sa vie ?
- En vendant ses croûtes.

* * * * * *

Qu'est-ce que deux lépreux dans un sac poubelle ?
- Un paquet de chips géant !

* * * * * *

C'est un type qui mange un mille-feuilles au cinéma. Comme le type est très gourmand, et que le film n'est pas trop intéressant, quand son mille-feuilles est fini, le gars ramasse les miettes qu'il a fait tomber sur ses genoux. Et là, surprise !!! Plus il les mange, plus il y en a !!! Alors, il lève la tête et qu'est-ce qu'il voit ? Au balcon, juste au-dessus de lui, un lépreux qui se gratte...

* * * * * *

Qu'est-ce qu'une jambe au milieu de la route ?
- Un lépreux qui a marché sur un chewing-gum.

* * * * * *

Comment sait-on qu'un lépreux doit quitter une partie de poker ?
- Quand il perd la main.

* * * * * *

Il y a un lépreux qui a raté son examen du permis de conduire. Tu sais pourquoi ?
- Il a laissé son pied sur l'accélérateur.

* * * * * *

Quand a-t-on imaginé le char à voile ?
- Pendant un courant d'air lors d'un téléthon.

* * * * * *

Quel risque encourt un pitbull qui bouffe un bébé diabétique ?
- Attraper des caries.

******

C'est une dame qui va voir son médecin et qui lui dit :
- Docteur, mon mari ne bande plus, c'est une catastrophe.
Le médecin lui répond alors :
- Ce n'est pas grave. Donnez-lui deux de ces pilules, vous verrez, ça marche très bien, mais attention, deux, pas plus !!
Le lendemain, coup de fil de la dame qui raconte :
- Docteur, c'est affreux, comme j'avais des doutes sur l'efficacité des pilules, je lui ai donné la boîte.
- Et alors ?
- Il s'est jeté sur moi, m'a fait l'amour 25 fois, puis il a violé 10 fois la bonne, le chat, le hamster (avec chaterton), la tortue (sans), et il s'est effondré.
- Et maintenant, que fait-il ?
- Ben... Il est mort, et les pompes funèbres sont en train de le branler pour pouvoir fermer le cercueil !!

******

Dans les toilettes d'un restoroute, deux routiers font leur grosse commission le matin, avant de prendre la route. Ils occupent des cabines contiguës. Au bout de quelques minutes le premier dit :
- Je n'ai pas de papier ici... Tu en as, toi ?
- Ah non, désolé. C'est con ça !
Le premier reprend :
- Et tu n'as pas un magazine ou un journal, enfin du papier quoi ?
- Non...
Alors, après un silence de quelques secondes lourdes de sens, le premier reprend :
- Tiens ! Voilà cent balles... tu aurais deux billets de 50 ?

******

C'est le papa d'enfants trisomiques qui est en train de préparer la table pour le repas de midi, et qui demande à sa femme :
- Où sont les légumes ?

Et la femme répond :
- Ils ne sont pas encore rentrés de l'école.

* * * * * *

Quelle est la différence entre une crotte de nez et du céleri ?
- Le céleri n'est pas mangeable.

* * * * * *

Un jour, le Père Noël va en Somalie avec ses elfes. Sur place, il demande à ses elfes :
- Pourquoi ces enfants sont-ils aussi maigres ?
Les lutins répondent :
- Parce qu'ils ne mangent pas !
Le Père Noël répond :
- Ils ne mangent pas ! Dans ce cas, pas de CADEAU...

* * * * * *

Qu'est-ce qui pue à la fois le cul, la moule et les pieds ?
- Un collant roulé en boule !

* * * * * *

Pourquoi lorsque le bateau coule, on crie «Les femmes et les enfants d'abord» ?
- Parce qu'après, les requins n'ont plus faim...

* * * * * *

Qui a plus de cervelle que Kurt Kobain ?
- Son plafond.

* * * * * *

L'éducateur :
- Alors, Toto, qu'est-ce qu'il fait, ton papa ?
Toto :
- Il est gogollllll !!!
- Ah bon, et ta maman ? Elle est gogol aussi, ta maman ?
- Nan, ma maman, elle est morte, elle est pa'tie.
- Et tu as des frères et sœurs, Toto ?
- J'ai une sœur, elle est gogole aussi... pis j'ai un frère.

- Et ton frère, Toto, qu'est-ce qu'il fait, ton frère ?
- Il est à l'université.

Alors là, l'éducateur, il est scié : il se dit : «Au moins, il y en a un de normal dans cette famille de branques.»

- Et qu'est-ce qu'il fait, ton frère, à l'université ?
- Il est dans un bocal !!!

******

Pour une femme, qu'est-ce qui est pire que de se faire violer par Jack l'éventreur ?

- Se faire mettre un doigt par le Capitaine Crochet.

******

Quel est le point commun entre une Zaïroise et le saut à l'élastique ?

- Dans les deux cas, si le caoutchouc pète, t'es mort.

******

- Vous n'avez rien ressenti, lorsque vous avez coupé votre femme en morceaux avant de la mettre à cuire ? demande le Juge au condamné.
- Si, si, à un moment je me suis mis à pleurer.
- Ah ! Quand même ! Et à quel moment ?
- Quand je lui ai découpé l'oignon !

******

Une fille rentre chez ses parents sur le coup de cinq heures du mat', avec le garçon qu'elle a rencontré dans une rave. Ils sont sur le point de se pieuter dans la chambre de la fille quand le gars dit :

- Putain, il faut que j'aille aux toilettes, ça urge !
- Tu ne peux pas, les toilettes sont en haut et tu vas réveiller mes parents.
- Mais il faut que je fasse !
- Bon. Dans ce cas, tu n'as qu'à faire dans l'évier de la cuisine.

Le gars va dans la cuisine, puis cinq minutes plus tard, il passe la tête par la porte et dit :

- Pssst... T'aurais pas du papier ?

******

C'est un type qui revient au pays après de nombreuses années d'absence, et qui tient à revoir le coin où il gardait les brebis quand il était jeune. Il demande donc à un gars du cru de l'y mener.

Et l'autre en chemin lui demande :

- Mais pourquoi, mon gars, qu'tu veux r'tourner là-bas ?

Le type :

- Vous comprenez, j'ai plein de souvenirs dans ce coin ; par exemple, c'est là que j'ai fait l'amour pour la première fois, sous un arbre. D'ailleurs, je me souviens que nous avions été surpris par sa mère...

L'autre :

- Cré vin diou, et què qu'elle a dit, la mère ?

Le type :

- Elle a dit : «Bééééhéééé !»

* * * * * *

Le frère aîné de Toto appelle sa mère :

- Maman, maman, Toto a vomi !
- Cela ne m'étonne pas avec tout ce qu'il avait mangé...
- Oui, mais le bébé a remangé tous les gros morceaux !

* * * * * *

Comment savoir si votre sperme est assez concentré ?

- Demandez à votre petite amie si elle doit mâcher avant d'avaler...

* * * * * *

C'est une petite fille chez le poissonnier :

- Bonjour, Monsieur. Est-ce que je pourrais avoir 50 grammes de morue ?
- Et qu'est-ce que tu veux faire avec ça ?
- C'est pour que les petites culottes de ma poupée sentent comme les miennes.

* * * * * *

Un homme et sa femme discutent :

- Viens, chérie, on va faire l'amour !
- Non, on peut pas, j'ai des pertes blanches.
- Mais c'est pas grave : moi j'ai du diabète, on fera des meringues.

MAZETTE !! UN PETIT HOMME PERVERS !
FRAPAR

* * * * * *

La femme idéale doit :
- Mesurer 1 m 10 (à la bonne hauteur pour sucer).
- Avoir de grandes oreilles (pour la maintenir pendant qu'elle suce).
- Avoir une grande bouche (meilleure dépression, pour la succion).
- Avoir la tête plate (pour poser sa bière).
- Avoir eu une trachéotomie (parce qu'un petit courant d'air sur les roubignolles pendant la pipe, c'est pas désagréable).

* * * * * *

C'est deux gars, on pourrait les appeler les Beavis et Butthead du Cantal. Ils sont jeunes, ils sont bêtes et ne pensent qu'à baiser. Un jour, alors qu'ils passent près d'une pâture, ils remarquent une brebis qui a la tête coincée dans une clôture et ne parvient pas à se libérer. Beavis dit :

- Ouais, allez viens, on va niquer cette brebis.

Et aussitôt, il baisse son pantalon et se met à la tâche.

Quand il a fini, il dit à Butthead :

- Allez, à ton tour.

Et Butthead baisse son pantalon, s'agenouille et se coince la tête dans la clôture.

* * * * * *

Lorsque le vieux Monsieur Bronstzki est mort, Madame Bronstzki alla voir le croque-mort pour lui dire :

- Monsieur Bronstzki, mon mari, portait une moumoute. Il faudra vous assurer que, lors de la présentation du corps, personne ne puisse se douter qu'il était chauve. Si j'insiste sur ce fait, c'est parce que chez nous en Moldavie, les proches du défunt ont l'habitude de lui serrer les mains et de lui caresser les cheveux en guise d'adieu.

Alors le directeur des pompes funèbres la rassure :

- Vous inquiétez pas, Madame Bronstzki, sa moumoute sera tellement bien fixée qu'elle ne risquera pas de bouger d'un poil.

La présentation du mort et la bénédiction ont lieu. Tout se passe très bien malgré les traditionnelles effusions moldaves. Tellement bien que le soir, lorsque tout est terminé, Madame Bronstzki dit au croque-mort :

- Vous avez fait un formidable travail. Merci encore pour avoir permis de garder le secret de la moumoute de mon mari. Pour cela, je vous donnerai un supplément de 1000 francs.

Le croque-mort lui répond :

- Oh ! Madame Bronstzki, je ne peux pas accepter. Vous savez, ça n'était jamais que quelques clous.

* * * * * *

Ils viennent d'embaucher un nouvel apprenti aux Pompes Funèbres. Celui-ci est en train de préparer un cadavre lorsqu'il appelle un employé plus ancien que lui dans le boulot :

- Hé ! Regarde ma morte : elle a une crevette à la place du sexe !

Le préparateur plus ancien dans le métier vient voir ce que veut lui montrer le jeunot et dit :

- C'est pas une crevette, espèce de débile, c'est son clitoris !

Alors le plus jeune reprend :

- Son clitoris ? Vraiment ? Pourtant, je t'assure que ça a le goût de la crevette.

(Quoi ? Une blague de mauvais goût ? Ça dépend... Si on aime la crevette).

* * * * * *

Un mec va voir les putes avec 50 francs seulement en poche. Il voit la première et lui demande ce qu'elle fait pour 50 F...

- RIEN, connard !

Il voit la deuxième et lui demande ce qu'elle fait pour 50 F...

- RIEN, fauché !

Il voit la troisième et lui demande ce qu'elle fait pour 50 F...

- RIEN, mais va voir la Monique au fond du port...

Il voit la Monique et lui demande ce qu'elle fait pour 50 F...

- Pour 50 F tu peux me faire minette.

Là, elle soulève sa jupe... et le gars voit des trucs qui bougent...

- Mais c'est des morpions ???!!!!!!!!!

- Pour 50 F tu ne voulais quand même pas des GAMBAS !

* * * * * *

C'est un type qui a fait la fiesta toute la nuit. Il se réveille le matin et il a un mal de tête incroyable. La migraine qui tue.

Il ouvre les yeux et il voit une espèce de grosse Laurence, pas belle, horrible, un cageot qui a pourri au soleil, qui a des traces de sperme aux coins de la bouche.

Le mec, horrifié, se frotte les yeux en se demandant ce qu'il a bien pu faire dans la nuit.

Il veut se lever et s'aperçoit que ça glisse. Il lève le drap et voit que le lit est plein de merde. Le type, encore plus horrifé, se demande ce qu'il a bien pu faire.

Il se lève et se casse la gueule dans une énorme flaque de gerbe. Et en se relevant il se demande encore ce qu'il a bien pu faire parce que ça devient affreux.

Il entre dans la salle de bain, se frotte les cheveux et il se rend compte qu'ils sont gluants. Il allume la lumière, et il voit qu'il a plein de morve dans les cheveux.

Puis il se regarde dans le miroir et il voit un fil blanc qui dépasse de sa bouche.

Alors, à voix basse, il dit :

- Pourvu que ce soit un sachet de thé...

* * * * * *

Un couple de clochards va se coucher. Marcel dit à Marie, en roucoulant et en se frottant contre elle :

- Chérie, j'ai envie.
- Non ! Tu ne t'es pas lavé depuis quinze jours, tu pues, pas question !
- Allez, sois gentille, je te fais tout ce que tu veux !
- Tout ce que je veux ? D'accord, tu me lèches !
- Ah non ! Tu ne t'es pas lavée depuis un mois !
- Chose vomie, chose bue, tu me lèches !

Et elle s'installe sur Marcel, qui commence à la lécher. Quelques pertes jaunes, et blanches plus tard, Marcel demande grâce :

- Ça suffit, j'en peux plus !
- Non, continue, c'est bon !

Quelques morpions et quelques pertes rouges et vertes plus tard, Marcel est au bord de l'apoplexie :

- Stop, j'étouffe !
- Non, continue, je viens, c'est bon !

Et en jouissant, elle lâche un énooooorme pet. Et Marcel :

- Ouf ! De l'air !

* * * * * *

Un homme, en vacances au Mexique, décide d'aller dans un bordel.

S'adressant à Pedro le patron, il lui demande une belle blonde aux yeux bleus.

Pedro :

- Pas de problème senor, va à la chambre 23.

Notre voyageur en manque se dirige vers la chambre 23. Mais quand il rentre, il est étonné de voir une brune aux yeux bruns dans la chambre.

Il appelle Pedro :

Voyageur :

- Je t'ai demandé une blonde aux yeux bleus, rien à voir avec ça !

Pedro :

Pas de problème senor. Hey, Maria, enlève la perruque !

Maria enlève sur le champ sa perruque pour laisser apparaître de magnifiques cheveux blonds.

Voyageur :

- O.K., mais elle n'a pas les yeux bleus.

Pedro :

- Hey, Maria, enlève les verres de contact !

Maria s'exécute et dévoile de superbes yeux bleus.

Voyageur :

- Bon. Mais c'est pas une vraie blonde. Regarde son pubis : il est brun !

Pedro :

Attends senor, il n'y a pas de problème. Hey, Maria, enlève les mouches !

* * * * * *

Qu'est-ce qui est jaune, moche et qui dort tout seul ?

- Yoko Ono.

* * * * * *

Tu sais pourquoi Superman n'a pas sauvé Diana ?

- Parce qu'il est dans une chaise roulante.

* * * * * *

Un mec et une nana sont assis sur un canapé : il regarde la télé et elle tricote (couple moderne, donc).

Le chien fait ses petites affaires devant le feu de cheminée quand soudain, le mec bondit et se met à hurler :

- Putain, je suis sûr que tu fais des pipes au chien !

Interloquée, la fille le regarde :

- Mais qu'est-ce qui te fait dire ça ?
- À chaque fois que tu bailles, il bande !

Blagues sur «Maman, maman...»

- Papa, papa, c'est vrai que j'ai une grande bouche ?
- Mais non, prends ta pelle et mange ta soupe.

* * * * * *

- Maman, maman, c'est vrai que j'ai de grands pieds ?
- Mais non mon chéri... Hé ! N'oublie pas de sortir tes chaussures du garage, sinon papa ne pourra pas rentrer la voiture !

* * * * * *

- Papa, papa, c'est quoi le masochisme ?
- Tais-toi et fouette !

* * * * * *

- Maman, maman, c'est quoi l'esclavage ?
- Tais-toi... et rame !

* * * * * *

- Papa, papa, c'est quoi un travesti?
- Tais-toi et dégrafe mon soutien-gorge. Et puis cesse de m'appeler papa, ça m'énerve.

* * * * * *

- Maman tu me prêtes ta robe ce soir ?
- Désolée, mon chéri, ton père l'a réservée.

* * * * * *

- Maman, maman, c'est quoi un orgasme ?
- Je ne sais pas, mon bébé. Demande à ton père.

* * * * * *

La fille : - Maman, maman, pourquoi je n'ai pas cette grosse chose comme papa entre les jambes ?

- T'en auras autant que tu veux quand tu seras plus grande !

******

Le fils : - Maman, maman, est-ce que je peux être enceint ?
- Bien sûr que non, mon chéri, tu n'as que 7 ans.

******

Encore le fils : - Maman, maman, c'est quoi une fellation ?
La mère :
- Mmmrmmph mumble mumble mmhhh mmrph mmumble !

******

- Maman, maman, je veux pas être papa.
- Tais-toi et viens rejoindre maman dans le lit.

******

- Papa, papa, qu'est-ce que c'est un inceste ?
- Tais-toi et suce.

******

- Maman, maman, pourquoi tu gémis ?
- Tais-toi et lèche !

******

- Papa, papa, pourquoi Mamie elle fait des bulles ?
- Tais-toi et tire la chasse...

******

- Maman, maman, c'est vrai que je ne suis pas normal ?
- Mais non mon petit, c'est courant des canaris bleus qui pèsent 100 kg. Après tout, on vit à Tchernobyl. Maintenant, ferme tes trois petits yeux et dors.

Blagues sur les hommes

On a enfin la preuve que la femme est plus avancée que l'homme.

Pour se masturber, l'homme est très manuel, tandis que la femme est déjà digitale !

* * * * * *

Pourquoi les hommes fabriquent-ils des millions de spermatozoïdes, alors qu'un seul est nécessaire pour féconder l'ovule ?

- Vous connaissez un homme qui demande son chemin ?

* * * * * *

Pourquoi est-ce bien qu'il y ait des femmes astronautes ?

- Parce que si l'équipage se perd dans l'espace, au moins elle demandera son chemin.

* * * * * *

Quelle idée se fait l'homme de «donner un coup de main à la maison» ?

- Soulever ses jambes pour qu'on passe l'aspirateur par dessous.

* * * * * *

Comment les hommes font-ils de l'exercice à la plage ?

- En rentrant leur ventre à chaque fois qu'ils voient une belle jeune femme en bikini.

* * * * * *

Quelle est la meilleure façon de garder un homme au lit ?

- Mettre la télé dans la chambre à coucher.

* * * * * *

Qu'est-ce qui vous manque lorsque vous êtes devant un sale mâle misogyne dans le ciment jusqu'au cou ?

- Du ciment.

* * * * * *

Qu'est-ce qu'une femme sans trou du cul ?

- Une célibataire.

******

Qu'est-ce qu'une femme mariée fait à son trou du cul tous les matins ?
- Elle l'habille et elle l'envoie au boulot.

******

Pourquoi les hommes n'ont-ils pas besoin d'utiliser du papier toilette ?
- Parce que ce sont de parfaits trous du cul.

******

Cette femme avait un mari qui était tellement «animal», que lorsqu'il allait au zoo, il avait besoin de deux tickets : un pour entrer, et un autre pour sortir.

******

Un mari rentre à la maison et trouve sa femme au lit avec un autre homme :
- Je ne comprends pas, crie-t-il. Qu'est-ce que vous faites, mais qu'est-ce que vous faites ?!...
Sa femme se tourne vers son amant et dit :
- Tu vois, je t'avais dit qu'il était idiot !

******

Pourquoi les célibataires aiment-ils les femmes intelligentes ?
- Parce que les contraires s'attirent.

******

Quelle est la différence entre un jeune marié et un chien ?
- Après un an, le chien est encore excité en vous voyant rentrer.

******

Qu'est-ce que les Ovnis et les hommes intelligents ont en commun ?
- Tout le monde en parle, mais personne n'en a jamais vus.

******

Pourquoi les femmes simulent l'orgasme ?
- Parce que les hommes simulent les préliminaires.
Ou :
- Parce que c'est toujours triste de voir un homme qui pleure.

UN... UN PERVERS!
BANDE D'OBSÉDÉS!
FRAPAR.

Ou :

- Parce que comme ça le mec éjacule plus tôt, et la «séance» est moins longue.

* * * * * *

Comment les mecs font pour prendre des bains à bulles pour pas cher ?

- En mangeant des haricots le midi.

* * * * * *

Pourquoi les mecs n'ont pas de règles?

- À quoi ça leur servirait ? Ils sont en permanence de mauvaise humeur.

* * * * * *

Quel est le pire cauchemar d'un homme ?

-(a) La télé tombe en panne le jour de la finale de la Coupe du Monde de Foot ;

-(b) Il doit se faire à manger lui-même ;

-(c) Son patron est une femme ;

-(d) Il doit demander de l'argent à sa femme.

* * * * * *

Pourquoi les femmes se frottent les yeux (ou les cheveux) le matin au réveil ?

- Parce qu'elles n'ont pas de couilles.

* * * * * *

Pourquoi une femme intelligente préfère-t-elle être célibataire ?

- Parce qu'elle préfère avoir un petit peu de bacon dans le frigo qu'avoir un gros porc dans le salon !!

* * * * * *

Quelle est la différence entre les toilettes et les hommes ?

- La différence est qu'il y a des moments de la vie où l'on peut désirer très fort de trouver des toilettes.

Ou :

- On trouve parfois une lueur d'intelligence en regardant au fond de la cuvette.

ou encore :

- L'odeur des toilettes n'est pas toujours insupportable.

Mais par contre :

- Les toilettes n'ont jamais rien écrit sur la relativité générale.
- Les toilettes ne comprennent rien à la dialectique.
- Les toilettes n'ont jamais créé de religion, d'ailleurs aucune toilette n'a jamais été fils de Dieu, etc... etc...
- Et puis surtout, les toilettes n'ont pas de carte VISA.

* * * * * *

Certains hommes n'ont que ce qu'ils méritent, les autres sont célibataires.

Sacha GUITRY.

* * * * * *

1. Si vous pensez que le meilleur moyen de toucher le cœur d'un homme est de passer par son estomac... vous visez trop haut.
2. Les femmes ne rendent pas les hommes idiots, la plupart sont des self made men.
3. La meilleure raison qu'une femme a de divorcer de son mari est une raison de santé : c'est parce qu'il la rend malade.
4. Ne croyez jamais un homme qui dit qu'il est le chef à la maison. Il ment probablement sur d'autres choses aussi.
5. Si un travail ménager n'est pas fait, c'est que la femme a demandé à son mari de s'en charger.
6. Si vous voulez un mec gentil, choisissez-en un chauve : ils font plus d'efforts que les autres.
7. Vous pouvez aussi bien choisir des hommes très jeunes ; de toute façon, ils ne sont jamais matures.
8. Un homme qui sait s'habiller tout seul sans ressembler à Bozo le clown a toutes les chances d'être homosexuel.
9. Les hommes sont tous les mêmes : seul leur aspect extérieur est différent.
10. Définition d'un homme bien éduqué : il ne fait pas pipi dans le lavabo.
11. Si vous rencontrez un homme et que vous vous dites qu'il ferait un bon mari, vous vous rendrez compte un peu plus tard qu'il l'est déjà.
12. Les scientifiques viennent de découvrir quelque chose qui pourra accomplir le travail de cinq hommes : une femme.
13. les hommes sont comme les animaux : désordonnés, insensibles et potentiellement violents... mais ils font de bons animaux de compagnie.

14. Le cerveau d'un homme, c'est un peu comme les prisons : il n'y a pas assez de cellules pour le bien.

15. Les maris, c'est comme les enfants : ils sont toujours adorables quand ce sont ceux des autres.

* * * * * *

Quelle est la plus petite prison du monde ?

- Le cerveau d'un homme, il y a juste deux cellules.

* * * * * *

Comment fait-on pour geler un cochon ?

- On tire sur les couvertures !

* * * * * *

Pourquoi les hommes aiment-ils les femmes qui portent des vêtements en cuir ?

- Parce qu'elles ont la même odeur que les voitures neuves.

* * * * * *

Quelle ressemblance y a-t-il entre un homme et un avion ?

- C'est la queue qui dirige.

* * * * * *

Un événement exceptionnel est survenu hier à la maternité : un enfant est né avec des organes génitaux mâle et femelle...

... Un pénis et un cerveau.

* * * * * *

Quand Dieu a-t-il donné l'intelligence à l'homme ?

- Aux Noces de Cana quand Jésus a dit : «Femmes, remplissez ces cruches !»

* * * * * *

Pourquoi les hommes portent-ils une cravate ?

- Ça fait moins chien qu'une laisse...

Ou :

- Pour indiquer le terrain de jeu...

* * * * * *

RESTE FERME SUR TA POSITION, SURTOUT!
FRAPAR.

Quelle différence y a-t-il entre une femme et un soulier ?
- Il n'y en a pas. Les deux se font mettre par des pieds !

* * * * * *

C'est une maman qui veut apprendre les choses de la vie à sa fille. Elle commence en lui disant :
- Nini, ma petite fille, il est temps que l'on parle de la façon dont on fait les bébés. Tu sais... ce qui se passe avant que le bébé ne pousse dans le ventre de la maman...
Et Nini lui répond :
- Ça doit être très intéressant, maman, mais ce que je voudrais plutôt que tu m'apprennes, c'est «comment on simule un orgasme».

Blagues sur les homos

Édouard et Jack sont très amoureux. Au petit matin d'une nuit d'amour merveilleuse, Édouard se lève pour préparer le petit déjeuner à son compagnon. Au moment où il va quitter la chambre, il lui lance :

- Surtout, tu m'attends, tu ne te branles pas, promis ?

Jack :

- Promis.

Édouard, rassuré, descend vers la cuisine, puis pris d'un doute, remonte, ouvre la porte et dit à son camarade de jeu :

- Tu promets, tu ne te branles pas ???

Jack :

- Promis , je te jure, je ne me branle pas...

Édouard redescend et fait le petit déjeuner. Remontant chargé du plateau, il pousse le porte du pied... Là, horrrreurrr, du sperme partout : sur les rideaux, la moquette, everywhere.

Édouard, très en colère :

- Tu m'avais promis !!!

Jack :

- Mais je n'ai rien fait, j'ai juste pété....

* * * * * *

C'est un homosexuel qui dit à un autre homo :

- As-tu déjà essayé de te mettre une boule de billard dans le cul ?

L'autre dit :

- Non, mais si tu dis que c'est super, je vais essayer.

Alors il pose une boule de billard sur une chaise et s'assoit dessus. Effectivement, il trouve ça super mais quand il veut l'enlever, il ne peut y parvenir. Alors il va voir un docteur spécialiste qui lui dit de se déshabiller. Le type s'exécute mais quand il se retourne, il voit le docteur sortir sa bite de sa braguette.

Alors l'homo demande :

- Mais Docteur, que faites-vous ?

Et le doc répond :

- Pas compliqué, je vais faire un rétro !

(NB : un rétro consiste à faire rouler la boule en arrière avec un coup de queue et de l'effet).

******

C'est un homosexuel qui va chez le médecin pour faire un contrôle. Le médecin :

- Bien, avant de commencer, déshabillez-vous.

L'homosexuel se déshabille.

Le médecin :

- OK, ouvrez la bouche, je vais contrôler votre gorge... Mais... C'est bizarre, je vois une lumière là-bas, tout au fond de votre gorge, c'est vraiment bizarre !

L'homosexuel :

- Ce n'est rien, Docteur, je vais m'asseoir !

******

C'est un gars assis à la terrasse d'un café. Soudain, il se tourne vers son voisin de la table à côté et lui dit :

- Vous voyez la voiture rouge arrêtée au feu ? Quand le feu passera au vert, elle démarrera en trombe et percutera une voiture bleue (qui aura grillé le feu rouge) en plein milieu du carrefour. Regardez bien ce qui va se passer !

Alors le voisin incrédule attend que le feu passe au vert... Et tout se passe comme l'avait prédit le gars : un bel accident en plein carrefour.

Du coup, le voisin de table est époustouflé, et il se demande comment tout ça est possible. Il s'entend répondre :

- Je suis devin. Pour moi, c'est extrêmement facile de voir dans l'avenir. Et d'ailleurs, pour vous aussi, ça peut devenir très facile, parce que être devin, ça s'apprend !

- Ah bon ?

- Oui, si vous êtes intéressé, venez chez moi demain à 22 heures.

- Génial, je viendrai !

Le lendemain, le gars se pointe chez le devin :

- Bonsoir, monsieur. Pour la leçon, c'est 500 FF, payables d'avance.

L'apprenti devin tend un billet de 500 F.

- Bien, commençons. DESHABILLEZ-VOUS !

- Quoi ! ?

- Oui, ENTIEREMENT !

Le gars s'exécute malgré tout.

- Bien, maintenant, vous vous approchez de la table, puis vous vous penchez, et vous fléchissez légèrement les genoux !

- Mais, mais, mais... vous allez m'enculer !!!

- Ah, vous voyez, c'est le métier qui commence à rentrer !!!

* * * * * *

C'est deux homos assis à la terrasse d'un café. Ils voient passer un super canon, mais ce canon, c'est une fille malheureusement.

Alors l'un des deux dit à l'autre :

- Ah j'te jure ! Y a des jours, comme ça, où on regrette de ne pas être lesbienne !

* * * * * *

Deux homosexuels partent en vacances. Sur une petite route de campagne, le passager dit à son copain :

- Oh, chéri, arrête-toi vite, j'ai envie de faire caca.

La voiture s'arrête, et il va dans les buissons. Au bout de cinq minutes, il appelle son ami :

- Chéri, viens vite voir, j'ai accouché ! Vite, vite, je vois ses petits bras, ses petites jambes, il bouge, viens viiiiiite !!

L'autre arrive, regarde entre les jambes de son copain et dit :

- Espèce de conne, t'es bête, tu vois pas que t'as chié sur une grenouille !

* * * * * *

Un homo parle à son compagnon :

- Moi, dans une vie future, je voudrais être réincarné en ambulance.

- Mais pourquoi en ambulance ???

- Eh bien, parce qu'on vous ouvre l'arrière en grand, on vous met un homme tout entier à l'intérieur, et puis on part en faisant «hou...whou...whou...»

* * * * * *

C'est deux homos qui prennent un bain ensemble. Tous deux jouent avec leur bite quand l'un frappe l'autre avec ce que tu penses (bien sûr !) sur le torse de l'autre qui crie :

- OH ! TU M'AS TOUCHÉ ! JE SUIS BLESSÉ !!

Et il ajoute en se retournant :

- VAS-Y, ACHÈVE-MOI !!

******

Deux hommes sont dans un bar.
L'un demande à l'autre :
- Vous êtes homosexuel, Monsieur ?
- Non, et vous ?
- Non plus.
Et les deux, ensemble :
- Dommage !

******

Admirateurs de Jean Cocteau (dont je suis...), abstenez-vous de lire ce qui suit :
Un homme se présente au domicile de Jean Cocteau. Il sonne à la porte, un employé ouvre et demande :
- C'est pour le Maître ?
- Non, répond le visiteur, c'est juste pour le voir...

******

C'est un gay qui rend visite à un médecin. Le médecin prend son stéthoscope, écoute le cœur et demande au gay de dire «33». Le gay dit : «33». Le médecin utilise le stéthoscope pour écouter les poumons et demande au gay de dire «33». Le gay dit : «33». Le médecin fait installer le gay pour un toucher rectal, introduit un doigt dans l'anus et demande à nouveau au gay de dire «33».
Et le gay :
- 1, 2, 3, 4...

******

Un autobus de touristes, dans un pays quelque peu agité par une guérilla latente, se fait arrêter par un commando armé. Le chef grimpe dans l'autocar, aligne le chauffeur, et hurle à ses hommes :
- Allez, ligotez toutes les femmes, et violez les hommes ! Euh, non, non ! Ligotez les hommes et violez les femmes !
Et une petite voix masculine haut perchée, du fond du bus :
- Ah ben non, alors ! Ce qui est dit est dit !

******

Histoire racontée par Fernand Raynaud dans un sketch :

C'est un gars qui se balade à la campagne et qui, tout à coup, se rend compte qu'il meurt de soif. Il n'y a qu'un seul bar à des dizaines de kilomètres à la ronde, et il s'appelle : «Aux deux folles».

Le gars se dit :

- Qu'est-ce que j'ai soif... Mais vais-je m'aventurer dans un bar avec un nom pareil ?

Finalement, il se décide. Arrivé dans le bar, il commande une chope et demande ensuite au barman pourquoi ce bar s'appelle «Aux deux folles». Le barman lui répond :

- Ben, je sais pas, ça s'est toujours appelé comme ça, c'est tout.

Mais le gars insiste et le barman lui dit alors :

- Écoutez, je vais demander à ma femme, peut-être qu'elle sait : Georges, viens un peu voir par ici !

* * * * * *

Un gars entre dans un bar pour boire un coup. Alors qu'il sirote sa bière sur son tabouret, il s'aperçoit qu'il doit être le seul hétéro dans le coin et que ce bar est en fait un bar gay.

N'étant pas trop friand de ce genre d'émotions, il finit son verre rapidement et, avant de partir, va vidanger sa vessie aux toilettes. En rentrant dans les chiottes des mecs, il a la surprise de voir trois gars en train de s'enfiler comme sur une brochette !

Il n'en croit pas ses yeux et ressort aussitôt. Il se précipite vers le barman et il lui dit :

- C'est incroyable : il y a trois gars dans les chiottes des mecs qui sont en train de s'enculer à la queue-leu-leu !

Le barman lui répond :

- Est-ce que le gars qui est au milieu porte un bandana rouge autour du cou ?

Le gars :

- Euh... Ouais, pourquoi ?

Le barman :

- Une intuition. Au poker, c'est toujours lui qui gagne aussi.

* * * * * *

Deux homos se rencontrent. L'un dit à l'autre :

- Tu as vu, aujourd'hui je me suis habillé en gris clair...

- Pourquoi ? demande l'autre.
- Parce que j'en ai marre d'être enfoncé.

******

C'est l'histoire de deux gays qui se rencontrent à la terrasse d'un café :
- Alors, qu'est-ce que tu as fait hier soir ?
- Ben... J'ai été au ciné, le film était génial. Et toi qu'est-ce que tu as fait ?
- Moi, tu ne le croiras jamais : j'ai baisé une fille !
- Quoi !??!!! Comment t'as pu faire ça !?
- Je lui ai filé un rencard, et J'Y AI PAS ÉTÉ !!!!!!!

******

C'est deux gays qui se parlent à une terrasse. L'un dit à l'autre :
- Ma sœur est enceinte de 7 mois, elle va bientôt avoir son bébé !
- Ah oui ! répond l'autre.
- Eh oui, j'ai hâte de voir si je vais être un oncle ou une tante.

******

Un homo est pris en stop par un routier. L'homo se met à draguer le routier, lequel se dit qu'après tout... Pourquoi pas ... Il arrête le camion et ils s'installent tous les deux sur la couchette à l'arrière.
Le gay se déshabille, et se met de l'huile partout sur le corps. Le routier, médusé, demande :
- Qu'est-ce que tu fais ???
- Oh oui ! Moi, je mets toujours de l'huile. Tu vas voir, c'est très excitant !!!
Sur ce, le routier, imperturbable, prend sa gourmette et se l'enroule autour du sexe. Le gay, estomaqué, demande à son tour :
- Qu'est-ce que tu fais ?
- Chez nous les routiers, quand ça glisse, on met les chaînes...

******

Ce sont deux gays qui prennent leur petit déjeuner un dimanche matin tout en lisant des magazines féminins. Soudain, l'un des deux se lève, va dans la salle de bains et revient avec un pot de vaseline. Puis il soulève sa chemise et entreprend de s'en barbouiller le torse...
L'autre lui demande :
- Qu'est-ce que tu fais ?

EH, QUAND T'AURAS FINI D'TE FAIRE MAQUILLER, TU M'FAIS SIGNE !!
ÇA Y EST, J'SUIS MAQUILLÉE... ET ALORS, MON CHOU ?
FRAPAN

- Dans Cosmo, ils disent que lorsqu'on se frotte la peau avec de la vaseline, ça fait pousser les poils. Tu aimerais bien que je sois plus poilu sur la poitrine, non ?

L'autre lui répond :

- Tu goberais vraiment n'importe quoi, hein ? C'est évident que c'est de la connerie !

- Et comment tu le sais ?

- Parce que si ça marchait, c'est pas quelques poils, mais une vraie crinière que tu aurais à ton trou du cul maintenant !

* * * * * *

Il y a un gay qui a été viré de son boulot à la banque du sperme...

... Il a été pris en train de boire au travail.

* * * * * *

Comment appelle-t-on un dinosaure homosexuel ?

- Un perforanus.

* * * * * *

Comment reconnaître deux gays dans une forêt ?

- Il y en a un qui est un peuplier et l'autre qui fait le bouleau.

* * * * * *

Comment les gays feignent-ils l'orgasme ?

- Ils crachent dans le dos de leur partenaire.

* * * * * *

Que se passe-t-il quand deux gays se rencontrent ?

- Il y en a un qui fait le con, et l'autre qui s'emmerde.

* * * * * *

Pourquoi les homos attirent toujours les femmes ?

- Parce que les tapettes attirent les souris.

* * * * * *

Pourquoi vaut-il mieux être noir qu'homosexuel ?

- Parce qu'on n'a pas à l'avouer un jour à sa mère !

* * * * * *

Pourquoi les gays bougent-ils tout le temps ?
- Parce que les homozygotes.

* * * * * *

Pourquoi les femmes de San Francisco ne portent-elles pas de minijupes ?
- Pour qu'on ne voie pas leurs couilles.

* * * * * *

Pourquoi les homos sont-ils très philanthropes ?
- Parce qu'ils ne pensent qu'à agrandir le cercle de leurs amis.

* * * * * *

Quelle est la meilleure place dans une brochette de dix gays ?
- La deuxième !
Explication : tu mets, tu te fais mettre, et en plus tu peux branler celui qui est devant toi.

* * * * * *

Quelle est la différence entre un Porto et un Fist Fucking ?
- Trois doigts.

* * * * * *

Quelle différence y a-t-il entre un gigot et un homosexuel ?
- Pratiquement aucune, puisqu'on pique le gigot à l'ail et un homosexuel à l'oignon.

Blagues juives

Un gamin va voir sa mère et lui demande :

- Dis maman, je suis juif ou arabe ?

- Ton père est arabe et moi je suis juive, alors tu es les deux, mon fils... Pourquoi cette question ?

- C'est parce qu'il y a en bas une mobylette, et j'hésite entre la voler et la vendre.

* * * * * *

David est dans une mauvaise passe niveau argent... Il ne voit pas d'autre solution que de gagner à la loterie pour se sortir de là. Il se rend à la synagogue et se met à prier pour gagner. Le jour du tirage, il attend, mais il ne gagne pas.

Il retourne à la synagogue et prie à nouveau en insistant sur le fait que toute sa vie, il a respecté les principes religieux, les rituels, l'alimentation et même les dons pour les associations juives.

De nouveau, il attend le tirage de la loterie, mais là encore, rien ne se passe.

Proche du désespoir, il va se remettre à prier lorsqu'une voix, surgie de là-haut dans le ciel, lui dit :

- D'accord David, tu veux gagner à la loterie, mais peut-être que tu pourrais m'aider un peu : va t'acheter un ticket.

* * * * * *

Un rabbin et un curé sont dans un compartiment de train. Le curé demande au rabbin :

- C'est vrai qu'il vous est interdit de manger du porc ?

- Oui.

- Et vous n'en avez jamais mangé ?

- À vrai dire, juste entre nous, une fois quand j'étais bien jeune, la curiosité m'a tellement poussé... Enfin, j'ai essayé un sandwich au jambon. Depuis, je l'ai toujours regretté, et j'espère que Dieu me le pardonnera.

Au bout d'un moment, le rabbin continue...

- Et vous, il vous est interdit tout rapport physique avec une femme ?

- Oui, effectivement, c'est interdit.

- Et vous n'avez jamais essayé ?

- Pour être honnête, comme vous, la curiosité m'y a bien poussé. Une fois, étant tout jeune, je suis allé dans un bordel. Mais j'ai bien servi Dieu depuis, et je suis sûr qu'Il me pardonnera ce petit écart.

Et avec un petit rire, le rabbin lui répond :

- C'est autre chose qu'un sandwich au jambon, hein ?

* * * * * *

Un prêtre (catholique), un pasteur (protestant) et un rabbin (juif), discutent pour savoir lequel consacre le plus d'argent à l'adoration de Dieu.

- Moi, dit le prêtre, c'est facile. Je trace une ligne par terre et je me place dans son prolongement. Puis je prends tout ce que le denier du culte m'a rapporté et je le lance en l'air. Ce qui retombe à droite de la ligne est pour moi, ce qui est à gauche sera consacré à Dieu.

- Ma méthode, rétorque le pasteur, est presque semblable à la vôtre. Je me place au centre d'un cercle tracé par terre et j'envoie tout en l'air. Ce qui reste dans le cercle est à moi. En dehors, c'est pour Dieu.

- Vous n'êtes pas très généreux, dit le rabbin. Incontestablement, je consacre plus d'argent que vous pour adorer Dieu. Moi, j'envoie tout en l'air. Ce que Dieu veut, il le prend, ce qui retombe est à moi !

* * * * * *

Une vieille femme juive prend un taxi. Sur une route de campagne, le véhicule a un accident et se retourne. Les secours arrivent très vite. Les pompiers sont bientôt sur les lieux de l'accident et entendent les cris de la vieille femme.

- Ahhhaaah !!

- Ne vous inquiétez pas, Madame, nous sommes là !

- Ahhhaaah !!

- Ne vous inquiétez pas, Madame, nous allons bientôt vous dégager !

- Ahhhaaah !

- Ça va aller !

- Ahhhaaah Ahhhaaah ! arrêtez le compteur !!!!!!

* * * * * *

Moshé (rue de Turenne, au Sentier) et Schmoulik sont au Mur des Lamentations, à Jérusalem. Les deux se lamentent et pleurent...

Le premier :

- Mon Dieu, s'il te plaît, fais-moi gagner 5 millions, s'il te plaît, 5 millions, allez...

Et le deuxième :

- Mon Dieu, tu sais que je n'ai pas du tout d'argent, je te demande seulement 100 F pour vivre et manger aujourd'hui, c'est tout...

Et chacun continue à se lamenter.

À un moment, le premier se retourne vers le deuxième et lui dit :

- Bon écoute, tiens, voilà tes 100 F. Laisse le Bon Dieu se concentrer, maintenant.

* * * * * *

Il n'y a pas si longtemps que cela (on va dire en 1980), un gars va se confesser.

- Pardonnez-moi, mon Père, parce que j'ai péché. Pendant la Seconde Guerre mondiale, j'ai caché un Juif dans mon grenier.

- Hé, mais ce n'est pas un péché ! répond le prêtre.

- Oui, mais je lui ai demandé 500 FF par semaine.

- Ah ça d'accord ! Ce n'était pas bien, mais ce n'était pas un gros péché puisque vous faisiez une bonne action en même temps, répond le curé.

- Oui, mais je ne lui ai pas encore dit que la guerre était finie !

* * * * * *

Pendant la Deuxième Guerre mondiale, aux États-Unis, une dame de la haute société avait décidé de soutenir l'effort de guerre en invitant quelques valeureux p'tits G.I.'s, qui allaient bientôt partir au casse-pipe, à manger chez elle.

Elle appelle la base militaire toute proche, et demande à parler au Major :

- Major, pourriez-vous me trouver trois jeunes militaires qui seraient susceptibles de dîner ce dimanche soir à ma table. Mais de grâce, faites qu'aucun d'eux ne soit juif.

- C'est bien compris, Madame, répond le Major.

Et nous voilà le dimanche soir. Sur le seuil de la porte de la dame, se tiennent trois jeunes militaires en tenue impeccable, tous les trois sont NOIRS :

- Bonsoir m'dame. Nous sommes ici sur votre invitation.

La dame est abasourdie. Elle bafouille :

- Mais, mais.... le Major a dû faire une erreur !

- Oh, non M'dame, le Major Cohen ne fait jamais d'erreur, répondent en chœur les G.I.'s.

* * * * * *

C'est Moshé et Sarah qui passent en voiture rue Saint-Denis, et Sarah regarde les femmes dévêtues attendant patiemment le prochain client.

- Moshé, je ne comprends vraiment pas pourquoi les hommes vont voir les prostituées... Qu'est-ce qu'elles ont de plus que nous ?

- Tu sais Sarah, c'est des professionnelles... elles font des choses spéciales...

- Mais quel type de choses ?

- Des choses...

- Quoi ? Moshé, réponds-moi !!!

- Ben, je sais pas... par exemple elles geignent.

- Ah ça ! Mais moi aussi, je peux geindre !

- On verra ça ce soir alors, répond Moshé.

Le soir arrive, Sarah a mis des sous-vêtements affriolants. Elle va se coucher. Puis Moshé commence son affaire...

- C'est maintenant que je geins ?

- Non, pas encore Sarah...

...

- C'est maintenant ?

- Non, pas encore...

...

- C'est bon, tu peux geindre maintenant...

- Ahhh, j'ai pas payé le loyer et il y a plein de factures au courrier et mon fils qui veut se marier aïe aïe aïe...

******

En Israël, Moshé va voir le grand rabbin, et lui demande :

- Hé ! Grand rabbin ! Je cherche du travail depuis six mois maintenant... Tu peux me trouver ça toi... non ?

Le rabbin répond :

- J'ai ce travail pour toi, Moshé : tu fais le guet devant l'entrée de notre grande cité, et dès que Jésus revient, tu vas l'annoncer à tout le monde !

- Mmmmmmmhhhh.....C'est bien payé au moins ???

- NON ! Mais tu as la sécurité de l'emploi !!!

******

Salomon marche dans Jérusalem et se cogne le pied contre un objet. Il le ramasse : c'est une vieille lampe. Il la frotte avec sa manche et un génie jaillit !

- Fais un vœu et je l'exauce immédiatement.

- Oh tu sais, j'ai 80 ans, je n'ai plus beaucoup de désirs.
- Arrête, je dois exaucer un vœu ou je repasse 10 000 ans dans cette putain de lampe. Allez, trouve quelque chose !
- Bon, vois-tu, mon pays, Israël, est en guerre depuis des années. Ne pourrait-on pas faire la paix avec nos voisins ?
- Passe-moi la carte du Moyen-Orient
- ...Silence...
- Dis donc, c'est coton ton histoire, dans quelle merde vous vous êtes foutus ! Le Liban, la Syrie, l'Égypte, les Palestiniens, et j'en passe... Mes pouvoirs sont immenses, mais là, tu me demandes quelque chose de trop difficile, tu n'as pas autre chose ?
- Bon... Ah oui, ma femme Sarah, en 60 ans de mariage, ne m'a jamais fait de pipe, tu ne pourrais pas m'arranger ça avant que je meure ?

Tout content, le génie rentre dans la maison de Salomon. Un quart d'heure après, il ressort :

-... Soupir...
- Repasse-moi la carte du Moyen-Orient.

Cette blague existe aussi dans la version suivante :

Un Américain d'Hawaii rencontre un génie qui lui permet d'exaucer un vœu. L'Américain demande que le génie construise un pont qui va du continent jusqu'à Hawaii. Le génie lui répond :

- C'est trop difficile, propose-moi autre chose.

Alors l'homme dit :

- Je voudrais comprendre les femmes...

Et le génie répond :

- Sur ton pont, tu veux une autoroute à deux ou trois voies ?

* * * * * *

C'est deux mouches qui ont passé tout l'été à s'amuser ensemble. La bise venant, elles décident de se séparer pour aller passer l'hiver quelque part au chaud, et de se retrouver au printemps.

La mouche n'étant pas migratrice, c'est connu, la première se met en quête d'une étable chauffée dans les environs et passe l'hiver dans le coin d'une poutre.

Le printemps arrivant, elle sort de son trou et volette gaiement jusqu'au point de rendez-vous où elle attend sa compagne.

Le printemps passe, personne.

- Bah, elle est un peu frileuse et attend l'été, se dit-elle.

L'été passe, toujours personne.

- Bah, elle a un peu de retard, elle a du folâtrer dans les environs, se dit-elle.

L'automne passe, il commence à faire froid.

Alors la première mouche se dit que l'autre est morte ou a été mangée, et elle se prépare à retourner dans sa cachette pour l'hiver.

C'est alors qu'elle voit arriver l'autre mouche, les ailes froissées, volant difficilement, haletant, qui tant bien que mal finit par se poser à côté d'elle et s'écroule.

- Hé, ça va pas ? Qu'est-ce qui t'arrive ?

- Ah, ah... (respiration suffoquante) C'est horrible... Voilà, j'ai passé l'hiver dans le porte-monnaie d'un Juif, et il vient juste de le rouvrir !

(Les esprits chagrins peuvent remplacer Juif par Auvergnat ou par toute personne avare de leur connaissance).

* * * * * *

Ce sont deux Juifs qui sont au bord de la mer. Sur la plage, ils somnolent au soleil :

- Samuel ?

- Oui, Moshé ?

- La mer monte.

- Achète !

Et la variante :

Sur une plage de Tel Aviv :

Une voix :

- La mer monte !

Dix mille voix :

- J'achète !

* * * * * *

Un Juif se promène au bord d'une falaise et tombe. Il réussit à s'accrocher à une branche, mais ne peut remonter. Du coup, le type crie :

- À L'AIDE ! IL Y A QUELQU'UN ?

Alors le ciel se déchire, une immense lumière inonde la terre, et une voix très puissante lui dit :

- Tu m'entends ? C'est Yahvé qui te parle ! N'aie pas peur ! Lâche cette branche, laisse-toi tomber, et tu monteras avec moi au Paradis !!!

Alors le type crie :

- IL Y A PAS QUELQU'UN D'AUTRE ???

* * * * * *

C'est un Juif qui se rend, pressé, à la synagogue le vendredi soir, sans avoir le temps de déposer à la maison le billet de 200 F qu'il a sur lui.

Comme Shabbat va commencer et qu'il ne pourra plus manipuler d'argent, il ouvre un livre de prière et dépose son billet à la page où il est dit :

«Tu ne voleras point.»

Shabbat se passe, et il retourne chercher son billet glissé la veille dans le livre. Or, plus de billet. En examinant le livre de plus près, il s'aperçoit qu'un billet de 100 F dépasse légèrement d'une page. Il ouvre à la page, et lit :

«Tu partageras ton bien avec ton prochain.»

* * * * * *

Un prêtre et un rabbin sont amis. Lors d'une discussion, le rabbin pose quelques questions au curé sur «la confession».

Alors le curé, pensant qu'une démonstration vaut mieux qu'un long discours, lui dit :

- Tu n'as qu'à m'accompagner dans le confessionnal. Comme ça, tu sauras exactement comment ça se passe.

Alors vient la première personne. C'est une femme (forcément).].

- Pardonnez-moi, mon Père, parce que j'ai péché.

Le prêtre demande :

- Qu'avez-vous fait, ma fille ?
- J'ai trompé mon mari, mon Père...
- Combien de fois avez-vous trompé votre mari, ma fille ?
- Trois fois, mon Père.

Alors le curé lui dit :

- Dites cinq «Je vous salue Marie» et mettez 50 francs dans le tronc des pauvres.

Une autre femme entre bientôt dans le confessionnal :

- Pardonnez-moi, mon Père, parce que j'ai péché.

Le prêtre demande :

- Qu'avez-vous fait, ma fille ?

- J'ai trompé mon mari, mon Père...
- Combien de fois avez-vous trompé votre mari, ma fille ?
- Trois fois, mon Père.

Alors le curé lui dit :

- Dites cinq «Je vous salue Marie» et mettez 50 francs dans le tronc des pauvres.

Après que la deuxième femme soit sortie, le curé dit à son copain le rabbin :

- Ça te dirait de faire la prochaine confession ?

Le rabbin hésite un peu, mais le curé le rassure en lui disant qu'il y arrivera très bien. Alors le rabbin prend les commandes...

Une troisième femme arrive alors et dit :

- Pardonnez-moi, mon Père, parce que j'ai péché.

Le rabbin (ça a changé cette fois-ci, il faut suivre) demande :

- Qu'avez-vous fait, ma fille ?
- J'ai trompé mon mari, mon Père...
- Et combien de fois avez-vous trompé votre mari, ma fille ?
- Deux fois, mon Père.

Alors le rabbin lui répond :

- Dans ce cas, vous pouvez aller le tromper une fois de plus : aujourd'hui, c'est trois fois pour 50 francs.

* * * * * *

David et Moshé ne se sont pas vus depuis des années. Ils se retrouvent à la terrasse d'un café et discutent de ce qui leur est arrivé depuis leur dernière rencontre.

Finalement, Moshé invite David à venir dîner chez lui un de ces soirs :

- J'ai une femme et trois enfants, et ils seront très contents de te voir !
- C'est d'accord. Dis-moi, où est-ce que tu habites alors ?
- Tiens, je t'ai écrit l'adresse sur ce petit bout de papier. Tu verras, il y a plein de places pour se garer. Une fois devant la porte de l'immeuble, ouvre-la avec un bon coup de pied, va jusqu'à la porte de l'ascenseur, et appuie sur le bouton avec ton coude. Une fois dedans, appuie sur le 6e bouton, toujours avec ton coude. Au 6e étage, tu verras mon nom sur la deuxième porte à droite. Alors presse le bouton de la sonnette avec ton coude et on t'ouvrira !
- Très bien... Mais dis-moi, qu'est-ce que c'est que cette histoire, d'ouvrir les portes d'un grand coup de pied, et d'appuyer sur les boutons avec le coude ?
- Ben, tu ne vas quand même pas venir les mains vides...

* * * * * *

Ce sont deux associés, patrons d'un magasin de prêt-à-porter du Sentier, Abraham et David, qui sont à deux doigts de déposer le bilan.

La seule chose qui pourrait les tirer de là serait d'obtenir un prêt de la banque. Alors ils passent remplir un dossier de demande de prêt et leur ami, le conseiller financier, leur dit :

- Si vous n'obtenez pas de courrier avant la fin de la semaine, ça voudra dire que le prêt vous est accordé.

Les nuits précédant le samedi, Abraham et David n'arrivent plus à dormir. Ils n'ont plus d'appétit. Toute la matinée, ils guettent l'arrivée du facteur. Le samedi matin, le facteur arrive enfin. Il porte une enveloppe à la main.

Abraham, le plus solide moralement, s'avance vers le facteur, prend l'enveloppe, l'ouvre les larmes aux yeux, puis il lit la lettre...

Et un immense sourire illumine son visage :

- Bonne nouvelle, David. C'est juste ton frère qui est mort.

* * * * * *

Un sondeur aux États-Unis :

- Excusez-moi, quelle est votre opinion sur la pénurie de viande ?

- Pénurie ? Qu'est-ce que ça veut dire «Pénurie» ?

Un sondeur en Pologne :

- Excusez-moi, quelle est votre opinion sur la pénurie de viande ?

- Viande ? Qu'est-ce que ça veut dire «Viande» ?

Un sondeur en Russie :

- Excusez-moi, quelle est votre opinion sur la pénurie de viande ?

- Opinion ? Qu'est-ce que ça veut dire «Opinion» ?

Un sondeur en Israël :

- Excusez-moi, quelle est votre opinion sur la pénurie de viande ?

- Excusez-moi ? Qu'est-ce que ça veut dire «Excusez-moi» ?

* * * * * *

Un juif et un catholique discutent. Le juif demande :

- Tu peux me dire pour quelle raison, vous, les catholiques, vous faites le signe de croix ?

Le catho répond :

- C'est en souvenir de la crucifixion de Jésus !

Le juif reprend :

- Ah... Heureusement qu'il est pas mort empalé !

Mais le catho lui répond :

- C'est pas possible... Les voies du Seigneur sont impénétrables !

* * * * * *

Un vieux juif arrive à la banque et demande 10.000 francs en billets de 100 F.

Le guichetier les lui donne et le vieux juif entreprend de les compter :

100 F, 200 F, 300 F, 400 F...

... 10.000 F.

Une queue de quinze personnes s'est déjà formée, et le vieux juif recommence son comptage.

Le guichetier lui dit alors :

- Ce n'est pas juste ?

Le vieux juif :

- Si si, mais vraiment juste !

* * * * * *

Jacob rencontre Lévi dans la rue :

- Alors, Lévi, il paraît que tu viens de te marier ?

- Oui, Monsieur Jacob. D'ailleurs vous voyez, j'ai fait mes valises pour partir en voyage de noces.

- Bien ! Et où vas-tu ?

- À Jérusalem, monsieur Jacob.

- Très bien ! Mais où est ta femme ?

- Au magasin, Monsieur Jacob. Comme ça, on peut rester ouverts pendant mon absence.

* * * * * *

Le premier Président des États-Unis de confession juive vient d'être élu. Il appelle sa mère au téléphone :

- Maman, maman, j'ai gagné les élections, ça y est je suis Président des USA. Il faut que tu viennes à la cérémonie d'investiture !

- Oh.. Je ne sais pas, mon fils. Et puis qu'est-ce que je vais me mettre ?

TA MÈRE
TOI-MÊME !!
FREUD
LACAN
FRAPAR.

- Ne t'inquiète pas, maman, je vais faire passer chez toi un tailleur pour dames.

- Mais tu sais bien que je ne mange que casher...

- Maman, voyons... Je vais être Président : tu penses bien qu'il y aura des aliments casher au buffet !

- Mais comment je vais y aller ?

- Je t'enverrai chercher avec une limousine. Tu auras un chauffeur pour toi toute seule.

- Bon d'accord, d'accord. Si ça peut te faire plaisir, mon fils.

Le grand jour arrive enfin, et la maman du Président est assise quelque part entre la Cour Suprême de Justice et les futurs membres du cabinet. C'est alors que la maman se tourne vers son voisin immédiat et lui dit :

- Vous voyez ce garçon là-bas, en train de jurer sur la Bible... Eh bien, son grand frère est psychanalyste.

* * * * * *

C'est un jeune garçon juif aux États-Unis. Il sort avec une fille et a décidé d'en parler à son père. Malheureusement, lorsque le papa apprend que la jeune fille s'appelle «Smith», il demande à son fils de rompre.

Un peu plus tard, tombé une fois de plus amoureux, il vient rendre compte à son père. Malheureusement, la jeune fille s'appelle «Johnson». Alors le papa lui dit :

- Mon fils, tu vas te trouver une belle jeune fille juive, avec un beau nom bien juif. C'est pas les beautés juives qui manquent à New York, pourtant !

Et le jeune garçon juif obéissant s'en va.

Quelque temps plus tard, il se présente à son père pour lui parler de son nouvel amour :

- Cette fois-ci papa, tu vas être content, j'ai une nouvelle petite amie !

- Ah oui ? Alors, comment s'appelle-t-elle ?

- Son nom est «Goldberg» !

- «Goldberg» ?! Ah... Je savais bien qu'on pouvait compter sur toi pour trouver une belle et jeune fille juive avec un nom de bonne famille. Mais dis-moi, quel est son prénom ? Rachel ? Rebecca ?

- Non, papa. Elle s'appelle «Whoopi».

* * * * * *

Avant de partir en voyage d'affaires, un businessman de confession juive se rend en Rolls-Royce jusqu'à une banque new yorkaise et demande un prêt court terme immédiat de 5000 $.

Le guichetier lui demande des garanties pour lui accorder le prêt. Alors l'homme d'affaires lui donne les clefs de la Rolls en gage.

La Rolls est alors conduite dans le parking souterrain de la banque, et l'homme d'affaires empoche ses 5000 $.

Deux semaines plus tard, le gars rentre d'Europe, demande au guichetier à rembourser son prêt et à récupérer sa Rolls. Le guichetier lui répond :

- Ça fera 5000 $ de capital et 15.4 $ d'intérêts.

Le gars prend son chéquier, remplit le montant, donne le chèque et s'en va avec ses clefs.

À ce moment-là, le guichetier l'interpelle :

- Monsieur, monsieur, avant que vous ne partiez, pouvez-vous m'expliquer une petite chose ? J'ai découvert que vous êtes milliardaire. Comment se fait-il que vous ayez eu besoin d'emprunter 5000 $?

Et le gars répond avec un sourire :

- Et comment trouver un parking gardé pour garer ma Rolls pendant quinze jours et ne payer que 15.4 $?

* * * * * *

Salomon et Rachel fêtent leurs 25 années de mariage. L'événement est de taille et pourtant, Rachel ne semble pas très heureuse. Salomon lui demande :

- Rachel, qu'est-ce que tu as ? Ce sont nos 25 ans de mariage et tu ne parais pas heureuse.

Rachel lui répond alors :

- Oui mais tu sais, Salomon, en 25 ans de mariage, tu ne m'as jamais rien acheté.

Salomon :

- Mais Rachel, tu ne m'as jamais dit que tu avais quelque chose à vendre !

* * * * * *

Chanukah est dans deux jours, et Monsieur Feldman, qui est plutôt fauché, rentre chez lui de mauvaise grâce. Il rumine :

- Où vais-je trouver de l'argent pour les cadeaux des enfants et de ma femme ?

Tout en marchant, il passe devant une chapelle. À la porte de la chapelle, une grande affiche dit :

«1000 FRANCS OFFERTS À TOUS CEUX QUI SE CONVERTISSENT À LA RELIGION CATHOLIQUE. OFFRE VALABLE AUJOURD'HUI SEULEMENT !»

Alors le pauvre Monsieur Feldman se dit :

- Voilà la solution à mon problème. Et tant pis si je dois renier le judaïsme !

Il entre dans la chapelle, prend connaissance de sa nouvelle religion, signe en bas de la page et empoche les 1000 francs.

De retour chez lui, il annonce à toute la famille :

- Voilà 1000 francs pour les cadeaux.

Et il brandit la liasse de billets.

Alors sa femme dit :

- Chéri, tu te souviens de la robe que je t'avais montrée dans la vitrine... Elle est en solde en ce moment.

- Combien coûte-t-elle ?

- Seulement 500 francs, alors qu'elle en vaut bien 800 en temps normal.

Alors M. Feldman prend 500 francs de la liasse et les tend à sa femme.

Le fils dit alors :

- Papa, ça fait pas mal de temps déjà que j'économise pour me payer un VTT. J'ai presque la totalité de la somme...

- Combien te manque-t-il ?

- 250 francs.

Alors M. Feldman prend 250 francs de la liasse et les tend à son fils.

La fille dit alors :

- Papa, la semaine prochaine c'est le voyage de fin d'année. Si je n'y vais pas, je ne verrai plus mes copines. Ça serait trop dur.

- Ne t'inquiète pas, ma fille. Combien veux-tu pour ce voyage ?

- 250 francs.

Alors M. Feldman prend les 250 francs qui lui restent, les donne à sa fille et fait la grimace en disant :

- Ça ne rate jamais! Dès que nous, les goys, on a un tout petit peu d'argent, vous, les juifs, vous vous dépêchez de nous le prendre.

Variante de la blague ci-dessus :

Deux rabbins se promènent sur un trottoir d'une ville américaine.

Devant une église, ils voient un panonceau disant :

«PRIME DE 2 000 DOLLARS POUR UNE CONVERSION AU CATHOLICISME»

Le premier rabbin est vraiment outré de voir qu'une religion puisse être tombée aussi bas. Il fronce les sourcils et dit au second rabbin qu'il veut se rendre compte par lui-même. Il pénètre dans le lieu saint tandis que le second rabbin attend dehors.

Vingt minutes plus tard, le premier rabbin ressort de l'église. Le second lui demande :

- Alors, c'est vrai ? Ils donnent vraiment 2000 dollars pour se convertir ?

Et le premier rabbin lui répond en le regardant de travers :

- 2 000 dollars ?... Vous les Juifs, vous ne pensez vraiment qu'à l'argent, hein ?

* * * * * *

À New York, Moïse Cohen va voir le rabbin du quartier :

- Rabbi, je voudrais faire circoncire mon chien.

- Je suis désolé, Moïse, mais je ne peux pas circoncire un chien.

- Je suis prêt à faire un don de 10 000 dollars.

- Désolé, Moïse, mais même pour 10 000 dollars, je ne peux pas circoncire ton chien.

- Allez Rabbi, j'offre 100 000 dollars, et vous faites la circoncision à mon doberman...

- Ah... S'il s'agit d'un doberman, ça change tout...

* * * * * *

Trois mères juives discutent de leurs fils respectifs :

La première :

- Moi mon fils, il est tellement riche qu'il pourrait acheter Paris !

La seconde, un peu vexée :

- Moi mon fils, il a tellement d'argent qu'il pourrait s'offrir Paris ET New-York !

Alors la troisième termine :

- Et qu'est-ce qui vous fait croire que mon fils a envie de vendre ?

* * * * * *

Au coin d'une rue, un aveugle fait la manche. Il tend son écuelle vers les passants en disant :

- Une p'tite pièce, m'sieurs-dames !!!

À ce moment-là, il sent une main lui caresser les testicules, puis disparaître aussitôt.

Le pauvre gars s'emballe tout de suite.

- La saloooope ! Et il cherche avec ses deux mains l'auteur de la caresse... qui a disparu. Alors il reprend sa place dans un état d'excitation évident.

Un peu plus loin, deux Juifs discutent en regardant la scène.

- Tu vois, Salomon, dit le premier, c'est possible de faire plaisir aux pauvres sans débourser un centime...

* * * * * *

C'est une rue commerçante bien calme jusqu'au jour où un second boucher s'installe à proximité du premier. Qui plus est, il appose une affiche indiquant :

«MEILLEUR BOUCHER CASHER DE LA VILLE».

Le premier réplique aussi sec et appose :

«MEILLEUR BOUCHER DE LA REGION».

Changements d'enseigne consécutifs (c'est la guerre) :

«MEILLEUR BOUCHER DU PAYS»,

«MEILLEUR BOUCHER DU MONDE»,

«MEILLEUR BOUCHER DE L'UNIVERS»

.... sans s'apercevoir que depuis quelque temps déjà, ils n'ont plus aucun client !

Sur le trottoir d'en face, un troisième boucher s'est installé avec pour enseigne :

«MEILLEUR BOUCHER CASHER DE LA RUE»

* * * * * *

Samuel et Rachel viennent de fêter leurs Noces d'Or (50 ans de mariage). Tous les invités sont partis maintenant, et Samuel demande à celle qui l'a aidé et supporté toutes ces années :

- Dis-moi, Rachel, maintenant tu peux me le dire. Est-ce que tu m'as déjà trompé ?

- Pourquoi veux-tu savoir ça maintenant, Samuel ? À quoi bon ?

- Si Rachel. Dis-moi, je veux savoir !

- Bon. Puisque tu insistes... Je t'ai trompé trois fois.

- Trois fois? En 50 ans, ce n'est pas énorme. Raconte-moi quand cela était ?

- Eh bien ! La première fois, c'était quand tu avais 35 ans et que tu voulais monter ton commerce d'import-export. Tu te souviens ? La banque ne voulait pas t'accorder de prêt... Tu te rappelles qu'un jour, alors que tout semblait sans espoir, le directeur de la banque lui-même s'est déplacé chez nous et qu'il a signé les papiers sans poser aucune question ?

- Oh Rachel, tu as fait ça pour moi ? Tu es une femme formidable. Dis-moi, quelle était la deuxième fois ?

- Tu te souviens quand tu as eu cette troisième crise cardiaque, et que la seule chose envisageable pour toi était de tenter ce quintuple pontage coronarien, mais que personne ne voulait réaliser l'opération ?... Et tu te souviens que, sans qu'on comprenne pourquoi, le professeur DeBakey est venu des États-Unis pour faire l'opération lui-même ? C'est grâce à lui que tu es à nouveau en bonne santé. Eh bien là encore...

- Oh chérie. Tu m'as sauvé la vie. Quelle chance j'ai eu de t'épouser. Et comme tu dois m'aimer pour t'être sacrifiée comme ça, sans hésiter...

Et quelle était la troisième fois ?

- Tu te souviens quand tu voulais être Président du Lion's Club et qu'il te manquait 35 voix pour passer ?...

* * * * * *

Un Libanais de Damas discute avec un Israélien de Jérusalem :

- Nous avons fait des fouilles dans les sous-sols de Damas, là où vivaient nos ancêtres. Et tu sais ce que nous avons trouvé ?

- Non.

- Nous avons trouvé des câbles électriques !

- Et alors ?

- Eh bien, ça prouve que nos ancêtres avaient inventé le téléphone.

- Eh bien nous, nous avons fait des fouilles dans Jérusalem. Et tu sais ce que nous avons trouvé ?

- Non ?

- On n'a rien trouvé.

- Et alors, qu'est-ce que ça prouve ?

- Eh bien, que nos ancêtres avaient inventé le téléphone sans fil.

* * * * * *

Une mère juive appelle son grand fils :

- Daviiiid, mon fils ! Écoute ta mère qui te parle ! Voilà : tu as voulu faire Harvard, je t'ai payé Harvard. Tu as voulu faire polytechnique et l'ENA, je t'ai payé polytechnique et l'ENA. Tu as voulu faire Oxford, je t'ai payé Oxford...

Maintenant, il faut choisir : confection pour hommes ou confection pour dames ?

******

Le docteur ausculte Moise :
- Dites «33»...
Moise répond :
- «30, 30»...
- Non, je viens de vous dire de dire «33».
- Mais, docteur, d'habitude, vous me faites dix pour cent !

******

Pour la première fois de sa vie, Marcel l'agriculteur peut partir en vacances. Il s'en va voir Salomon, son meilleur ami, et lui tient à peu près ce langage :

- Écoute, Salomon, c'est la première fois de ma vie que je peux partir en vacances. Pour les vaches, je les ai confiées à Martin. Mais j'ai encore un truc précieux et j'ai pas confiance dans les banques. Si je te le confie, tu me promets d'y veiller comme sur la prunelle de tes yeux ?

- Pas de problème Marcel, mais c'est quoi ?

- C'est ce petit coffret. Et il tend à Salomon un petit coffret, de la taille d'une boîte à cigares.

- Tu peux partir tranquille, et passe de bonnes vacances !

Mais le Salomon, en cette période de sa vie, crève de faim. Au bout d'une semaine, il ouvre le coffret et là, oh surprise ! c'est un Christ en or massif de bonne taille. Salomon se dit que c'est vraiment trop con de mourir de faim à coté d'un Christ en or massif. Il sort son canif, découpe un petit copeau, va le vendre au bijoutier et s'achète à manger pour la semaine.

Au bout d'une semaine, il a toujours aussi faim. N'y tenant plus, il découpe un autre copeau à un autre endroit, va le vendre, et s'achète à manger.

Et le Marcel rentre de vacances. Il file chez Salomon récupérer son coffret :
- Tu n'as pas perdu mon coffret, Salomon ?
- Non Marcel, le voilà.
Marcel ouvre le coffret, regarde le Christ et dit, étonné :
- Il a pas maigri ?
- Écoute Marcel, tu m'as demandé de le garder, pas de le nourrir.

******

Un rabbin ayant une envie très pressante se dirige vers un bar pour la satisfaire. Au moment où il rentre dans le bar, le brouhaha et la musique ambiants disparaissent pour laisser place à un silence très lourd. Le rabbin s'avance vers le barman et demande :

- Pourrai-je utiliser vos toilettes ?

Le barman lui répond :

- C'est que... je ne sais pas si c'est un endroit pour vous !

Mais le rabbin insiste :

- Je vous en prie, il s'agit d'une envie pressante. Ne me laissez pas dans le besoin (sic).

Alors le barman :

- C'est que, Monsieur le rabbin, nous avons dans les toilettes de ce bar la statue d'une femme complètement nue (à l'exception de la feuille de vigne qui cache son intimité), et je ne voudrais pas que vous soyez gêné par cela.

Le rabbin lui dit alors en se dirigeant vers la porte des toilettes :

- Ne craignez rien. Je suis tout à fait capable de supporter la vue de ce genre d'objet païen.

Au bout de quelques minutes, le rabbin est de retour dans le bar, mais cette fois-ci, la musique bat son plein et le brouhaha montre que tout le monde discute de bon cœur.

En s'approchant du barman, le rabbin demande :

- Je ne comprends pas très bien... Tout à l'heure, quand je suis rentré, il n'y avait pas de musique, personne ne parlait, et maintenant, c'est tout le contraire.

Le barman répond :

- C'est que maintenant on sait que vous êtes des nôtres. Et d'ailleurs, pour fêter ça, je vous offre un coup à boire !

- Et pourquoi me considérez-vous comme «un des vôtres» ? Parce que j'ai utilisé les toilettes du bar ?

Alors, le barman lui répond avec un grand sourire :

- Non, pas tout à fait. Il faut vous expliquer qu'à chaque fois que quelqu'un va aux toilettes et soulève la feuille de vigne, alors toutes les lumières s'éteignent et se rallument dans le bar... Alors, vous le prenez, ce verre ?

******

Un gars veut acheter un perroquet et se rend dans une animalerie. Le vendeur lui montre un perroquet qui est censé être exceptionnel parce qu'il parle plusieurs langues. Le gars est intrigué et décide de questionner le perroquet :

- Tu parles Français ?

Le perroquet répond :

- Oui !
- Do you speak English ?
- Yes.
- Hablas Espanol ?
- Si !
- Sprechen sie Deutsch ?
- Ja wohl !
- Falas Portugues ?
- Si.

etc.

Après avoir épuisé toutes les langues qu'il connaît, le gars reste songeur un moment, puis il demande :

- Et Yiddish ? Est-ce que tu sais parler Yiddish ?

Alors le perroquet hausse les épaules et répond :

- Nu ? Mit un nez comme ça, was denkt du ?

* * * * * *

À Deauville, un type entre dans un bar et commande :

- Garçon, un gin !

Vingt Séfarades se retournent et lui demandent :

- Quelle taille ?

Contexte pour les non-Français : Deauville est une plage où tous les patrons du Sentier (quartier de la confection et de la mode à Paris) vont passer leurs congés de fin de semaine...

* * * * * *

Israël est prêt à rendre tous les territoires occupés SAUF...

- Deauville et Trouville.

* * * * * *

Quel est le seul endroit de France où les Juifs jettent l'argent par la fenêtre ?

- Au péage de l'autoroute à Deauville.

* * * * * *

Version juive d'un proverbe connu : il ne faut pas vendre la peau de l'ours. Il faut la louer...

Version Juif tailleur du Sentier : il ne faut pas tuer l'ours avant d'avoir vendu sa peau.

* * * * * *

Qu'est-ce qu'un ashkénaze ?

- C'est de la drogue de mauvaise qualité.

* * * * * *

Un Juif est sur son lit de mort. Le docteur et sa femme sont à ses côtés.

Le docteur :

- Madame, c'est la fin. Sa température est à 40...
- A 41, vendez.

* * * * * *

Quelle est la différence entre un goy, un ashkénaze et un séfarade ?

- Le goy, il a une femme et une maîtresse, mais il préfère sa maîtresse.
- L'ashkénaze, il a une femme et une maîtresse, mais il préfère sa femme.
- Le séfarade, il a une femme et une maîtresse, mais il préfère sa mère.

* * * * * *

Quelle est la différence entre une mère goy (non juive) et une mère juive dans la façon de faire manger son enfant ?

La mère goy, elle dit : «Mange ou je te tue !»

La mère juive, elle dit : «Mange ou je me tue !»

* * * * * *

Quelle est la différence entre une JAP (Jewish American Princess) et des chiottes ?

- Les chiottes ne vous suivent pas partout pendant 9 mois après que vous les ayez utilisées.

Remarque : JAP est l'acronyme de «Jewish American Princess», ce qui représente l'archétype de la petite fille juive très pourrie gâtée par ses parents. C'est surtout new-yorkais comme état d'esprit.

WASP est l'acronyme de «White Anglo Saxon Protestant», c'est la même chose qu'une JAP, mais version protestante. Naturellement, on peut aussi dire CAP...

* * * * * *

Comment savoir si une JAP a un orgasme ?
- Elle laisse tomber son flacon de vernis à ongles.

* * * * * *

Quelle est la différence entre une Catholic American Princess et une JAP ?
- La Catholic American Princess a de faux bijoux et des vrais orgasmes.

* * * * * *

Quelle idée les JAP se font de la parfaite entente sexuelle ?
- Quand les deux partenaires ont mal à la tête en même temps.

* * * * * *

Qu'est-ce qu'une WASP dit après avoir fait l'amour ?
- Merci beaucoup. Je promets que ça n'arrivera plus jamais.

* * * * * *

Où mangent les WASP ?
- Dans les restaurants.

* * * * * *

Qu'est-ce que sont les préliminaires pour un Juif ?
- Deux heures de marchandage.

* * * * * *

Comment on appelle le lit à eau d'une femme juive ?
- La Mer morte (autre possibilité : Lake Placid).

* * * * * *

Il y a un pervers juif qui fait la sortie des écoles en ce moment. Il demande aux enfants :
- Bonjour. Tu veux acheter un bonbon ?

* * * * * *

Définition d'un génie :
Un étudiant dans la moyenne qui a une mère juive.

Blagues sur Lady Diana

C'est Diana qui monte au paradis et qui croise saint Pierre. Celui-ci s'écrie :
- Vous !!!... Diana... Ici au paradis avec une... auréole au-dessus de la tête ?!
- Non, répond-elle, c'est le volant de la Mercedes !

Variante :

Mère Théresa et Lady Di arrivent devant la porte du paradis : mère Théresa demande à Diana :

-Comment se fait-il que vous portiez déjà une auréole alors que moi, future sainte, je n'en ai pas ?

- Ce n'est pas une auréole, c'est le volant de la Mercedes !

* * * * * *

Qui Lady Di a-t-elle embrassé en dernier ?
- Un pilier français.

* * * * * *

Le chauffeur de Lady Diana était sous anti-dépresseur : comme quoi avec du Prozac, on ne voit pas forcément le bout du tunnel.

* * * * * *

La dernière mode pour les soirées parisiennes :
- Prendre un verre au Ritz
- Filer à l'anglaise...

... et finir en boîte.

* * * * * *

Premières pubs TV après la mort de Lady Di :
- Si elle avait roulé en Volvo, elle serait encore en vie.
- Si vous devez quitter ce monde, faites-le avec classe, en Mercedes.

* * * * * *

Qu'est-ce qui est pire que de se faire pourchasser par des photographes anglais ?
- Se faire conduire par un chauffeur français.

******

Qu'est-ce qui est pire que de se faire conduire par un chauffeur français ?
- Se faire soigner par un médecin français.

******

Qu'est-ce que le directeur de l'hôpital français a dit au Prince Charles quand il l'a prévenu de la mort de son ex-femme au téléphone ?
- Princess Die.

******

Pourquoi Diana et Dodi ont-ils traversé le tunnel ?
- Pour aller de l'autre côté.

******

DERNIERS MOTS POSSIBLES DE LADY DI :

- M. Paul, vous prendrez bien une neuvième bière et un cinquième double whisky avec nous ?
- Mais qu'est-ce que t'as DODI dis donc ?
- On ne peut pas les semer, laisse béton.
- J'aurais tant voulu porter VERSACE en 1998 !
- M. Paul, faites demi-tour !
- Attendez, je connais un raccourci...
- Il faut dire que ces voitures de luxe ont une sacrée reprise...
- Alors comme ça, M. PAUL, vous avez fait il y a quelques années un stage de conduite avec Senna ?

******

Quelle est la dernière chose qui soit passée par la tête de Diana ?
- Sa colonne vertébrale.

******

Lady Di était frileuse de nature. Pour preuve, après son accident, elle avait le radiateur sur les genoux.

******

C'est vrai que Lady Di était très bavarde. Mais sur les conseils de la reine mère elle a fini par s'écraser...

* * * * * *

Quel est le mot qui aurait pu sauver la vie de Diana ?
-Taxi !

* * * * * *

Qu'est-ce que Fergie va recevoir pour son anniversaire de la part de la reine d'Angleterre ?
- Un séjour à Paris dans une Mercedes.

* * * * * *

Quel est le point commun entre Lady Di et Mère Thérésa ?
- Elles sont toutes deux mortes en saintes.

* * * * * *

Quel est, pour les Anglais, le point commun entre le vin français et Lady Di ?
- Ils viennent tous les deux de France dans une boîte en bois.

* * * * * *

Quelle est la différence entre un pont et deux gants ?
Dans les deux gants, tu mets les dix doigts, dans le pont, Lady Di.

* * * * * *

Quelle est la différence entre un chômeur et Lady Di ?
Le chômeur verra un jour le bout du tunnel.

* * * * * *

Quelle est la différence entre Elton John et Diana ?
- L'un compose, et l'autre se décompose.

* * * * * *

Quelle est la différence entre un car de police (panier à salades) et une Mercedes du RITZ ?
- Rien.
En effet dans les 2 cas, on trouve :

- Un mec bourré qui conduit.
- Un mec avec un flingue à côté.

... Et une pute et un Arabe assis à l'arrière...

Laurent Ruquier 21/10/97 sur FRANCE INTER (service public !!)

******

Quelle est la différence entre Henry Paul (le chauffeur de Lady Di) et Claude François ?

- Il y en a un qui était meilleur conducteur que l'autre...

******

Quelle est la différence entre Lady Di et Jeanne Calment ?

- Jeanne Calment est morte à 120 et Lady Di à 180.

******

Quelle est la différence entre Michael Hutchence et Lady Di ?

- Michael Hutchence (INXS) n'a pas oublié de boucler sa ceinture.

Pourquoi les enfants de Lady Di ne sont-ils pas allés à l'école le lundi ?

- Parce que leur mère a fait le pont !

******

Pourquoi les Mercedes coûtent-elles si cher ?

- Pensez ! Ils font des crash-tests avec des princesses et des milliardaires.

******

Pourquoi Charles est-il fâché contre Lady Di, même après sa mort ?

- Parce qu'elle a reçu sa couronne avant lui.

******

Pourquoi Superman n'a-t-il pas sauvé Diana ?

- Ben parce qu'il est tétraplégique !

******

- Pourquoi Lady Di est-elle maintenant aux anges ?
- Elle a touché son 2e pilier...

(En Suisse, le 2e pilier, c'est tout l'argent cotisé pendant vos activités professionnelles. Ça peut aller très loin...)

* * * * * *

Il est préférable de s'appeler Mercedes et rouler en Diane que l'inverse.

* * * * * *

Qu'a dit Charles à Diana quand elle l'a quitté ?
- Tu finiras sous les ponts !

Blagues médicales

Une femme va voir son docteur. Elle se plaint de douleurs dans les genoux. Après avoir fait tous les tests possibles et imaginables, le docteur s'apprête à lui avouer son «incompétence», mais quelque chose le travaille...

- Dites-moi, êtes-vous sûre de m'avoir tout dit ?

- Eh bien, dit-elle un peu honteuse, mon mari et moi faisons l'amour tous les soirs en levrette à même le sol !

- Ça doit être ça, dit le docteur. Il y a une quantité d'autres positions pour faire l'amour !

- Pas si vous regardez la télé en même temps...

* * * * * *

Quel est le nerf le plus long du corps humain ?

- Le nerf optique, car quand on se tire un poil du cul, on en a les larmes aux yeux.

* * * * * *

Celle-ci a été adaptée dans la pub Levi's. Donc tout le monde la connaît, ou presque.

Une fille demande à son petit ami de venir dîner chez ses parents le vendredi soir.

Comme c'est un grand événement, elle lui annonce qu'après le repas, ils sortiront en boîte et qu'ensuite, elle se donnera à lui pour la première fois. Le garçon est hyper excité à cette idée, surtout qu'il n'a encore jamais fait l'amour. Comme il n'est pas con, il passe par la pharmacie acheter quelques préservatifs.

Le pharmacien est bien sympa, et pendant une heure, il explique au jeune garçon tout ce qu'il faut savoir sur le sexe et les préservatifs. A la fin, le pharmacien lui demande combien de préservatifs il désire acheter : un paquet de trois, un paquet de dix ou le paquet familial de cinquante. Le garçon, ce présomptueux, insiste pour prendre le paquet familial...

Nous voilà vendredi soir.

La fille accueille son petit ami à la porte :

- Oh ! je suis si excitée de savoir que tu vas rencontrer mes parents. Viens, entre !

Le garçon entre, fait connaissance avec les parents. Puis ils passent à table.

Là, le garçon insiste pour dire la prière, et le voilà qui incline la tête et se lance dans une prière incroyablement longue.

Au bout de cinq minutes, sa petite amie se penche à son oreille et lui dit :

- Je ne savais pas que tu étais si dévot...

Et le garçon lui répond :

- Je ne savais pas que ton père était pharmacien.

* * * * * *

Deux bonnes choses quand vous avez la maladie d'Alzeihmer :

1) Vous pouvez chercher les œufs de Pâques que vous avez vous-même cachés.

2) Vous rencontrez de nouvelles personnes tous les jours.

* * * * * *

Deux copines sont en train de jouer au golf.

La première balance son swing. Malheureusement, la balle vient frapper l'un des hommes qui allaient jouer le trou suivant. Celui-ci porte immédiatement ses deux mains à son entrejambe, puis se laisse tomber par terre en se tordant de douleur.

La femme s'empresse de rejoindre l'homme à terre. Tout de suite, elle s'excuse, ajoute qu'elle est kinésithérapeute, et lui dit :

- Je peux soulager votre douleur : laissez-moi faire !

- Ummph, oooh, nnooonnn, ça va aller... J'en ai juste pour quelques minutes, lui répond-il alors qu'il gît en position fœtale, les mains serrées entre ses cuisses.

Malgré les protestations du type, la femme commence à masser doucement et consciencieusement l'aine du blessé qui finalement se laisse faire.

Après quelques minutes, elle demande :

- Alors, ça fait du bien ?

L'homme la regarde et répond :

- Oui, c'est bon... Mais c'est dans le pouce que j'ai reçu la balle !

* * * * * *

Qu'est-ce qui est pire que d'entendre son docteur vous dire que vous avez une maladie vénérienne ?

- Se l'entendre dire par son dentiste.

* * * * * *

C'est une femme qui va chez le dentiste. Au moment où il s'approche du fauteuil pour commencer son travail, elle lui attrape les testicules au travers de ses vêtements !

Le dentiste lui dit :

- Wow ! Madame, vous êtes en train de me serrer les parties...

La femme lui répond :

- Oui. Et maintenant, nous allons être prudents et tenter de ne pas nous faire mal, ni l'un, ni l'autre. D'accord ?

* * * * * *

Un jeune couple patiente dans la salle d'attente du médecin. Celui-ci les fait entrer dans son cabinet et leur demande pour quel motif ils consultent.

- Docteur, nous aimerions savoir si nous nous y prenons bien pour faire l'amour. Pourriez-vous nous regarder faire afin de nous rassurer ?

Le docteur, stupéfait mais intéressé, accepte.

Alors ils grimpent tous les deux sur la table d'examen et font l'amour dans la position du missionnaire.

Lorsqu'ils ont fini, le docteur leur dit :

- Pas de problème : votre façon de faire l'amour est tout à fait correcte. Ça vous fera 200 francs.

Le lendemain, les deux jeunes gens reviennent pour la même raison. Les amoureux prennent à nouveau position sur la table d'examen. Cette fois-ci, le type prend la jeune femme en levrette.

Et les jours suivants, le couple revient faire l'amour dans le cabinet du médecin, en adoptant à chaque fois une nouvelle position.

Le cinquième jour, le docteur leur demande :

- Pourquoi continuez-vous à venir ? Ce n'est pas que le spectacle que vous me procurez chaque jour me déplaise, mais il est clair que vous maîtrisez parfaitement les choses de l'amour.

Alors le garçon explique :

- C'est que la chambre d'hôtel coûte elle aussi 200 francs, mais contrairement à la consultation, elle n'est pas remboursée par la Sécu.

* * * * * *

Dans un bar, un homme se tourne vers une femme très séduisante et lui dit :
- On ne se serait pas déjà vus quelque part ?
La jolie dame répond d'une voix bien forte :
- Oui, oui, nous nous sommes déjà rencontrés à mon travail : je suis la secrétaire du Docteur Yohimbine, le spécialiste des maladies vénériennes.

* * * * * *

Un psychiatre reçoit la visite d'une jeune femme très nerveuse :
- Docteur, j'entends des voix ! Des voix qui me disent : «T'es une petite salope... T'es une petite salope...»
- Allongez-vous sur le divan et relaxez-vous, nous allons vite savoir de quoi il retourne.
Une demi-heure plus tard, la jeune femme se rhabille et demande :
- Alors Docteur, qu'en est-il ?
- Vous êtes réellement une petite salope !

* * * * * *

Une dame se plaint que son mari ne lui fasse plus tellement l'amour. Le pharmacien (quel commerçant celui-là !) lui conseille un produit miracle... Mais attention ! Pas plus de deux gouttes, et dans un plat qu'il aime bien.
Le soir même, cette brave dame prépare une choucroute à son mari. Elle verse deux gouttes, hésite, verse une troisième goutte, puis quelques cuillerées à café (comme on dit dans les recettes), oh et puis hein, tout le flacon finalement.
Elle sert son mari et regagne la cuisine, quand elle entend son cher et tendre hurler de rire. Un peu inquiète, elle revient en courant :
- Mais que se passe-t-il ?
- Ah ! là là, chérie ! Quelle rigolade ! Je commençais à manger tranquillement, quand tout à coup une saucisse a sauté du plat pour aller se planter dans le trou du cul du chien !

* * * * * *

C'est l'histoire d'un homme qui va chez son docteur, avec une tronche pas très nette, du genre «j'dors pas la nuit» :
- Docteur, aidez-moi, je vous en supplie. Je n'arrive plus à dormir car toutes les nuits, je rêve qu'un nain vient me voir et qu'il me dit :
- Viens, on va faire pipi.

Alors, moi, je fais pipi au lit et c'est une catastrophe. Ma femme veut me quitter, au bureau je n'arrive même plus à rire des blagues de mon chef, et j'ai honte !!!!

Le docteur lui répond :

- Dans votre rêve, lorsque le nain vient vous chercher pour faire pipi, dites-lui : «NON ! Je n'ai pas envie de faire pipi !» Et vous arrêterez de pisser au lit.

Le type s'en va. Une semaine plus tard, il revient avec une tronche incroyable : c'est devenu une loque humaine.

- Docteur, ma femme m'a quitté, mes enfants sont en échec scolaire et j'ai perdu mon travail.

- Mais vous n'avez pas suivi mon conseil ?

- Si, quand le nain vient me chercher et me fait :

- Viens, on va faire pipi !

Alors je lui dis :

- NON, j'ai pas envie !

Et alors il me répond :

- Ben alors viens, on va faire caca...

* * * * * *

Une femme dit à son amie :

- Je ne comprends pas pourquoi tu n'as pas encore changé de gynécologue. Regarde le mien, il est si jeune et si charmant ! Alors que ton gynécologue est tellement vieux !

L'amie lui répond avec un sourire :

- Oui, c'est vrai. Ses mains tremblent tout le temps !

* * * * * *

Deux médecins discutent :

- Si l'on pouvait mettre la connerie en bouteille, il y aurait des acheteurs...

- Je crois que ça existe déjà... On appelle ça l'homéopathie.

* * * * * *

A la maternité, une jeune maman ayant tout juste accouché, sort de son lit en robe de chambre, et se dirige vers le bureau des infirmières, où elle demande un annuaire téléphonique.

- Qu'est-ce que vous faites ici ?! Vous devriez être dans votre chambre en train de vous reposer ! dit le médecin accoucheur qui passait par là.

- Je voulais juste trouver un nom pour mon bébé dans l'annuaire.

- Mais enfin, vous n'avez pas besoin de faire cela. Lorsque vous êtes arrivée, l'hôpital vous a bien fourni un petit livre pour vous aider à choisir un prénom pour votre enfant ?

- Vous ne comprenez pas... J'ai déjà trouvé le prénom...

* * * * * *

C'est un muet qui veut absolument guérir de son infirmité, mais il n'y a rien à faire, il ne peut pas parler. Normal, quoi, c'est un muet. Un jour, quelqu'un lui donne l'adresse d'un docteur qui fait, paraît-il, des miracles. Bref, notre muet n'hésite pas une seconde, et il court chez le toubib :

- Très bien, déshabillez-vous !

Intimidé, le muet se déshabille, et lorsqu'il est finalement à poil, le toubib lui fait :

- Tournez-vous et écartez les fesses.

Le muet s'exécute. Soudain, il sent un énorme membre qui lui défonce le cul, et il se met à hurler :

- AAAAAAAAAAAAAAAAAAAAAAAAAAAHhh !

- Mais c'est très bien tout ça, fait le docteur. Bon, vous pouvez vous rhabiller maintenant... et revenez demain pour le B.

* * * * * *

C'est un gars qui est malade, et qui va consulter son médecin. A la fin de l'examen, le médecin dit :

- Vous avez déjà eu ça auparavant ?

Le gars :

- Oui, l'an dernier.

- Eh bien, c'est revenu !

* * * * * *

C'est une femme qui consulte son gynéco :

- Docteur, mon mari me dit que mon sexe est trop grand, enfin trop large quoi...

- Déshabillez-vous, je vais vous donner mon avis.

La femme se déshabille et se met sur la table d'auscultation. Et là, le docteur crie :

- Quelle chatte immense !! Quelle chatte immense !!

La femme lui répond :

- Inutile de le dire deux fois !

Le docteur :

- Mais je ne l'ai dit qu'une fois...

* * * * * *

Le patient :

- Docteur, j'ai besoin de lunettes.

- Je n'en doute pas, mais adressez-vous en face. Ici, c'est une banque !

* * * * * *

Le patient :

- Docteur, aidez-moi : je suis tellement stressé en ce moment que je perds mon calme à tout bout de champ avec les gens.

Le médecin :

- Expliquez-moi votre problème.

- JE VIENS JUSTE DE VOUS LE DIRE !!!!! VOUS ETES BOUCHÉ OU QUOI ?!!!

* * * * * *

Le patient entre dans la salle de consultation :

- Docteur, les gens m'ignorent.

Le médecin :

- Personne suivante !

* * * * * *

Le patient :

- Docteur, j'ai un grave problème de mémoire. Je ne me souviens de rien !

Le médecin :

- Ah oui ? Et depuis quand avez-vous ce problème ?

- Quel problème ?

Variante :

Le médecin :

- Vous avez pris les comprimés que je vous avais prescrits pour améliorer votre mémoire ?

- Quels comprimés ?

* * * * * *

Et encore :
Un type se pointe chez le toubib :
- Docteur, je suis venu vous voir car j'ai des pertes de mémoire...
Le toubib :
- Ah ? Depuis quand ?
Le patient :
- Depuis quand QUOI ?

Ou encore, dans la même veine :
- Docteur, je suis venu vous voir car j'ai des pertes de mémoire : que faire ?
- Payez-moi d'avance.

* * * * * *

Le patient :
- Docteur, si j'arrête le vin, les femmes, et la cigarette, je vivrai plus longtemps ?
Le médecin :
- Pas vraiment. Mais la vie vous paraîtra plus longue.

* * * * * *

L'assistante :
- Docteur, il y a l'homme invisible dans votre salle d'attente.
Le médecin :
- Dites-lui que je ne peux pas le voir maintenant.

* * * * * *

Le patient :
- Docteur, je me prends pour l'homme invisible.
Le psychanalyste :
- Il y a quelqu'un ?

* * * * * *

La patiente :
- Docteur, aidez-moi. Chaque fois que j'éternue, j'ai un orgasme.
Le médecin :

- Vraiment ! Et qu'est-ce que vous prenez pour ça ?
- Du poivre noir !

* * * * * *

Le vieux Marcel emmène son chien malade chez le vétérinaire, à la ville. Celui-ci lui demande :

- Il est tatoué, ce chien ?

Le vieux Marcel, vexé, lui répond (avec l'accent) :

- Ma ! Pour sûr, qu'il est à moué !

* * * * * *

C'est un gynéco qui commence tout juste à pratiquer en clientèle. Une de ses premières patientes est un canon, presque aussi belle que Claire Delavallée !

Alors le jeune gynéco, une fois la jeune dame sur sa table de consultation, oublie un peu son éthique médicale : comme il frotte la peau souple et lisse des cuisses de sa patiente, il lui demande :

- Vous savez ce que je suis en train de faire ?
- Oui, répond la patiente. Vous vérifiez qu'il n'y a pas de lésions sur ma peau.
- C'est tout à fait ça, répond le jeune docteur en mentant.

Un peu plus tard, alors qu'il masse langoureusement les seins de la patiente, il demande :

- Et maintenant, vous savez ce que je suis en train de faire ?
- Vous recherchez une possible tumeur mammaire, répond-elle.
- Exactement, répond le docteur.

De plus en plus excité, il place les mollets de sa patiente sur les étriers, baisse son pantalon, et glisse son membre turgescent dans la cavité qu'il était censé inspecter...

- Et là, vous sentez ce que je suis en train de faire ?
- Oh oui, très très bien, répond la patiente aussitôt. Vous êtes en train d'attraper l'herpès.

* * * * * *

Une infirmière, qui prend sa pause cigarette à l'entrée de l'hôpital, voit deux médecins en blouse blanche, en train de chercher quelque chose dans le parterre de fleurs.

- Excusez-moi, dit-elle, vous avez perdu quelque chose ?

- Non, répond l'un des docteurs. Tout à l'heure, nous allons faire une transplantation cardiaque à un inspecteur des impôts, et nous sommes à la recherche d'une pierre de taille adéquate.

* * * * * *

La définition du psychanalyste :

Quelqu'un qui pose beaucoup de questions très très chères, que votre femme vous aurait posées pour rien.

* * * * * *

Le psychanalyste :
- Quel est votre problème ?
Le patient :
- Je pense que je suis un poulet.
- Et depuis quand pensez-vous cela ?
- Depuis l'œuf !

* * * * * *

Le psychanalyste :
- Qu'est-ce qui ne va pas avec votre frère ?
La sœur :
- Il pense qu'il est un poulet.
- Et il se comporte comme un poulet depuis combien de temps ?
- Trois ans maintenant. On serait bien venus plus tôt, mais on avait besoin des œufs.

* * * * * *

La femme :
- Docteur, mon mari pense qu'il est un cheval.
Le psychanalyste :
- Il est probablement stressé et il lui faudrait un peu de repos.
- Mais il ne veut plus dormir dans le lit. Il passe la journée et la nuit dans le jardin à brouter de l'herbe.
- Dans ce cas, c'est plus grave, et il lui faudra un traitement qui risque d'être long et coûteux.
- Oh, ne vous en faites pas pour l'argent : dimanche dernier, il a gagné le tiercé !

******

Le gars :

- Docteur, ma femme pense qu'elle est un réfrigérateur !

Le psychanalyste :

- Ne vous inquiétez pas, ça va passer.

- Mais docteur... Quand elle dort la bouche ouverte, cette satanée lumière m'empêche de dormir !

******

Un patient va chez un psychanalyste qui lui fait un test de Rorschach : il montre au patient un cercle avec un point à l'intérieur et demande :

- Que voyez-vous ?

Le patient répond :

- Deux personnes en train de faire l'amour au milieu d'une pièce circulaire.

Le psychanalyste montre au patient un autre dessin qui est un carré avec un point à l'intérieur :

- Que voyez-vous ?

Le patient répond :

- Deux personnes en train de faire l'amour au milieu d'une pièce carrée.

Le psychanalyste montre au patient un autre dessin qui est un triangle avec un point à l'intérieur :

- Que voyez-vous maintenant ?

Le patient répond :

- Docteur, vous ne seriez pas un peu obsédé ?!?

******

Une femme dit à une autre :

- Le mari de Madame X va certainement se faire radier de l'Ordre : il a été surpris en train d'avoir des relations sexuelles avec l'une de ses patientes.

Et l'autre ajoute :

- C'est dommage, c'était le meilleur vétérinaire du coin.

(C'était la version zoo. Existe aussi en version nécro, avec un médecin pathologiste).

******

- Docteur ! Dès que je suis à mon travail, au bout de dix minutes, je m'endors ! ça ne peut plus durer !
- Tiens, tiens! Et vous travaillez où exactement ?
- Aux abattoirs de la ville...
- Ça alors ! Et vous vous endormez en assommant les bœufs ?!?
- Pas des bœufs, Docteur, mais des moutons ! Et puis je ne les assomme pas... C'est moi qui les compte !

******

Ahmed arrive à la pharmacie : il y a un monde fou. Quand son tour arrive, il dit au pharmacien :

- Je voudrais une pommade pour la bite.

Le pharmacien l'emmène dans l'arrière-boutique et lui dit :

- Écoute, Ahmed, ça fait dix ans qu'on se connaît ; je n'ai jamais eu de problème avec toi. Ça ne me dérange pas que tu dises des gros mots à voix haute, mais là, il y a plein de vieilles bigotes dans la boutique, tu comprends ?
- Ouais, je comprends, mais c'est à la bite que j'ai mal ; comment je peux te le dire alors ?
- Eh ben, la prochaine fois, tu diras que tu as mal au bras, et tu me feras un clin d'œil, je comprendrai.

La semaine suivante, même tableau dans la pharmacie :

- Salut Ahmed. Alors, comment va ton bras ?
- Il va très bien, merci, répond Ahmed en clignant de l'œil. Mais maintenant, j'ai mal aux couilles.

******

Un mec va se plaindre à son médecin qu'au niveau sexuel, c'est plus ça entre sa femme et lui...

- Vous changez souvent de position ? demande le toubib.
- Heu ? Non, pourquoi ? Il y a plusieurs positions ?
- Oui, il faut rompre la monotonie qui s'installe dans votre couple. Essayez donc la levrette !
- La quoi ?
- La levrette, vous avez déjà vu comment font les chiens, dans la rue ? Eh ben, c'est comme ça !
- Ah ! OK ! OK ! OK !

Le mec rentre chez lui et va voir sa femme.

- Ma puce, pour notre libido le médecin m'a donné un truc, une nouvelle position : la levrette !

- La quoi ?

- La levrette ! T'as déjà vu les chiens quand ils font ça dans la rue ?

La femme réfléchit un temps, puis elle dit :

- Bon, d'accord, mais on ira dans un quartier où personne ne nous connaît !

* * * * * *

Les névrosés construisent des châteaux en Espagne, les mythomanes croient y habiter, les psychiatres récoltent les loyers.

* * * * * *

C'est une femme qui va chez le médecin :

- Docteur, il m'arrive un truc bizarre : quand j'enlève mon soutien-gorge, j'ai les seins qui remontent !

- Ah bon, voyons voir ça...

La dame se déshabille et enlève son soutien-gorge : en effet, ses deux seins remontent !

- Ça alors, dit le médecin, c'est vraiment curieux. Et ça vous fait ça tout le temps ?

- Oui, Docteur.

Elle remet son soutien-gorge, puis le retire aussitôt, et de nouveau, hop ! Les seins remontent.

- Oui, oui, oui, fait le médecin songeur, je vois ce que c'est...

- Vous savez ce que c'est, demande la patiente ?

- Non, répond le médecin, mais en tout cas, c'est contagieux.

* * * * * *

C'est un homme qui accompagne sa femme chez le médecin, car elle se sent vraiment très malade. Après examens et tests divers, le médecin prend le mari à part pendant que sa femme se rhabille et dit :

- Votre femme a ou bien la maladie d'Alzheimer, ou bien le SIDA...

Le mari cherche à en savoir plus, alors le médecin ajoute :

- Ces deux maladies peuvent parfois donner les mêmes symptômes. Voici ce que vous allez faire pour être fixé : emmenez votre femme faire un tour à la campagne. Laissez-la et rentrez chez vous. Si elle parvient à retrouver le chemin de la maison toute seule, ne faites plus l'amour avec elle.

* * * * * *

Le Ministre de la Santé visite une clinique ultramoderne. En entrant dans une chambre, il voit une infirmière qui branle un patient.

- Mais que faites-vous ?

- Il a un problème hormonal. Il faut le masturber tous les jours, sinon ses testicules gonflent et risquent d'éclater.

Le Ministre continue son tour. Puis il se rend dans l'autre aile et trouve l'infirmière en train de sucer un patient.

- C'est plus grave pour lui ?

L'infirmière :

- Non, c'est pareil que l'autre, mais lui, il a une mutuelle.

* * * * * *

C'est un gars qui va chez le médecin et qui lui demande un remède pour dormir. Le docteur lui propose un nouveau suppositoire :

- Il est tellement efficace que quand vous vous réveillerez le lendemain matin, vous aurez encore le doigt dans le cul !

* * * * * *

Un docteur à son patient :

- Mon pauvre ami, j'ai deux mauvaises nouvelles à vous annoncer. La première : j'ai reçu les résultats de vos analyses. Vous avez une maladie incurable, et il vous reste six mois à vivre. La seconde : ça fait cinq mois que je tente de vous joindre sans succès.

* * * * * *

Quels sont les premiers symptômes du SIDA ?

- Un souffle chaud dans le cou et une forte douleur anale.

* * * * * *

A la campagne, avant la guerre, une sage-femme se rend dans une maison pour l'arrivée d'un heureux événement. Elle rentre dans la chambre de la future maman, laissant le père dehors, puis ressort au bout de cinq minutes en demandant des tenailles.

Le père, passablement inquiet, va chercher les tenailles, et les donne à la sage-femme qui referme la porte sans laisser au père le loisir de regarder.

Cinq minutes plus tard, elle ressort en sueur et demande une scie à métaux.

Le père va la chercher, franchement blanc, et la sage-femme disparaît dans la chambre avec la scie. Puis cinq minutes plus tard, la sage-femme ressort, l'air abattu. Le père demande alors, d'une voix blême et rauque :

- Que se passe-t-il ? Il y a un problème ?

- Il va falloir appeler une autre sage-femme... J'arrive pas à ouvrir ma sacoche.

* * * * * *

Un gars se présente à la pharmacie et demande au pharmacien :

- Je voudrais de l'acide acétylsalicylique !

- Ah ! vous voulez dire de l'aspirine !

- Ben oui, je ne parviens jamais à me souvenir du nom !

* * * * * *

Ce sont deux psys qui exercent dans le même immeuble et qui, chaque matin, prennent ensemble l'ascenseur.

Autant le premier est toujours élégant, bien habillé, passant du complet luxueux à la tenue de golf ou de tennis de grande qualité, bien coiffé, bronzé, respirant l'énergie... Autant le deuxième est de plus en plus fatigué, le teint blafard, les yeux cernés, les ongles rongés, la coiffure aléatoire, mal rasé. Ce dernier n'en pouvant plus, craque un jour et demande à l'autre :

- Cher Confrère, permettez-moi de vous importuner... Mais quel est le secret de votre forme ?

- Pardon ? fait l'autre en enlevant une boule Quiès de son oreille...

* * * * * *

Une blague auvergnate :

C'est le jour du marché, une femme aborde le toubib :

- Ah Monsieur le Docteur, il faut que vous m'aidiez, j'en peux plus, à chaque fois que je couche avec mon mari, il me met enceinte, mais j'ai déjà huit enfants et c'est trop de boulot pour moi, je ne veux plus en avoir.

[Notez la technique pour avoir la consultation gratuite, c'est typique de chez nous cha !]

Le docteur :

- Écoutez, j'ai une méthode contraceptive radicale : il vous suffit d'acheter une paire de sabots et de dormir avec, vous verrez, vous n'aurez plus jamais d'ennuis !

Sur ce, la bonne femme va chez le sabotier, s'achète une paire de sabots, et se met à dormir avec les sabots aux pieds.

Et ce qui devait arriver arrive : elle se retrouve enceinte. Alors elle va voir le docteur :

- Mais ça ne marche pas du tout, votre truc, voilà que je vais avoir un gosse de mieux !

Et le docteur :

- Ah ! Il ne fallait pas enlever la ficelle !

... Si vous n'avez pas compris, sachez que les sabots sont vendus attachés par une courte ficelle.

* * * * * *

C'est un homme très timide, bien équipé et qui est en érection permanente. Très gêné (ça fatigue, et en plus, en caleçon, ça se voit), il se décide enfin à aller voir un médecin.

Par pudeur, il choisit une femme médecin (il ne veut pas être vu par un homme) et par timidité, il la choisit (le médecin femme) exerçant de l'autre coté de la ville.

Lors de la consultation, il explique son cas - une érection permanente - et demande :

- Docteur, que pouvez-vous pour moi ?

- Il faut que j'étudie la question, revenez demain vers 16 heures.

Le lendemain :

- Alors Docteur, qu'avez-vous à me proposer ?

- Ecoutez, j'en ai discuté avec ma sœur : on vous propose 7000F par mois logé et blanchi.

* * * * * *

Un accoucheur s'occupe d'une femme qui attend des jumeaux. Le premier bébé sort, c'est un superbe garçon : une tape sur les fesses et il pousse un cri vigoureux.

Mais le deuxième bébé tarde à vouloir sortir. Une heure passe, deux heures... L'accoucheur part déjeuner en demandant à la sage-femme de l'appeler quand il y aura du nouveau.

Dès qu'il est parti, la sage femme entend :

- Psssst ?

- ?...

- Pssssst !

Elle aperçoit une petite main qui sort du vagin de la parturiente et qui lui fait signe de venir ! Incrédule, elle se rapproche et entend distinctement :

- Il est parti le Monsieur qui donne les fessées ?

* * * * * *

Une vieille femme très riche, qui a déjà subi plusieurs opérations de chirurgie esthétique, se rend chez son chirurgien pour lui demander s'il n'existerait pas quelque chose qui lui permettrait de ne plus avoir recours à ces liftings à répétition...

Le chirurgien lui répond :

- Mais oui, j'ai ce qu'il vous faut : il s'agit d'une sorte de cadran que l'on installe sur le haut de la tête. Dès que vous constatez l'apparition d'une ride, il suffit de pousser un petit cran et hop, la ride disparaît.

La dame lui répond qu'elle est d'accord pour installer le gadget. Elle rentre en clinique, le docteur pratique l'opération puis, après quelques jours de post-opé, il la renvoie chez elle en lui demandant de revenir dans six mois pour contrôle.

Après deux mois seulement, la vieille dame appelle son chirurgien pour se plaindre de poches sous les yeux.

Le docteur la prend en consultation le jour même. À peine est-elle rentrée dans son cabinet que le chirurgien lui dit :

- Madame, ce ne sont pas des poches que vous avez sous les yeux, ce sont vos seins ! Et si vous n'arrêtez pas tout de suite de pousser des crans à votre machine, vous aurez bientôt de la barbe !

Et une variante plus courte :

C'est une dame essayant une robe chez le couturier :

La dame :

- Vous ne trouvez pas que cette robe est trop décolletée ?

Le couturier :

- Heu, ça dépend... Vous avez des poils entre les seins ?

* * * * * *

C'est un type qui sort de chez le docteur. Il appelle l'ascenseur, monte dedans, et marmonne :

- Gémeaux... Balance...

Il appuie sur le bouton.

- Bélier... Scorpion... Rhââ, je me rappelle plus !

Il remonte chez le docteur, et lui demande :

- Docteur, c'est quoi, déjà ?

- Cancer.

******

À l'hôpital, au service réanimation, un patient reprend conscience :

- Où suis-je ?

- Vous êtes à l'hôpital, en réanimation.

- Qu'est-ce qui s'est passé ?

- Il y a eu une bousculade dans la gare, et vous êtes passé sous un train.

- Et alors ?

- Et alors, j'ai une bonne et une mauvaise nouvelle. Laquelle des deux voulez-vous entendre d'abord ?

- Euh... je ne sais pas... La mauvaise ?

- La mauvaise nouvelle, c'est que vos jambes étaient dans un tel état, qu'on a dû vous amputer.

- Oh non ! C'est pas vrai!... Mes jambes... Et quelle est la bonne nouvelle ?

- Il y a un gars dans une chambre à côté qui a fait une très bonne offre pour vos chaussures.

******

C'est deux étudiants en médecine qui prennent un verre à la terrasse d'un café. L'un des deux avise un passant qui avance d'une démarche hésitante et précautionneuse :

- Tiens, je te parie que ce type souffre d'hémorroïdes.

- T'es louf ? Ce mec a une blenno, c'est évident !

- Bon, on va lui demander, il va nous mettre d'accord.

Ils se lèvent et abordent le pauvre gars :

- Bonjour, Monsieur, excusez-nous, nous sommes étudiants en médecine, j'ai parié que vous souffrez d'hémorroïdes, mon copain pense plutôt qu'il s'agit d'une chaude-pisse. Alors, qu'avez-vous en réalité ?

- Eh bien ! Vous voyez, on s'est trompés tous les trois. Moi je pensais que c'était juste un pet...

* * * * * *

Un ophtalmo installe son client devant un tableau recouvert de lettres de grosseur décroissante.

- Pouvez-vous lire ceci ? lui demande-t-il en désignant une ligne où est inscrit : BRZEMYSLWXISKI.

- Bien sûr ! dit le patient, je suis polonais !

* * * * * *

C'est un homme qui va chez le médecin car il a de violents maux de tête. Le toubib l'ausculte, puis commence à lui poser quelques questions :

- Avez-vous remarqué si votre mal de tête apparaissait plutôt quand vous avez trop bu ?

- Mais Docteur, je ne touche pas à l'alcool, pas même une goutte de vin les jours de fête.

- Bien, bien. Peut-être alors que vous fumez trop : il faudrait réduire votre consommation de tabac.

- Docteur, je vous assure que je n'ai jamais fumé de ma vie et d'ailleurs, la fumée me rend malade.

- Vraiment ? Bon, il peut s'agir d'un excès d'activité sexuelle. Souffrez-vous davantage après l'amour ?

- Comment ? Mais depuis la mort de ma chère épouse, je n'ai pas touché une femme. Je ne les regarde même plus.

Le docteur dubitatif se gratte la tête, la barbe (car il a une barbe), et enfin, un sourire illumine son visage austère.

- Ça y est, cher ami, cette fois j'ai trouvé : votre auréole est trop serrée.

* * * * * *

Une femme téléphone affolée au pédiatre en pleine nuit :

- Docteur ! C'est terrible, mon bébé vient d'avaler un préservatif !

- Calmez-vous, Madame, j'arrive tout de suite...

Le docteur s'habille en vitesse, et il est sur le point de sortir lorsque le téléphone sonne à nouveau :

- Docteur ! C'est encore moi. C'est pas la peine de vous déplacer... On a trouvé un autre préservatif !

*****

Au cours d'un séminaire médical, un médecin homme repère un médecin femme. Ils font connaissance, et elle accepte un rendez-vous pour un dîner au restaurant en tête à tête.

Avant de s'asseoir à la table, elle s'excuse pour aller se laver les mains aux toilettes. Après le dîner, elle s'excuse à nouveau et file se laver les mains.

La soirée se poursuit dans un bar branché de la ville, puis le médecin homme convainc le médecin femme de le suivre dans sa chambre d'hôtel.

Avant de se laisser aller à leurs pulsions sexuelles, la femme s'excuse et va se laver les mains une fois encore...

Après l'amour, la femme se lève en disant qu'elle va se laver les mains. Lorsqu'elle revient, le médecin homme lui dit :

- Je parie que tu es chirurgien !

- Bravo ! Comment as-tu deviné ?

- Facile, tu es toujours en train de te laver les mains.

Alors la femme dit :

- Eh bien moi, je parie que tu es anesthésiste !

Le gars répond :

- C'est vrai ! Comment tu as deviné ?

- Parce que je n'ai rien senti.

******

- Mon médecin, on peut pas dire que ce soit une lumière ! Ma femme est soignée par lui depuis vingt ans pour des problèmes de foie, et la voilà qui meurt d'une attaque cardiaque !

- Pfff... Le mien est encore pire que le tien : s'il te soigne pour des problèmes de foie, tu peux parier ton dernier sou que tu mourras d'un problème de foie.

******

Petite histoire de la médecine

Le patient :
- J'ai mal à la tête.
Réponse du médecin :
2000 avant J. C. : - Tiens : mange cette racine.
En l'an 1000 : - Cette racine est païenne : dis cette prière.
1850 : - Cette prière n'est que superstition : bois cette potion.
1940 : - Cette potion n'est que venin : avale cette pilule.
1985 : - Cette pilule est inefficace : prends cet analgésique.
2000 - Cet analgésique est artificiel. Tiens : mange cette racine.

* * * * * *

Un gars va chez son médecin pour faire un check-up, car depuis quelque temps, ça ne va vraiment plus très fort. Le médecin, après auscultation et résultats de divers examens, lui dit :

- Ah ! là là, j'ai bien peur de n'avoir que des mauvaises nouvelles pour vous... Vous êtes en train de mourir.

Le patient :
- Oh non !?! Ne me dites pas ça... Combien de temps me reste-t-il ?
Le médecin :
- 10...
Le patient :
- 10 ? 10 quoi ? 10 mois ? 10 semaines ? 10 quoi enfin ?!
Le médecin :
- 10... 9... 8... 7...

* * * * * *

Une personne du sexe féminin se rend chez son médecin :

- Voilà Docteur, j'ai un gros problème... Mon quatrième mari vient de mourir du tétanos comme les autres.

- Eh bien, Madame, un conseil : changez donc de stérilet...

* * * * * *

C'est la femme d'un petit fermier qui accouche. Elle a commencé le travail au milieu de la nuit, et le médecin de famille a été appelé pour superviser les événements (car des sages-femmes, à la campagne, a pus). Pour occuper le futur papa qui fait rien qu'à s'énerver, le docteur lui donne une lampe électrique et lui dit :

- Tenez, prenez ça et éclairez-moi. Au moins, je verrai ce que je fais.

Quelque temps plus tard et après quelques bonnes poussées, un bébé fait son apparition.

Mais le docteur ne tarde pas à se manifester :

- Oh Oh ! Continuez à m'éclairer, car je crois bien que ce bébé aura un petit frère ou une petite sœur...

Et effectivement, après que la maman ait continué à pousser, un deuxième bébé montre le bout de son nez !

Mais, chose incroyable qui n'arrive que dans les blagues de frh, le docteur dit en rigolant :

- Hé, je le crois pas ça, continuez à m'éclairer car un troisième bébé est prêt à se montrer !

Alors le fermier se gratte la tête, montrant par là qu'il est en pleine cogitation, et dit :

- Heu... Vous ne pensez pas qu'il faudrait couper l'éclairage ? Peut-être que c'est la lumière qui les attire ?

* * * * * *

C'est un bébé extraordinaire qui vient de naître à la clinique Saint-Roch. On vient à peine de lui couper son cordon qu'il se met à parler.

Le bébé (en regardant autour de lui et s'arrêtant sur le gynéco) :

- Tu es mon docteur ?

- Oui, c'est moi...

- Je te remercie de m'avoir permis de naître sans encombre.

Puis le bébé se tourne vers sa mère :

- C'est toi ma maman ?

- Oui, c'est moi.

- Merci pour avoir pris soin de moi jusqu'à maintenant.

Puis il se tourne vers le papa :

- C'est toi mon papa ?

- Oui, c'est moi.

Le bébé tend alors son petit bras vers le visage du père, puis il frappe sur le front du papa avec l'index plusieurs fois de suite, et dit :

- C'était pour te dire que ça, ÇA FAIT MAL !

* * * * * *

Le docteur, qui vient de finir l'examen de son patient, lui dit :

- Je ne vois pas bien quel est votre problème. Pour être franc avec vous, je pense que c'est dû à l'excès d'alcool.

Le patient répond :

- Dans ce cas, je reviendrai quand vous aurez dessoûlé.

* * * * * *

C'est un docteur et sa femme qui ont une violente dispute le matin. Le médecin finit par hurler à sa femme :

- Tu es nulle au lit !

... et il s'en va au boulot.

Dans la matinée, pris de remords, il décide d'appeler sa femme au téléphone pour s'excuser et tenter de faire la paix.

Le téléphone sonne, sonne, sonne encore...

Après plus d'une minute de sonnerie, la femme décroche, la voix haletante d'avoir couru :

- Où étais-tu pour être essoufflée comme ça ? demande le médecin.
- J'étais dans la chambre, en haut.
- Et qu'est-ce que tu faisais encore au lit à 11 heures du matin ??
- C'était pour avoir un deuxième avis.

* * * * * *

Le comte de Mormoilneud consulte son généraliste :

- Je suis très préoccupé par des envies d'uriner nocturnes et impérieuses.
- Votre prostate sans doute, mon cher Comte, veuillez vous déshabiller.
- Est-ce vraiment indispensable ?
- Certainement.
- Le caleçon aussi ?
- Oui, je vais vous faire un toucher rectal.
- Mon Dieu ! Puisqu'il le faut...
- Détendez-vous. Je vous fais mal, là ?
- Écoutez Docteur, au point où en sont arrivées nos relations, je crois que nous pouvons nous tutoyer.

* * * * * *

Un jour, y'a un gars qu'a des hémorroïdes. Mais mal au cul comme c'est pas permis. Sa femme lui dit :

- Ben... Va voir un toubib !

L'autre :

- T'as vu l'heure qu'il est ? Où j'vais trouver un toubib à cette heure-là ?

Sa femme :

- Écoute, y'a qu'à faire comme dans le temps avec le marc de café.

Lui :

- Le marc de café ? C'est quoi c'te connerie encore ?

- Ma grand-mère faisait ça quand mon grand-père avait ses «émeraudes» : elle lui badigeonnait le cul avec du marc de café et ça le soulageait.

Lui :

- Bon... Ben, qu'est-ce que t'attends ? Fais du café !

Elle fait une grande cafetière d'un café très fort, en récupère le marc. Lui attend, le train à l'air. Elle lui tartine les sphincters avec du marc. Ça le soulage et la nuit passe. Le lendemain, il va voir un proctologue. Le toubib lui dit :

- Allongez-vous.

Le gars s'exécute. Et le toubib regarde sans rien dire.

Le gars s'impatiente :

- Alors, Docteur, qu'est-ce que vous voyez ?

Le toubib ne répond pas. Le gars redemande :

- Hé Docteur, vous voyez quelque chose ?

Le docteur répond :

- Alors, je vois un changement de situation, un voyage et une rencontre avec une dame...

* * * * * *

Un chirurgien vient voir sa patiente au lendemain d'une opération. La patiente lui demande :

- Docteur, combien de temps devrai-je attendre avant de reprendre une vie sexuelle normale ?

Stupéfait, le chirurgien garde un moment le silence, puis répond :

- J'avoue n'y avoir jamais pensé. Vous êtes la première à me poser la question après une opération des amygdales

* * * * * *

Un patient chez le docteur :

- Docteur, ce matin, en me regardant dans le miroir, j'ai constaté que j'avais un œil qui n'était pas pareil à l'autre.
- Ah oui, lequel ?

******

Chez le dentiste :

- Docteur, combien ça va me coûter pour me faire retirer cette dent ?
- 600 francs.
- Quoi ?! 600 francs pour quelques minutes de travail ???
- Je peux l'extraire très lentement, si vous préférez.

Et une variante :

- Docteur, est-ce que ça va faire mal ?
- Seulement quand vous recevrez la note.

******

Chez le docteur :

- Docteur, vous me faites peur... Vous parlez sérieusement ?
- Oui : si j'étais vous, je ne commencerais pas à regarder une nouvelle série télévisée.

******

Un vétérinaire, qui ne se sent pas en forme, va consulter son médecin. Le médecin lui pose les questions habituelles : quels sont les symptômes, quand cela a commencé, etc...

Mais le véto l'interrompt :

- Hé dites, faites un peu comme moi : je suis véto, je n'ai pas besoin de demander à mes patients où ils ont mal, et depuis combien de temps... Je trouve ce qu'ils ont sans le leur demander ! Pourquoi ne pas m'imiter ?

Le médecin ne répond pas, et poursuit l'examen sans l'aide du patient.

Une fois la consultation terminée, il fait une ordonnance et la remet au véto en disant :

- Voilà. Vous suivez ce traitement pendant cinq jours. S'il n'y a pas d'amélioration, c'est l'abattoir.

******

La mort : état dans lequel se plongent certains patients pour humilier leur médecin.

* * * * * *

Le patient au médecin qui lui a sauvé la vie :

- Puisque vous m'avez tiré d'un bien mauvais pas, et que nous sommes devenus bons amis, je ne vous offenserai pas en vous payant cette visite... Mais je veux que vous sachiez que je vous ai couché sur mon testament !

Le médecin répond :

- C'est très gentil à vous. Euh, pendant que j'y pense, pouvez-vous me rendre votre ordonnance : j'aimerais y faire un petit changement.

* * * * * *

C'est un patient qui doit subir une intervention chirurgicale très lourde genre quadruple pontage coronarien et il est mort de trouille. Son chirurgien, qui s'en aperçoit, décide de le rassurer avant que l'anesthésiste l'endorme :

- Ne vous en faites pas, tout va très bien se passer. Tenez, vous voyez cette barbe ? (Nota : le chirurgien est barbu). Eh bien, quand vous vous réveillerez, vous la retrouverez.

Sur ce, un peu rassuré, notre patient se laisse endormir en pensant à la barbe.

À son réveil, notre patient aperçoit la silhouette d'un homme barbu. Fou de joie, il commence à caresser la barbe.

- Oh, merci, Docteur ! Je savais que je pouvais vous faire confiance. Je suis si heureux de vous retrouver !

- Ça va, ça va. Lâchez-moi... Et puis d'abord, je ne suis pas docteur, je suis saint Pierre...

* * * * * *

C'est une jeune femme de très petite taille qui va voir son médecin pour un problème de démangeaisons.

Le docteur fait son examen et ne trouve rien de spécial. Il demande :

- Est-ce qu'il y a des moments où les démangeaisons sont plus fortes ?

- Ah oui ! Les jours où il pleut, c'est abominable comme je suis irritée.

- Dans ce cas, nous allons attendre qu'il pleuve et vous reviendrez me voir en consultation ce jour-là. À bientôt.

Deux semaines plus tard, il pleut comme vache qui pisse.

- Oh ! Docteur... Qu'est-ce que je suis irritée... Il faut que vous m'aidiez !!!

- Voyons cela. Allongez-vous sur la table d'examen... Ah oui, ça y est, je vois d'où vient le problème.

Le docteur demande à son assistante de lui apporter ses instruments de chirurgie, et rassure sa patiente :

- Ne vous en faites pas, ça ne vous fera pas mal.

La naine ferme les yeux, le docteur prend les ciseaux et commence son travail. Quelques minutes plus tard, il a fini :

- Voilà, Madame. Essayez maintenant, et dites-moi si vous êtes encore irritée ?

La jeune femme marche un peu dans le cabinet et s'exclame :

- C'est magnifique, Docteur ! Qu'avez-vous fait ?

- Oh ! C'est simple ! J'ai juste enlevé quelques centimètres en haut de vos bottes !

* * * * * *

Comment savoir si l'infirmière à laquelle on a affaire est l'infirmière en chef ?

- L'infirmière en chef, c'est celle qui a le plus de cals sur les genoux.

* * * * * *

Un gars se fait ausculter chez le toubib. Le médecin lui tâte les parties, puis surpris se redresse :

- Mais, mais... Vous avez les couilles solides !

- Oui, Docteur.

- On dirait que... Il y en a une en bois, et une en fer !

- Oui, oui, Docteur.

- Et ça ne vous gêne pas ?

- Non, Docteur.

- Vous avez des enfants ?

- Oui, Docteur, deux garçons : Pinocchio et Robocop.

* * * * * *

Un couple se rend chez le médecin, car Madame ne se sent pas bien.

Après la consultation, le mari interroge le médecin :

- Alors, Docteur ?

- Votre femme est enceinte, mais il y a un problème : elle est atteinte au poumon gauche.

- Oh ! Docteur ! Vous me flattez...

* * * * * *

Au bureau, un gars répond au téléphone. C'est l'hôpital qui appelle. Le docteur au bout du fil :

- Votre femme a eu un très grave accident de voiture ce matin... À ce propos, j'ai une bonne et une mauvaise nouvelle pour vous. La mauvaise, c'est qu'elle a perdu l'usage de ses bras et de ses jambes, et qu'à jamais, elle aura besoin de votre aide pour manger, aller aux toilettes etc.

Le gars dit :

- Oh ! Mon Dieu... Ce n'est pas possible... Quelle est la bonne nouvelle ?

Le docteur répond :

- La bonne nouvelle ? Je plaisantais : elle est morte.

******

Un pharmacien engage un nouvel assistant et lui dit :

- Fais de ton mieux, mais il faut absolument essayer de vendre l'énorme stock de Tampax que l'on a !

Arrive une cliente, qui lui demande de l'aspirine.

- Voilà, Madame, et avec ça ? Je vous mets une petite boîte de Tampax ?

- Non, c'est gentil, mais j'ai déjà ce qu'il me faut. Donnez-moi aussi du sirop pour la toux.

- Voilà, voilà... Vous êtes sûre de ne pas avoir besoin de Tampax ? Nous avons une promo en ce moment...

- Non, merci !

La dame s'en va, puis se rappelle soudain qu'elle a oublié d'acheter certains articles. Revenant sur ses pas, elle reprend :

- J'ai oublié : donnez-moi aussi de la ouate et du fil dentaire...

L'assistant pharmacien répond :

- Ah, je vois... On se les roule soi-même !

******

Une femme va dans une pharmacie et achète pour 2000F de produits amincissants. Elle demande au pharmacien :

- Vous pensez que je vais perdre combien ?

Le pharmacien répond :

- 2000F.

******

QUI ÊTES-VOUS ?
QUE FAITES-VOUS
ICI ?
LE FISC
... TAGUEULE !
FRAPAR.

C'est un gars rescapé d'une autre blague, dans laquelle il avait eu le pénis tranché, qui va voir le chirurgien pour savoir si, par bonheur, il ne serait pas possible de lui remplacer cette pièce essentielle de son anatomie.

Après un examen attentif de la partie manquante, le chirurgien demande à notre gars combien d'hommes adultes il connaît dans sa famille toute proche. Le gars répond qu'il y a son père, son grand-père et ses cinq frères, soit sept personnes du sexe masculin. Alors le chirurgien lui dit :

- C'est parfait : s'ils sont tous d'accord, je prendrai à chacun d'eux deux centimètres de pénis et ainsi je pourrai vous reconstituer un pénis de 14 cm.

Après avoir demandé leur accord à tous les... membres masculins de sa famille, et obtenu une réponse positive de chacun, tout le monde se retrouve à l'hôpital la semaine suivante.

Le chirurgien, après avoir réalisé cette multigreffe incroyable (sauf sur fr.rec.humour), va voir le patient et lui dit :

- L'opération s'est très bien déroulée. Vous voilà maintenant avec un pénis de 14 cm. Soyez très prudent au début : pas de masturbation ou pénétration avant un mois. Vous viendrez me voir dans deux mois pour me donner vos impressions.

Deux mois plus tard, le greffé revient en visite de contrôle :

- Alors, comment va votre nouveau pénis ?

Et le gars répond :

- Ben... Disons, pas trop mal... Mais je voudrais quand même savoir qui a eu l'idée de mettre le morceau du grand-père en plein milieu...

* * * * * *

Une femme qui arrive chez le dentiste dit à l'assistante :

- Je viens pour me faire retirer une dent.

Alors l'assistante lui répond :

- Eh bien, vous en avez du courage !

Et la patiente répond :

- Oh là là... Vous savez, je préférerais encore avoir un bébé !

Alors le dentiste intervient et dit :

- Pas de problème, Madame. J'ai juste la position du fauteuil à changer...

* * * * * *

Les conclusions des études scientifiques peuvent surprendre quelquefois :

Un scientifique fait des expériences sur une puce. Il lui dit :

- Saute !

Et la puce saute. Il lui coupe une patte, et lui dit :

- Saute !!

Et la puce saute. Il lui coupe deux pattes, et lui dit :

- Saute !!!

Et la puce saute.

Il lui coupe trois pattes, et lui dit :

- Saute !!!!

Et la puce saute.

Il lui coupe quatre pattes, et lui dit :

- Saute !!!!!

Mais la puce ne saute pas.

Il répète, plus fort :

- SAUTE !!!!!!!

Mais la puce ne saute toujours pas.

Le scientifique rédige ses conclusions : quand on coupe quatre pattes à une puce, elle devient sourde.

* * * * * *

Un ami, qui doit se marier un mois plus tard, m'avoue qu'il pisse toujours au lit :

- Ne t'inquiète pas, je te donne l'adresse de mon médecin, il va t'arranger ça.

Il me revoit une semaine plus tard :

- Alors ?

- Alors ça n'a pas marché, je pisse toujours au lit.

- Pas de panique, il reste trois semaines. Je te donne l'adresse d'un urologue.

Il va voir l'urologue, et je le revois une semaine plus tard :

- Alors, et cette fois ?

- Alors, je commence à croire que rien ne marchera. Ton urologue et ses pilules, c'est comme pisser dans un violon !

- Bon, ça a l'air plus grave que je ne le pensais, mais ne t'inquiète pas, je te donne l'adresse de mon psychanalyste.

- Tu crois vraiment que ça en vaut la peine ?

- Ne te décourage pas, il reste deux semaines avant ton mariage.

Deux semaines plus tard, j'assiste à son mariage. Pendant la réception, je le prends à part :

- Alors ?

- Alors, ton psychanalyste est génial !
- Vrai ? Tu ne pisses plus au lit ?
- Si, je pisse toujours au lit. Mais maintenant, j'en suis fier !

* * * * * *

Une voiture dérape sur la chaussée mouillée avant de terminer sa course contre un lampadaire. Une femme arrive sur les lieux la première, mais elle est violemment repoussée par un homme :
- Écartez-vous, ma p'tite dame. J'ai une formation de secouriste.
La femme l'observe pendant quelques instants avant de lui taper sur l'épaule :
- Excusez-moi, Monsieur, mais quand vous en arriverez au point où vous devrez appeler un médecin, n'oubliez pas que je suis déjà sur place.

* * * * * *

C'est un médecin neurochirurgien qui a une fuite d'eau chez lui. Il appelle un plombier pour faire la réparation. Le plombier arrive et colmate la fuite en cinq minutes chrono.
Il présente la facture : 990 francs !
Le médecin est outragé par le montant à payer :
- Je suis neurochirurgien, et j'ai étudié pendant douze ans pour obtenir cette qualification. Eh bien, je ne gagne pas autant qu'un plombier pour cinq minutes de travail !!!
Le plombier sourit et dit :
- Oui, je sais... Moi non plus, je ne me faisais pas autant du temps où j'étais encore neurochirurgien !

* * * * * *

Quelqu'un qui souffre de Parkinson et d'Alzheimer en même temps, peut-il oublier de trembler ?

* * * * * *

Un gars et sa femme sont reçus en consultation par un psy :
- Bonjour, que puis-je faire pour vous ?
- Eh bien voilà, dit le gars en hochant la tête vers sa femme, ça fait huit mois que ma femme se prend pour une tondeuse à gazon !
- Ah oui ? Et comment se fait-il que vous ne veniez consulter que maintenant ?
- C'est que... mon voisin vient seulement de me la rendre.

******

C'est un gars qui va chez le psychiatre, et qui dit :

- Docteur, je suis amoureux de mon cheval... Je le désire sexuellement !

Le psy répond :

- Hmmm, je vois ce que c'est. Et votre cheval, c'est un mâle ou une femelle ?

- Femelle, bien sûr ! Vous me prenez pour un pervers, ou quoi ?

******

- Docteur, Docteur, je ne parviens pas à avoir d'enfant !

- Bon, déshabillez-vous et attendez là.

- C'est que... Docteur, j'aimerais autant qu'il soit de mon mari.

******

Une jeune femme arrive chez le médecin :

- Voilà, Docteur, à chaque fois que je suis seule dans une pièce avec un homme, j'éprouve une irrésistible envie de faire l'amour avec lui... Est-ce que cela porte un nom ?

- Mais bien sûr, Mademoiselle, répond le docteur en dégrafant sa ceinture, cela s'appelle une excellente nouvelle !

******

Quelques bêtises accumulées par des réceptionnistes d'hôpital, voire même des infirmières et pire encore, des médecins !

- Le bébé a été mis au monde, le cordon a été clampé, coupé, et tendu au pédiatre qui a respiré et crié immédiatement.

- L'examen des parties génitales a montré qu'il était cirque aussi.

- La peau était moite et sèche.

- Un toucher rectal a montré une taille normale de la thyroïde.

- Le patient a eu des croissants au petit déjeuner et de l'anorexie au déjeuner.

- La patiente nous apprit qu'elle avait été constipée pendant toute sa vie, jusqu'en 1989.

- De vous à moi, nous devrions être capables de rendre cette femme enceinte.

- Le patient était en bonne santé, jusqu'à ce que l'avion tombe en panne de carburant et se crashe.

- L'hémorragie commença dans la zone de l'anus et se poursuivit sur le chemin de l'hôpital.

- Les deux seins réagissaient correctement à la lumière et accommodaient.

- L'examen des parties génitales était négatif, sauf en ce qui concerne le pied gauche.

- L'examen de laboratoire a montré une fonction amoureuse anormale.

- Le patient était alerte et dans le coma.

- Lorsqu'elle s'est évanouie, ses yeux ont fait le tour de la pièce.

- La patiente a commencé à déprimer dès qu'elle a commencé ses consultations chez moi en 1983.

- Le patient a refusé l'autopsie.

- Le patient n'a pas connu par le passé de suicides.

- Le patient a laissé ses globules blancs dans un autre hôpital.

- Le patient devenait plus souvent pris de démences avec sa fréquence urinaire.

- Le passé médical du patient a été remarquablement insignifiant, avec en tout et pour tout 20 kg de prise de poids dans les trois derniers jours.

- Elle glissa sur la glace, et apparemment, ses jambes allèrent dans des directions opposées début décembre.

- Le patient montra soudain une détresse respiratoire avec le tableau classique de l'œdème pulmonaire aigu à la maison alors qu'il faisait l'amour, ce qui s'est aggravé en salle d'urgences.

- Le patient quitta l'hôpital en se sentant beaucoup mieux, à l'exception des douleurs qui l'avaient amené.

* * * * * *

Les choses que vous ne voulez pas entendre pendant votre opération médicale

- On va mettre ça de côté. On en aura besoin pour l'autopsie.

- Accepte ce sacrifice, Ô Seigneur des Ténèbres !

- Rambo ! Rambo ! Reviens ici avec ça ! Vilain chien !

- Attends une minute... Si ça, c'est la rate, alors ça, qu'est-ce que c'est ?

- Tiens-moi cette.... Euh .... Cette euh .... chose-là.

- Oh merde ! Ma Rolex est tombée au fond.

- Oups ! Hé, vous connaissez quelqu'un qui a survécu à une perf. de 500 ml de Kcl ?

- Oh ! La vache ! Y'a encore les plombs qui ont sauté. J'y vois plus rien...

- Tu sais que ça vaut cher un rein sur le marché des organes !? En plus, ce gars-là en a encore deux sur lui !

- Hé ben, le pauvre, c'est un vrai puzzle !

- Personne ne bouge ! J'ai perdu mes lentilles de contact !

- Quelqu'un pourrait empêcher cette chose de battre ? Ça me coupe la concentration...

- Qu'est-ce que ce truc fait ici ?

- On va pas en faire un drame, c'est pas une grosse perte pour l'humanité, si on réfléchit bien.

- Waow ! Quelqu'un a un appareil photo ?

- Et ça y est, dans les pommes ! Les infirmières ne sont vraiment plus ce qu'elles étaient.

- Tiens, mais c'est l'amant de ma femme ! Quelle heureuse surprise !

- Je déteste quand il manque des pièces dans le moteur...

- Voilà, c'est fini. J'espère que je n'ai rien oublié à l'intérieur comme l'autre fois.

- Eh bien, les gars, ça va être une première pour nous tous !

- Stérile, stérile ?... La femme de ménage a lavé par terre, non ?

- Qu'est-ce que tu veux dire par : «Il n'était pas venu ici pour changer de sexe ?»

- Il avait déjà eu des enfants, non ?

- Bon, on n'a pas assez de sang pour les deux. On sauve lequel ?

- Quelqu'un sait où est passé le bistouri ?

- Et maintenant, nous allons retirer le cerveau du sujet pour le placer dans la boîte crânienne du singe.

- Regardez ça, je crois qu'il y a de quoi faire un article rigolo pour «La Semaine du Chirurgien».

- Infirmière, est-ce que ce patient avait laissé des instructions à propos du don d'organes ?

- Quoi ? C'est bien : «Je veux divorcer» que tu viens de me dire ?!

- Attention, ça va saigner ! Tous aux abris !!!

- AU FEU ! AU FEU ! Tout le monde dehors !

- Merde ! Il manque la page 47 du manuel !

- Quelqu'un peut appeler la femme de ménage ? On va avoir besoin d'un coup de serpillière.

- Tiens, regarde, c'est marrant, quand on tire là, ça fait plier sa jambe. Et ce nerf, il sert à quoi ?

- Tu connais la meilleure ? On s'est plantés de jambe.

- Quelqu'un sait faire un massage cardiaque ?

- Je déteste quand il manque des morceaux.

- Ouups !

- On torche ça vite fait, j'ai un train dans une heure.

- Comment ça, y'a plus de fil ?

- Et tu me dis qu'il a vécu vingt ans avec ce truc dans le corps ?

- Non, non, NON ! Moi, je dis que ce truc-là, ça va là !

- Va falloir se dépêcher, il reste pour cinq minutes d'anesthésiques.
- 250, c'est pas un peu beaucoup comme rythme cardiaque ?

- C'est gagné ! Je t'avais dit de pas me faire rire !!!

- Combien il y a de compresses dans le haricot ?
- Six.
- Recomptez !
- Toujours six !
- Et par terre ?
- Aucune...
- ... Bon, on le rouvre.

Blagues sur les professions

Blagues sur les agriculteurs

C'est l'histoire d'un notaire dans sa BMW qui grille un feu rouge et percute une voiture, dans une petite ville de la région de Perpignan. L'autre voiture est une 2 CV fourgonnette, conduite par un agriculteur.

Comme souvent dans ces cas-là, ce n'est pas celui qui est dans son droit qui gueule le plus fort... Ici aussi, c'est notre notaire qui commence à insulter le paysan pour ne pas s'être arrêté. Un comble ! (Comme il est encore très tôt, il n'y a pas de témoin, et le notaire espère secrètement rouler le paysan.)

Mais le paysan est plutôt bonasse et ne s'en fait pas pour autant. Il dit au notaire :

- Bah, restez calme ! On verra plus tard pour les dégâts matériels. Le plus important, c'est quand même que ni vous, ni moi, ne soyons blessés ! Je suis viticulteur, et aujourd'hui j'allais livrer des bouteilles de muscat à un restaurateur. Je vous propose de trinquer avec moi pour nous remettre de nos émotions. Il doit bien rester une bouteille intacte là-derrière...

Alors le viticulteur passe à l'arrière de la camionnette et en ressort avec une bouteille. Il la tend au notaire qui ne fait pas de chichis et s'en prend une bonne lampée. Puis le notaire dit :

- Mais vous ne trinquez pas avec moi ?

Alors notre fermier répond :

- Non, je pense que je vais plutôt attendre que les gendarmes arrivent...

*****

C'est Jeannot le fermier qui se sent pas super bien, aujourd'hui... D'habitude, il se lève avec les poules (et même un peu avant), et va chercher quelques bûches dans la remise pour que Raymonde puisse faire chauffer l'eau des patates à midi, et ça se passe bien. Mais là, il lève les bras pour choper sa bûche et OUAILLE ! il se sent tout fripé, tout tiré, tout tire-bouchonné dans l'entrejambe.

Ça lui rappelle le jour où, alors que la Raymonde et lui prenaient du bon temps dans l'étable du père Mathieu, il s'était pris un coup de sabot de la Blanchette (qu'était un peu nerveuse à cause des cris), dans les coucougnes.

Son père l'avait alors amené chez le vétérinaire. Il décide de sortir la 2 CV et d'aller en ville voir un toubib.

Le docteur :

- Enlevez votre pantalon.

Jeannot enlève ses bretelles et ses braies tombent par terre. Alors le docteur lui dit :

- Oh ! là là, mais ça m'étonne pas, que vous ayez mal ! Vous ne mettez pas de slip ?

- Bah non, ma doué !

- Pas de caleçon, rien ?

- Ben non cré vin diou !

- C'est pour ça ! On est en hiver, et il faut que vous teniez vos testicules au chaud, sinon forcément vous allez en souffrir... Allez donc vous acheter un slip ! ...Et puis vous verrez, c'est plus propre et ça tient bien chaud !

- Ah bin d'accord, alors.

Jeannot paie le toubib et s'en retourne chez lui, après avoir acheté un magnifique slip kangourou blanc taille 5 et l'avoir enfilé, non sans effarer la clientèle du Prisu (faut dire aussi qu'il connaissait pas l'existence des cabines d'essayage...). Il revient à la maison... euh, à la ferme, et va voir la Raymonde :

- Ça y est, le docteur, il m'a dit ce qui allait pas, maintenant j'ai un slip, c'est plus propre et ça tient chaud !

- Bon dieu d'là ! dit la Raymonde, avant de retourner aux fourneaux.

Jeannot retourne alors travailler sur son tracteur. Au bout de deux heures, il ressent un besoin pressant. Il descend de tracteur, court vite vers un buisson, baisse son pantalon et... pousse. Quand il a fini, il se relève et boucle son ceinturon en regardant en arrière : rien ! Pas la moindre petite crotte ! Pas d'odeur, pas de trace, rien !

- Bah dis donc, c'est vrai que c'est plus propre !

Il retourne au tracteur, satisfait, et s'assied au volant :

- Mais Cré vin diou, c'est vrai aussi que ça tient chaud !

*****

Une paysanne a gagné un week-end à Paris. Quand elle revient, son mari lui a préparé une bonne potée aux choux. Après le repas, la paysanne veut montrer à son mari un truc qu'elle a appris là-bas en regardant une revue cochonne, et qui s'appelle le 69.

Les deux prennent la position et commencent le travail. C'est sympa pendant cinq minutes, après quoi le chou commence à macérer sévère, et la femme finit par péter au nez de son mari.

Deux minutes passent et la femme lâche un deuxième pet. Le mari s'exclame alors :

- Dis donc, la Marie, j'espère qu'il n'y en a pas encore 67 comme ça !

******

C'est un éleveur de vaches qui se retrouve avec un animal qui louche. Ça l'embête pas mal, parce que sa vache n'arrête pas de se cogner partout. Alors pour voir si on peut faire quelque chose, il appelle le véto. Le véto l'examine, puis il dit :

- Je vais vous montrer comment lui remettre les yeux d'aplomb. Mais malheureusement, la correction ne sera que temporaire, et il faudra renouveler l'opération à chaque fois que la vache se remettra à loucher.

Alors le véto prend un tuyau, introduit une extrémité dans le rectum de la vache, place sa bouche à l'autre extrémité, et souffle un bon coup ! Et POF, comme par magie, les yeux de la vache se remettent parallèles.

Le fermier est tout content de l'amélioration. Mais hélas, comme l'avait indiqué le véto, elle n'est que temporaire : avant que le toubib ne prenne congé, la bête s'est remise à loucher. Le véto dit à l'éleveur d'essayer la technique par lui-même.

Le fermier prend alors le tube, inverse les côtés, et s'apprête à souffler quand le véto dit :

- Mais qu'est-ce que vous faites ? Pourquoi avez-vous inversé le tube ?

- Bah, pour pas met' ma bouche là où vous avez mis la vot' !

******

C'est un couple de paysans qui débarquent à Paris pour le salon de l'agriculture. La femme veut en profiter pour faire ses emplettes chez Tati.

Là, elle essaye un très joli short comme on n'en trouve pas ailleurs, mais hélas... Impossible de rentrer dedans. Elle essaie alors un chouette bermuda élastique, mais malgré tous ses efforts... c'est pas sa taille.

Le mari, qui a toujours un mot gentil pour sa pépette :

- Tu trouveras rien... T'as le cul large comme une batteuse !

Après une journée bien remplie, ils se retrouvent à l'hôtel. Comme il a une petite envie, le bonhomme commence à tripoter sa germaine, qui se retourne en disant :

- Tu ne penses pas que j'vais mettre la batteuse en route pour un si petit épi ?

Les blagues sur les avocats

Un vieux pingre va mourir seul, sans famille et sans ami. Peu avant sa mort, il reçoit son avocat, son docteur et son curé pour leur donner à chacun 50 000 F en espèces, avec pour mission d'enterrer cet argent avec lui le jour de ses funérailles, en guise de «geste».

La mort, puis l'enterrement, ne tardent pas à survenir.

Après l'inhumation, le curé, le docteur et l'avocat discutent. Le curé leur confie que son église ayant un besoin urgent d'un nouveau clocher, il a gardé 20 000 FF pour sa réfection.

Le docteur, qui était un scientifique faisant des recherches sur le cancer, confesse que lui aussi a gardé de l'argent : 30 000 FF pour continuer ses recherches.

L'avocat les blâme :

- Comment pouvez-vous être si malhonnêtes ? Moi au moins, j'ai placé dans le cercueil un chèque du montant total qu'il m'avait remis.

* * * * *

Un jeune garçon et une jeune fille très purs, n'ayant jamais commis l'acte charnel, sont sur le point de se marier. Malheureusement, ils meurent tous deux dans un accident de voiture.

Ils arrivent devant saint Pierre, et tout de suite, ils lui demandent s'il leur sera possible d'être mariés au Paradis. Saint Pierre réfléchit et leur répond :

- C'est d'accord. Mais il vous faudra attendre un certain temps.

Effectivement, une centaine d'années plus tard, un prêtre vient les voir et leur propose de les marier.

Ce qu'ils acceptent avec joie...

Les années passent. Une trentaine d'années plus tard, les choses ont beaucoup évolué et nos deux tourtereaux ne s'entendent plus si bien... Ils retournent voir saint Pierre et lui disent :

- Nous pensions que nous serions heureux pour l'éternité, mais nous nous sommes trompés. Nous souhaiterions divorcer.

Et saint Pierre leur répond :

- Vous rigolez ? Ça m'a pris cent ans pour trouver un prêtre ici au Paradis... Je ne pourrai jamais trouver un avocat !

Et voici la suite de l'histoire :

C'est un prêtre catholique qui monte au paradis après sa mort. Une escorte d'anges l'accompagne jusqu'à saint Pierre, puis lui fait visiter les lieux. Il trouve le paradis très plaisant, et ne regrette pas sa vie passée à accomplir de bonnes actions.

Un jour où il se repose sur son transat, il entend des cris et un tintamarre incroyable émanant de la porte du paradis. Allant voir d'un peu plus près ce qui se passe, il voit un incroyable attroupement d'anges et de saints formant un nuage blanc au dessus des portes de l'Éden. L'orchestre du paradis est même arrivé sur place, et c'est une liesse comme le prêtre n'en avait jamais vu, même ici au paradis.

Voulant savoir qui est ce nouvel arrivant méritant un tel accueil, le prêtre arrête un ange qui se dirigeait vers la Porte et lui demande :

- Pour qui est cette parade ? Moi qui ai servi Dieu toute ma vie, je n'ai pas reçu le dixième de cet accueil.

Et l'ange lui répond :

- Eh bien, c'est que vous voyez, cela fait deux mille ans que l'on reçoit des prêtres et des religieuses, mais c'est notre premier avocat.

* * * * * *

La Poste a dû retirer de la vente sa série de timbres sur les avocats les plus célèbres...

... les gens crachaient toujours du mauvais côté.

* * * * * *

Un avocat fou de football américain a tout essayé pour obtenir des tickets pour la finale du Superbowl. Il parvient finalement, en payant une somme astronomique, à obtenir deux places côte à côte en tribune d'honneur. Le jour de la finale arrive. L'avocat s'installe. Son voisin immédiat entame la conversation, pendant que la fanfare joue sur le terrain :

- C'est incroyable : le siège à côté du vôtre est vide. Je ne comprends pas... ça fait déjà quinze jours qu'on n'arrive plus à avoir de billets !

Et l'avocat répond :

- Oh, c'est la place de ma femme. Mais un incident de dernière minute l'a empêchée de venir.

Le voisin reprend :

- C'est dommage... Mais vous connaissez certainement un ami ou un parent qui aurait aimé la remplacer !

Alors l'avocat :

- Bien sûr... Mais ils sont tous à l'enterrement.

* * * * * *

C'est un jeune avocat qui crée son propre cabinet. Il a hâte de recevoir son premier client, et a très envie de faire forte impression dès le départ.

Lorsqu'il entend frapper à sa porte, il dit : «entrez» et, tout de suite, il décroche son téléphone pour simuler une conversation animée :

- Oh ! je suis désolé, Monsieur, mais mon emploi du temps est tellement chargé, que je ne pourrai pas m'occuper de votre problème avant un mois. Je vous rappellerai à ce moment-là. Au revoir !

Puis le jeune avocat se tourne vers le visiteur et lui demande :

- Bonjour. Que puis-je faire pour vous ?

Et le gars répond :

- Je suis des télécoms et je suis venu pour vous brancher votre téléphone.

* * * * * *

C'est Belzébuth qui va voir un tout jeune avocat :

- J'ai un truc à te proposer pour que ta carrière soit fulgurante : en moins d'un an, tu seras plus connu que Collard ou Vergès. Tes revenus aussi suivront cette ascension. En plus de tout ça, tu pourras prendre toutes les vacances que tu voudras sans que ta clientèle n'aille voir ailleurs. Et pour couronner le tout, tu pourras vivre aussi longtemps que Jeanne Calment.

En contrepartie, je ne te demanderai que l'âme de ta femme, celle de tes enfants, et celles des enfants de tes enfants. Leurs âmes brûleront en enfer pour l'éternité.

L'avocat réfléchit deux secondes, puis il dit :

- D'accord... mais où est le piège ?

* * * * * *

Dans un cabinet d'avocats, la standardiste répond au téléphone :

- Ici le cabinet d'avocats Smith et Wesson, bonjour.

- Bonjour. Pourrais-je parler à Maître Wesson ?

- Ah, je suis désolée, mais Maître Wesson est décédé hier...

Là-dessus, la personne à l'autre bout du fil raccroche.

Dix secondes plus tard :

- Ici le cabinet d'avocats Smith et Wesson, bonjour.

- Bonjour. Pourrais-je parler à Maître Wesson ?

- Je suis désolée, mais Maître Wesson est décédé hier...

Là-dessus, la personne à l'autre bout du fil raccroche aussi sec.

Dix secondes plus tard :

- Cabinet d'avocats Smith et Wesson, bonjour.

- Bonjour. Pourrais-je parler à Maître Wesson ?

(La standardiste reconnaît la voix, cette fois-ci) :

- Madame, cela fait déjà deux fois que je vous dis que Maître Wesson est décédé hier... Je pense que vous avez compris maintenant.

- Oh ! oui, oui, j'ai très bien compris. Mais j'aime tellement vous l'entendre dire !

Blagues sur les hôtesses de l'air et les pilotes d'avion

Ça se passe dans un 747. L'hôtesse annonce aux passagers que le pilote va prendre sa retraite, et qu'il s'agit ici de son dernier vol. Salve d'applaudissements.

Le commandant de bord prend la parole et dit :

- Mesdames, Messieurs pour mon dernier vol, j'aimerais faire ce que, en trente ans de carrière je n'ai jamais pu faire, un looping avec ce 747. Pour cela, j'aimerais avoir votre accord.

Les passagers tapent alors des mains et chantent :

- Le looping, le looping, le looping !

Le commandant de bord, ému, se lance dans la manœuvre. L'avion entame son cercle et exécute un superbe looping. Les passagers applaudissent pendant cinq bonnes minutes, puis reprennent :

- Le looping, le looping, le looping !

Le commandant exécute un nouveau looping. Les passagers :

- Le looping, le looping, le looping !

Troisième, puis quatrième looping, toujours sous les applaudissements de la foule.

Soudain, un type sort des chiottes, et dit :

- Dites donc, c'est pas bientôt fini, vos conneries ?!

******

Roissy, 29 juin. Un passager arrive à la pesée des bagages d'Air France. Il dispose trois grosses valises sur son chariot.

- J'aimerais que cette valise aille à New York, celle-ci à Rome, et celle-là à Hongkong !

- Je suis désolée, Monsieur, répond l'hôtesse, j'ai bien peur que cela soit impossible !

- Impossible ? C'est pourtant ce qui s'est passé la dernière fois que j'ai pris un vol sur cette compagnie !

******

C'est sur le vol Paris-New York. Au beau milieu du parcours, le Commandant de bord adresse un message aux passagers :

- C'est le Commandant Maffart qui vous parle. Nous avons un petit problème avec un des quatre moteurs de l'appareil. En raison de ce dysfonctionnement, nous ne pourrons utiliser que trois moteurs sur quatre, et cela nous fera arriver à New York avec deux heures de retard.

Quelques minutes passent, et le commandant reprend l'interphone :

- Ici le Commandant Maffart... Un autre de nos quatre moteurs vient de lâcher. N'ayez cependant aucune crainte : cet appareil peut très bien voler avec deux moteurs seulement, mais en raison de la réduction de puissance, nous aurons quatre heures de retard.

Le vol se poursuit. Mais quelque temps plus tard, l'interphone crépite à nouveau...

-... Devinez quoi ?!... Nous venons de perdre le troisième moteur ! Ne paniquez pas, nous pouvons toujours voler avec un seul moteur, mais nous aurons six heures de retard.

À ce moment-là, une passagère dans les 70 ans se tourne vers son voisin et lui dit :

- J'espère qu'on ne va pas perdre encore un moteur, parce que sinon, je serai en retard pour ma correspondance à New York.

Blagues sur les politiciens

Ceci se passe du temps où Juppé était encore Premier Ministre.

C'est Chirac qui rend visite à Bill Clinton. Au cours de la conversation, Chirac lui demande comment il fait pour avoir des ministres aussi intelligents. Clinton lui répond que c'est facile, il suffit de leur faire passer un test !

Il appelle Warren Christopher, et lui pose la question suivante :

- Votre mère a eu un enfant, mais ce n'est ni votre frère, ni votre sœur : qui est-ce ?

Warren répond :

- C'est facile, c'est moi !

Chirac, très impressionné par la clairvoyance du ministre, se dit qu'il va essayer le test sur Juppé. A peine rentré en France, il appelle Juppé et lui pose la question... Juppé, pas très sûr de lui, prétend avoir une autre communication téléphonique en cours, et met Chirac en attente. Il appelle Toubon, et lui pose la question. Toubon, légèrement ironique, lui répond :

- Ben, c'est moi !

Juppé, très content d'avoir la réponse, reprend sa conversation avec Chirac et lui annonce la réponse :

- C'est Toubon !

Alors Chirac, très déçu au fond de lui-même, lui annonce fièrement :

- Mais non, mon petit Juppé, c'est Warren Christopher, voyons !

* * * * * *

Et ceci du temps de Mitterrand...

... Mitterrand se sait malade et décide donc de prendre les dispositions relatives à son enterrement. Il convoque son Premier Ministre pour en discuter.

Le Ministre :

- Vous pourriez faire ça au Père Lachaise ?

Mitterrand :

- Non, c'est plein de gens célèbres.
- Ben alors, à Château-Chinon ?
- Non, ça manque quand même de prestige.
- Le Panthéon ?
- Bonne idée ça, ça coûterait combien ?
- 500 000 F.
- Oui, idée à conserver. Encore que là aussi, il y a un peu trop de monde.

- Le tombeau du Christ à Jérusalem ?
- Excellent ! Ça coûte combien ?
- 3 millions de francs.
- C'est cher, mais ça les vaut. Faites préparer les papiers pour la demande.
Et puis, se ravisant, il rappelle son ministre :
- Laissez tomber : ça fait vraiment trop cher pour trois jours.

* * * * * *

C'est de Villiers qui fait son discours dans une petite ville de Vendée. Le thème de la harangue, c'est la prolifération des cassettes vidéo pornographiques.

De Villiers dit :

- J'ai loué une de ces vidéos, et j'ai vraiment été choqué ! J'ai compté cinq fellations, trois sodomies dont une réalisée entre hommes, un transsexuel accomplissant l'acte sexuel avec un chien, et une femme tentant de satisfaire vingt hommes en même temps ! Si vous m'élisez président, ce genre de cassettes ne viendra plus pervertir l'âme des honnêtes citoyens.

Et comme c'est une soirée-débat, il termine en disant :
- Avez-vous des questions ?
Alors, tous les hommes de l'assemblée en chœur :
- OÙ EST-CE QU'ON PEUT AVOIR LA CASSETTE ?

* * * * * *

C'est le Conseil des Ministres. La séance se termine. Le Président est très heureux car tout va bien partout... Mais le Ministre de l'Intérieur n'a pas encore pris la parole et semble bien embêté :

- Nous avons effectué une enquête auprès du peuple et déterminé deux catégories : les optimistes et les pessimistes...

Le Président :
- Eh bien, commençons donc par les optimistes !
Le Ministre (voix de plus en plus timide) :
- Les optimistes disent que demain, on mangera de la merde...
Le Président :
- Oui !?!
Le Ministre :
- Les pessimistes affirment qu'il n'y en aura pas pour tout le monde...

* * * * * *

C'est un nouveau Premier Ministre français qui obtient du Président de reprendre le grand projet pour la France, mené par son prédécesseur (qui vient de se faire démissionner pour inadéquation avec le grand destin national).

Lors de la passation de pouvoir, le nouveau essaie d'avoir quelques mots gentils pour l'ancien, mais l'ancien lui répond :

- C'est la vie, je m'y attendais un peu. Comme je n'éprouve aucune rancœur, je t'ai préparé trois enveloppes numérotées de 1 à 3. Ce sont, comme qui dirait, des antisèches. À chaque fois que tu éprouveras quelques difficultés avec tes nouvelles responsabilités, tu pourras ouvrir une de ces enveloppes...

Le nouveau, sûr de lui, prend les enveloppes en remerciant son prédécesseur, mais se jure intérieurement de ne jamais y toucher. Il est capable de faire face à toutes les situations. Après tout, il a fait l'ENA, merde !

Au bout de quelque temps cependant, les sondages commencent à sentir mauvais, et l'on n'est pas loin d'atteindre les scores réalisés par le Premier Ministre précédent.

Incapable de résister, il ouvre la première enveloppe. À l'intérieur, il est écrit :

«METTEZ TOUS VOS PROBLÈMES SUR LE DOS DE VOTRE PRÉDÉCESSEUR.»

Le Premier Ministre adopte cette tactique et, pour un temps, les sondages d'opinion remontent.

Six mois plus tard cependant, il faut se rendre à l'évidence : il est temps d'ouvrir la deuxième enveloppe. À l'intérieur, il est dit :

«DITES QUE VOS DIFFICULTÉS VIENNENT DU MANQUE DE MOYENS DONT VOUS SOUFFREZ, ET PROFITEZ-EN POUR EN RÉCLAMER PLUS.»

Cette fois-ci, l'embellie dans les sondages est toute relative et ne dure que deux ou trois mois.

Le Premier Ministre n'hésite pas, et ouvre la dernière enveloppe dans laquelle il est écrit :

«PRÉPARERZ TROIS ENVELOPPES.»

* * * * * *

Saddam Hussein visite une école. Dans une classe, il demande aux jeunes élèves un exemple de TRAGÉDIE.

Un garçon lève le doigt :

- Si mon meilleur ami se faisait écraser par une voiture en traversant la rue, ce serait une tragédie.

Et Saddam de répliquer :

- Non ... Ce serait un ACCIDENT.

A son tour, une fillette lève la main :

- Si un autobus, transportant cinquante enfants, tombait dans un ravin en tuant tout le monde ... Ce serait une tragédie.

- Là encore, je dis non : ce serait juste une GRANDE PERTE. Ce que je demande, c'est un exemple de tragédie...

Enfin, un garçonnet, d'une voix timide :

- Si un avion transportant le Colonel Kadhafi et Saddam Hussein explosait en vol sous l'effet d'une bombe, ce serait une tragédie.

- Très bien... Et pourquoi me dis-tu que ce serait une tragédie ?

Le môme de répondre :

- Eh bien, d'une part, à cause de la bombe, ce ne serait pas un accident, et en plus, ce ne serait pas non plus une grande perte !

* * * * * *

Quelle est la différence entre un cambrioleur et un politicien ?

- Le cambrioleur ne vole qu'une personne à la fois.

* * * * * *

Un couple a un fils d'une quinzaine d'années qui ne fait rien de bien à l'école, et qui ne s'intéresse à rien. Un beau jour, voulant savoir quand même vers quelle branche leur fiston pourrait se diriger, il décide de le soumettre à un test.

Le père prend un billet de 200 francs, une Bible et une bouteille de whisky, et place le tout sur la table du salon. Bien en évidence, il laisse un mot à son fils : «Nous sommes partis faire des courses à Auchan.»

Le père explique son plan à son épouse :

- Si notre fils prend l'argent, peut-être deviendra-t-il homme d'affaires. S'il prend la Bible, il se peut qu'il fasse carrière en religion, et s'il prend la bouteille, j'ai bien peur qu'il devienne un ivrogne.

Alors les parents se cachent dans la pièce voisine, et observent leur fils qui entre dans le salon. Ils le voient lire le mot, prendre le billet de 200 francs, le regarder par transparence dans la lueur de la lampe, puis le mettre dans sa poche. Ensuite, il prend la Bible, en feuillette quelques pages, puis la met dans une autre poche. Et enfin, il prend la bouteille, goûte le whisky au goulot, rebouche la bouteille, et monte dans sa chambre avec.

Voyant tout ça, le père secoue la tête pour montrer son découragement et dit à sa femme :

- C'est encore pire que tout ce que j'avais pu imaginer. Je crois que la seule possibilité pour notre fils, c'est de faire de la politique.

* * * * * *

(Blague citée par le ministre des affaires étrangères irlandais Dick Spring, et relatée dans le Financial Times).

Le processus d'intégration de nouveaux pays dans la Communauté Européenne, c'est un peu comme deux éléphants qui font l'amour : la période de gestation est proche de deux ans, les négociations se font à un niveau élevé, et chaque petite avancée est acclamée par des grands coups de trompe.

* * * * * *

Comment appelle-t-on la maladie qui consiste à gesticuler toute la journée, parler pour ne rien dire et mentir tout le temps ?

- Faire de la politique !

Les blagues sur Bill Clinton

C'est trois gamins qui se baladent sur la plage de Malibu. Soudain, ils voient quelqu'un se noyer. Les trois gamins parviennent, grâce à leurs efforts combinés, à ramener le rescapé sur le sable...

Et là, stupeur ! Ils se rendent compte que c'est le président des USA, Clinton himself, qu'ils ont sauvé d'une mort atroce.

Lorsqu'il a enfin repris ses esprits, Clinton demande aux petits gars :

- Dites-moi chacun ce que vous désirez le plus, et je tenterai de vous l'obtenir !

Le premier gamin dit :

- Moi, j'aimerais bien avoir 1 million de dollars.

Clinton lui répond que ça ne devrait pas poser de problème (sauf si le Congrès s'y oppose, bien sûr).

Le deuxième gamin dit :

- Moi, je voudrais bien avoir un F-16 à moi tout seul.

Clinton lui promet de lui en fournir un qui devait aller à la casse.

Enfin le troisième gamin dit :

- Moi je voudrais bénéficier du Programme de Protection des Témoins du F.B.I.

Clinton lui demande pourquoi il formule cette demande qui lui semble tellement bizarre.

Et le gosse répond :

- Parce que quand mon père va apprendre ce que j'ai fait, il va vouloir me tuer !

* * * * * *

Un jour, Clinton appelle le décorateur de la Maison Blanche. Il le fait entrer dans le bureau ovale et lui dit, très en colère :

- Ma fille Chelsea n'est pas du tout contente. Elle pense qu'elle a la chambre la plus laide de toute la Maison Blanche. Il faut que vous arrangiez ça immédiatement !

Le décorateur répond :

- Très bien, Monsieur le Président. Nous allons enlever tous les miroirs de sa chambre.

* * * * * *

Bill Clinton, Hillary et Chelsea sont partis en vacances. Pendant leur absence, le perroquet de la Maison Blanche est retrouvé mort au fond de sa cage.

Le majordome de la Maison, afin d'éviter les problèmes et les explications, se procure, dans une animalerie, un perroquet ressemblant comme un frère jumeau au précédent.

En passant à la caisse, le vendeur le prévient :

- Attention, ce perroquet a vécu pendant plusieurs années dans une maison close.

Mais cela n'arrête pas le majordome qui a bien d'autres chats à fouetter.

De retour de ses vacances, la famille Clinton revient à la Maison Blanche. Hillary passe devant la cage :

- Tiens, la patronne a changé !

Chelsea passe devant la cage :

- Tiens, les filles ont changé aussi ?

Enfin Bill passe devant la cage :

- Ah ! Au moins, les clients n'ont pas changé. Salut Bill !

* * * * * *

VOICI LE SYSTÈME de SÉLECTION du PROCHAIN PRÉSIDENT AMÉRICAIN :
PARFAIT ! IL N'EN A PAS !... RISQUERA PAS D' NOUS EMBÊTER AVEC UNE MONICA LEWINSKY OU UN SADDHAM HUSSEIN !!
JURY
FRAPAR.

Bill et Hillary se promènent en voiture, peinards, lorsque le chauffeur s'arrête pour prendre de l'essence. Le pompiste se pointe et commence à faire le plein. Soudain, Hillary sort de la voiture et crie à l'intention du pompiste :

- BOBBY ! Tu me reconnais ?
- Oh ! Hillary ! Ça fait combien d'années ?

Et les voilà partis à se raconter leurs souvenirs d'adolescents... Trente minutes plus tard, Hillary fait la bise à son vieux copain, remonte dans la voiture, et repart avec Bill.

Bill, un peu jaloux, demande :

- C'est un vieux copain ?
- Oui, c'est Bobby !
- Tu te rends compte que si tu l'avais épousé, tu serais femme de pompiste !
- Non, je ne crois pas ! Si je l'avais épousé, il serait président des USA !

******

Quelle est la définition de «Safe sex» par Bill Clinton ?

- C'est quand Hillary est en vacances.

******

Quand Bill Clinton a-t-il compris que Paula Jones n'était pas démocrate ?

- Quand elle a refusé d'avaler tout ce qu'il lui présentait.

******

Que dit Bill Clinton à sa femme Hillary après l'amour ?

- Je serai à la maison dans vingt minutes, chérie.

******

Savez-vous quelle a été la réponse de Bill Clinton quand on l'a accusé d'être un maniaque sexuel ?

- Il a ri.

******

Après le Watergate, l'Irangate, voici, sous l'ère Clinton, la braguette...

... Dans cette affaire, il semble que Paula Jones ne soit pas vaginale, mais clintoridienne.

******

Bill Clinton applique maintenant la politique de «Bush».

Les blagues sur les fonctionnaires

Cette blague exige un minimum de gestuelle :

Pourquoi les messieurs fonctionnaires ne sentent-ils jamais mauvais sous les bras ?

- Parce que le matin, ils se rasent...

(faire mine de mettre de l'après-rasage en se tapotant les joues)...

... Puis ils attendent la fin de la journée...

... (croiser les bras en glissant les mains sous les aisselles).

* * * * * *

Quelle est la différence entre un fonctionnaire et un chômeur ?

- Le chômeur a déjà travaillé, lui !

* * * * * *

Vous savez pourquoi, dans les couloirs des bâtiments administratifs, il y a une ligne blanche au milieu ?

- Pour que ceux qui arrivent en retard ne gênent pas ceux qui partent en avance.

* * * * * *

Pourquoi les fonctionnaires ne peuvent-ils pas attraper le sida ?

- Parce qu'il y a 80 % de branleurs et 20 % de lèche-culs.

* * * * * *

Vous savez pourquoi les fonctionnaires font leurs manifs en défilant de République à la Bastille (à Paris) ?

- Parce que c'est en descente...

* * * * * *

Vous savez quel est le jeu des fonctionnaires le lundi matin ?

- Le premier qui bouge a perdu !

* * * * * *

Un gars dans une administration (prenons la Sécu), est complètement envahi de souris dans son bureau. Il fait passer un dératiseur qui, après avoir fait le tour de la question, lui dit :

- Je vais vous laisser un chat pour quelque temps. Ce sera plus simple.

Le chat est donc laissé quelques jours dans le bâtiment, et très vite, on ne voit plus aucune souris.

Le fonctionnaire, très content des services du chat, demande au dératiseur s'il peut le garder définitivement dans ses locaux. Le dératiseur accepte. Quelques mois plus tard, les souris refont leur apparition dans le bâtiment. Le gars refait passer le dératiseur et lui demande ce qui a pu se passer :

Le dératiseur répond :

- C'est le chat... Maintenant qu'il est titularisé...

* * * * * *

Il est 8 h 00 du matin. Une R5 des ponts et chaussées s'arrête sur une petite route de campagne, suivie de peu par une fourgonnette. Cinq types descendent du fourgon et l'un d'eux s'adresse au chef dans la R5 :

- Chef, on a oublié de prendre les pelles !!!

- Vous faites chier, les gars... Attendez, je téléphone au dépôt !

Le chef prend son combiné dans la voiture.

- Allô ? Marcel ? Dis donc, il te reste des pelles au dépôt ?

- Oui, répond le gars à l'autre bout du fil, il t'en faut combien ?

Alors le chef se retourne vers ceux du fourgon :

- Combien vous êtes ?

- Cinq, répondent les autres.

- Cinq, reprend le chef au téléphone.

- OK, lui dit le gars du dépôt, tu les auras cette après-midi.

- OK, salut ! Et il raccroche.

Le chef se tourne à nouveau vers les gars :

- C'est bon, on aura cinq pelles cette après-midi !

- Ben chef ? Qu'est-ce qu'on fait en attendant ?

- Je sais pas, moi, appuyez-vous sur autre chose !

LES FONCTIONNAIRES CONTRE LES 35 HEURES!
AH, NON! PAS D'HEURES SUPPLÉMENTAIRES!!

Blagues sur les militaires et la police

Un bataillon de paras revient d'une mission de six mois en Afrique. Ils sont tous félicités, un par un, par le général qui a un petit mot ou une question pour chacun.

Au premier :

- Avez-vous eu peur ?

- Non, mon Général, des paras comme nous n'ont peur de rien.

Au deuxième :

- Qu'auriez-vous fait si votre parachute ne s'était pas ouvert ?

- Je serais descendu en chercher un autre, mon Général, parce que des paras comme nous ne vont pas se faire emmerder par un parachute !

Il passe ainsi tous les gars en revue en y allant de sa petite question. Arrivé à l'avant-dernier para, il est à court d'idées. Ce para mesure deux mètres et est drôlement bien baraqué.

Il finit par lui demander :

- Faisiez-vous l'amour de temps en temps ?

- Cinq à six fois par jour, mon Général. C'est normal, mon Général. Des paras comme nous ont la santé !!!

Arrivé au dernier, le petit gringalet du groupe, le général pose la même question.

Le para lui répond :

- Cinq à six fois sur les six mois, mon Général.

Le général, très surpris, lui dit son étonnement :

- Pour un para, vous m'étonnez.

- Je comprends votre étonnement, mon Général, pour un para normal, c'est peu, mais pour l'aumônier, c'est pas mal.

* * * * * *

Tiens ! Figurez-vous que c'est l'histoire d'un type qui veut à tout prix éviter le service militaire. Il ne veut pas, mais alors pas du tout, porter l'uniforme, et il est prêt à tout pour ça ! Dingue, non ? Il va donc voir un ami à lui qui est médecin :

- Ben, c'est qu'en ce moment, ils prennent tout le monde! Je ne vois qu'une seule chose... C'est de te faire castrer, devenir eunuque, quoi !

Alors là, vous allez pas le croire, mais le type n'hésite pas une seule seconde et... Hop! Il se fait châtrer vite fait, bien fait et rapplique devant le Conseil de révision. Le toubib militaire le regarde rapidement, et fait :

- Réformé !... Vous avez les pieds plats !

* * * * * *

Le colonel Dugenou prend ses fonctions dans une place militaire de l'Atlas (montagne du Maroc). Ali, son aide de camp, lui fait visiter les lieux. Puis, une fois à l'écart :

- M'sieur le Colonel, ti sais, les hommes ji sais ce que c'est. Si ti a des besoins, j'ti prête la chamelle.

- Ali, je suis colonel de l'Armée Française ! Je suis capable de me contrôler.

- Comme ti veux, M'sieur l'Colonel.

Un mois passe. Ali voit que le colonel, bien qu'il soit de l'armée française, n'en est pas moins un homme. Il lui propose à nouveau la chamelle. Et celui-ci refuse, mais avec moins de véhémence.

Un autre mois passe. Le colonel finit par trouver Ali pour lui demander la chamelle. Il part à l'écart du camp, fait s'asseoir la chamelle, se déculotte, se place derrière l'animal, mais celle-ci se lève et fait quelques pas. Il trottine, pantalon sur les chevilles, rejoint la chamelle, se remet en position, et celle-ci avance à nouveau.

Le manège se poursuit, et au détour d'une dune, il rencontre Ali, plié en deux de rire.

- Tu trouves ça drôle, Ali ?

- M'sieur l'Colonel ! Ti as pas compris ! La chamelle, c'est pour aller au bordel !!!

* * * * * *

A l'armée, pendant les «classes», le sergent fait passer aux recrues un test de lecture. C'est au tour du frère de Toto :

- Le pe.........tit laaaaaaaaaaaapin mar...cheux.

- Soldat, vous êtes con, plus con qu'un wagon.

- Comment ça, Sergent ?

- Parce qu'un wagon lit (là, tout le régiment rit du gars).

Un peu plus tard, exercices de groupes. Le Sergent lance :

- Rompez !

Tout le monde rompt, sauf le frère de Toto...

- Soldat ! J'ai dit : rompez !

- Je ne peux pas, Sergent !

- Pourquoi ?

- Parce qu'un wagon reste au rang !

* * * * * *

La troisième guerre mondiale a éclaté. Les militaires ont trouvé le moyen d'inventer un ordinateur ultrapuissant, auquel ils doivent soumettre un problème tactique particulièrement ardu. Lui ayant fait ingurgiter les données, ils posent la question fatidique :

- Faut-il attaquer, ou sonner la retraite ?

L'ordinateur émet quelques cliquetis, une série de bips, ses diodes se mettent à clignoter et soudain, la réponse jaillit :

- OUI.

Les généraux se regardent, perplexes. L'un d'eux décide d'agir : il s'approche du clavier et tape une autre question :

- Oui quoi ?

L'ordinateur répond, instantanément :

- OUI, MON GÉNÉRAL !

* * * * * *

Un adjudant est au pied d'un arbre où sont embusqués des soldats :

- Combien êtes-vous là-haut ? demande-t-il.
- Trois, mon Adjudant.
- Bien, que la moitié descende.

* * * * * *

Si tous les cons pouvaient voler, le ciel serait kaki.

* * * * * *

Pour marcher au pas d'une musique militaire, il n'y a pas besoin de cerveau : seule la mœlle épinière suffit.

Albert Einstein.

* * * * * *

Un homme se présente à la frontière mexicaine sur sa bicyclette avec deux grands sacs sur les épaules. Le douanier lui dit :

- Qu'y a-t-il dans vos sacs ?
- Du sable, répond le gars.
- Veuillez vider les deux sacs...

Notre homme s'exécute : du sable, rien que du sable !

QUI C'EST ?
DES RÉDUCTEURS DE TÊTES DE NOEUD !!
FRAPAR.

- C'est bon, vous pouvez passer.

Notre ami remet le sable dans les sacs, les sacs sur ses épaules, ses fesses sur la selle et franchit la frontière.

Le lendemain, notre homme se représente à la frontière sur sa bicyclette, deux sacs sur les épaules. Même scène... qui se répète quotidiennement pendant quinze jours.

Puis, lassés, les douaniers ne le contrôlent plus que de temps en temps : toujours du sable !

Enfin, un jour, tout en le laissant passer, un douanier l'interpelle :

- Nous ne sommes pas si idiots que ça. Nous savons que vous faites de la contrebande. Oui, mais de quoi ?

Quand le gars est assez loin, il se retourne et dit simplement :

- Bicyclettes !

* * * * * *

Dans une région ravagée par le choléra, un officier du service de santé des armées visite une caserne. Il interroge un sous-officier :

- Quelles précautions observez-vous pour rendre l'eau potable ?
- Eh bien, d'abord nous la filtrons.
- Très bien. Et après ?
- Nous la faisons bouillir.
- Parfait. Et ensuite ?
- Pour ne courir aucun risque, nous buvons de la bière !

* * * * * *

À la douane néerlandaise, le douanier :

- Vous avez de l'alcool ?
- Non.
- Vous avez des armes ?
- Non.
- Vous avez de la drogue ?
- Non.

Après avoir jeté un bref coup d'œil alentour, le douanier reprend :

- Vous en voulez ?

* * * * * *

Deux bidasses dorment sous la tente. Comme il fait très très froid, ils se couchent tous les deux dans le même duvet. Au bout d'un moment, le premier demande à l'autre :

- Dis, tu serais pas en train de te branler ?

- Oui, pourquoi ?

- Ben... Ça te dérangerait beaucoup de prendre la tienne ?

* * * * * *

Question de l'adjudant à ses recrues au garde-à-vous :

- Qu'est-ce qui bout à 90 degrés ?

Silence général.

- Ben c'est l'eau, bande de nazes !

Un bidasse agrégé de physique (et préposé au nettoyage des cabinets), reprend alors l'adjudant :

- Mon Adjudant, si je peux me permettre, vous faites erreur : l'eau bout à cent degrés.

L'adjudant, se frappant le front :

- Ah oui ! Que je suis bête ! C'est l'angle droit qui bout à 90 degrés.

* * * * * *

Pourquoi les généraux sont-ils si bêtes ?

- Parce qu'on les choisit parmi les colonels.

(Elle serait, mais je n'en suis pas sûr, d'Anatole France.)

Les blagues anti-policiers

Deux agents de police sont en train de rédiger un rapport :

- Dis Léon, comment ça s'écrit «téléphone» : avec un «f» ou avec «ph» ?

- Avec «ph»...

- Ah, merci, je confonds toujours avec télégraphe.

* * * * * *

Sur une route départementale, un camion se fait arrêter par des policiers :

- Contrôle, que transportez-vous ?

- 6000 douzaines d'huîtres.

- On a reçu des ordres très stricts au sujet des renforcements des contrôles : ouvrez-les !

* * * * * *

Dans l'Ouest américain, un shérif adjoint un peu con arrête un automobiliste pour excès de vitesse.

L'automobiliste pressé tente de se défendre :

- Mais, shérif, j'ai une explication, laissez-moi parler et vous verrez, vous me laisserez partir !

Le shérif répond :

- Taisez-vous ! Je vous emmène au poste. Là vous attendrez bien sagement que le chef soit de retour...

- Mais shérif, ce n'est pas possible...

- Vous allez vous taire ! Je ne prendrai aucune décision sans l'accord de mon chef. On va aller l'attendre au poste.

Deux heures plus tard, le shérif adjoint s'adresse à l'automobiliste :

- Vous avez de la chance que le chef soit au mariage de sa fille : quand il rentrera, il sera de bonne humeur !

- Ne comptez pas là-dessus, répond l'automobiliste.

- Ah bon ? Et pourquoi ?

- Parce que son futur gendre, c'est moi, et qu'en ce moment, tout le monde m'attend à l'église.

* * * * * *

C'est un routier qui est tranquillement assis à son volant quand il aperçoit un nain jaune au bord de la route, qui lui fait signe.

Il s'arrête et va voir le nain qui lui dit :

- J'ai vraiment très faim. Si tu me donnes à manger, je t'encule.

Le routier, plutôt surpris, lui répond que c'est pas son truc, qu'il n'a pas besoin de ça pour lui donner à manger, et lui file un sandwich.

Peu de temps après avoir repris sa route, il aperçoit un nain rouge sur le bord de la route, qui lui fait signe.

Il s'arrête et va voir le nain qui lui dit :

- J'ai vraiment très soif, si tu me donnes à boire je te suce.

Le routier commence à s'énerver, vocifère qu'il n'a pas envie de se faire sucer par un nain rouge, lui file une canette de bière et s'en va.

Il continue sa route et, quelques kilomètres plus loin, il voit un nain bleu sur le bord de la route, qui lui fait signe.

Il descend excédé et dit au nain bleu :

EXCÈS DE VITESSE SUPÉRIEUR À 50KM/H... VOUS IREZ EN CORRECTIONNELLE !!
... MAIS, J'FAISAIS DU 50 !
JUSTEMENT, C'EST 50 DE TROP !!
VOIE PIÉTONNE
FRAPAR.

- OUAIS ! Je sais ! Si je te file à manger, tu m'encules, et si je te file à boire, tu me suces !

Et le nain lui répond :

- C'est ça, c'est ça, allez hop, papiers du véhicule, et on va régler tout ça au poste !

Blagues à l'humour non-sens, différences et devinettes, brèves de comptoir

Blagues à l'humour non-sens

Un gars est au restaurant en train de manger des nouilles. Il appelle le garçon :

- Garçon, j'ai trouvé un poil dans mes nouilles : c'est dégoûtant, je ne paye pas ça !

Il se lève et s'en va sans payer.

Le garçon va voir le patron et lui explique la situation. Le patron répond :

- Quoi, pas question ! Rattrape le type, il faut qu'il paye !

Le garçon court après le client et le retrouve dans une chambre d'hôtel, la tête entre les jambes d'une prostituée. Il lui dit :

- Tiens, pour quelqu'un qui n'aime pas les poils, vous vous défendez bien !

Le type :

- Ouais, mais si je trouve une nouille, je paye pas !

******

Un cul-de-jatte a été renversé par une voiture. À l'hôpital, le médecin lui dit :

- Ce n'est rien. Dans trois jours, vous serez sur pied.

******

C'est une dame qui se cherche un sac à main car on lui a volé le sien. Elle entre chez un grand maroquinier et là, la vendeuse lui présente un assortiment de sacs pour dames. Il y en a un qui lui plaît vraiment, petit, parfait pour la ville et le soir.

- Vous avez raison, Madame, lui dit la vendeuse, c'est notre plus bel article.

La dame demande :

- Quel est son prix ?

- 10 000 francs, répond la vendeuse.

- 10 000 francs ?! s'exclame la dame. Mais c'est horriblement cher pour un petit sac de rien du tout !

- Peut-être, réplique la vendeuse, mais ce sac est fait en vraie peau de bite humaine...

- Et alors ? reprend la dame.

- Eh bien, si vous le chatouillez un peu, vous avez un sac de voyage...

Et une variante :

Une nana passe chez une copine qui a de très très très grands pieds. Elle sonne. L'autre lui ouvre. «Smack smack» sur les deux joues.

- Comment tu vas, ma chérie ?

- Et toi, ma chérie ?

Et papoti papota dans l'entrée, jusqu'à ce que l'invitée jette un œil par terre, sur la moquette.

- Oh mais... Ces petits mocassins sont absolument ravissants... Ils sont à toi ?

- Oui oui... Ma chérie, quand je les ai vus dans la vitrine, j'en suis tombée littéralement amoureuse !!

- Mais.. ma chérie, reprend la première, ils sont beaucoup trop petits pour toi, c'est du 36 !!

- Mais non, ne t'inquiète pas, répond la deuxième, c'est de la peau de zob !!! Quand j'ai fini de les cirer, ils font facilement du 56...

* * * * * *

Beethoven vient de mourir. On l'enterre dans le cimetière municipal. Quelques jours plus tard, le curé, passant par là, entend comme de la musique qui émane du tombeau de Beethoven. Apeuré, il s'en va chercher le maire du village. Celui-ci accourt avec quelques adjoints. Le maire colle son oreille contre le sol, écoute pendant un moment, puis dit :

- On dirait que c'est la neuvième Symphonie de Beethoven, mais jouée à l'envers...

Il écoute un peu plus longtemps, puis ajoute :

- Maintenant c'est la huitième Symphonie, mais jouée à l'envers elle aussi !

Un peu plus tard il dit :

- Et maintenant, c'est la septième... la sixième... la cinquième...

Soudainement, le maire se relève avec un sourire et s'adresse à la foule qui s'était agglutinée autour de la tombe :

- Mes chers concitoyens, il n'y a dans cette manifestation rien de grave, et vous pouvez rentrer chez vous sereinement... C'est Beethoven qui décompose !

* * * * * *

- J'ai été marié trois fois.
- Des enfants ?
- Non, non ! toujours des adultes !

******

Authentique (Le Monde du 09/01/98) :

«Tout ce qui entre dans l'organisme humain doit être considéré comme interrompant le jeûne», d'après les enseignements du Prophète... Un comité religieux vient de lancer une fatwa contre l'administration de suppositoires pendant le mois du Ramadan.»

******

- Salut, t'es qui toi ?
- Moi ? J'suis Napoléon !
- Ah oui ? Qui t'a dit ça ?
- Dieu m'a dit que j'étais Napoléon !
- Moi je t'ai dit ça ?

******

Deux petits garçons d'environ cinq ans attendent avec leurs mamans dans la salle d'attente du médecin. Le premier dit :

- Pourquoi tu es ici ?

Le second répond :

- Pour me faire circoncire.

Le premier reprend :

- Oh ! je connais ça. On me l'a fait quand je suis né... J'ai pas pu marcher pendant un an !

******

Un type se présente à la douane avec un éléphant, tenu en laisse, qui a un toast collé sur chaque oreille. Le douanier :

- Quelque chose à déclarer ?

Le type :

- Non, rien.
- Et ceci ? fait le douanier en montrant l'éléphant.
- Eh ! ben quoi, on peut plus mettre ce qu'on veut dans son sandwich ?

* * * * * *

- Garçon, il y a une mouche morte dans ma soupe !
Le serveur s'approche avec une paille :
- Écartez-vous, Monsieur, je vais tenter de la réanimer !

* * * * * *

Une mouche dans un restaurant :
- Garçon, il y a un monstre géant avec une cuillère au-dessus de ma piscine !

* * * * * *

Accusé pour meurtre, Fred K. est condamné à six mois de prison avec sursis pour coups et blessures ayant entraîné la mort sans intention de la donner... comme l'avait demandé son avocat aux jurés.

Quelque temps plus tard, Fred retrouve l'un des jurés ... qu'il avait soudoyé par l'intermédiaire de son avocat :

- Alors, comment avez-vous utilisé le million que mon avocat vous a fait parvenir?

- Ce ne fut pas facile... J'ai dû le partager en quatre : tous les jurés étaient d'accord pour six mois avec sursis, sauf quatre qui étaient récalcitrants : ils voulaient vous acquitter !

* * * * * *

Un mec assis au bord de l'eau surveille sa canne à pêche tout en buvant son pastis.
Un passant demande :
- Té ! Qu'est-ce que vous pêchez là ?
- Té ! Je pêche le congre !
- Et vous en attrapez beaucoup ?
- OUIGRE !!!!

* * * * * *

Deux mecs sont à la terrasse d'un café. L'un lit le journal :

- T'as vu ce qu'ils disent ? À Chicago, y'a un mec qu'est tué toutes les vingt minutes !

- Le pauvre vieux !

* * * * * *

DÉSOLÉ, BABY !
FRAPAR

Un membre de la mafia italienne appelle ses trois fils. Il demande au premier :
- Combien font deux plus deux ?
Et le fils répond :
- Ça fait cinq, papa.
Il demande au second :
- Combien font deux plus deux ?
Et le fils répond :
- Ça fait cinq, papa.
Il demande au troisième :
- Combien font deux plus deux ?
Et le fils répond :
- Ça fait quatre, papa.
Le père sort son revolver, et abat froidement son troisième fils. Les deux autres s'exclament :
- Papa, pourquoi l'as-tu tué ?
Et le père de répondre :
- Il en savait trop...

* * * * * *

Dans le grand Nord canadien, trois femmes papotent :
- Mon fils, dit la première, n'a que cinq ans, mais c'est le roi du braconnage. Pas plus tard que ce matin, il m'a ramené dix castors qu'il a attrapés avec ses pièges.
- Le mien, dit la seconde, à la maternité, il piégeait déjà les pigeons par la fenêtre de ma chambre. Il n'avait pas une semaine.
- Bah c'est rien à côté du mien, dit la troisième. Quand j'étais enceinte, ce petit saligaud trouvait pas mieux que d'attraper la bite à son père au collet...

* * * * * *

Un gars se rend chez le médecin. Il a un cornichon enfoncé dans le nez, une carotte dans l'oreille gauche, et une banane dans l'oreille droite.
Il demande au médecin :
- Qu'est-ce qui ne va pas avec moi, Docteur ?
Le médecin :
- Je crois que vous ne mangez pas proprement !

* * * * * *

Un garçon écrit à la fille qu'il aime :
«Le matin, je ne mange pas car je pense à toi ;
à midi, je ne mange pas car je pense à toi ;
le soir, je ne mange pas car je pense à toi ;
la nuit, je ne dors pas car j'ai faim !»

* * * * * *

C'est deux copains qui parlent ensemble :
- J'ai quitté ma femme !
- Ah bon ! Et pourquoi ?
- Elle manquait de maturité !
- Ah ?
- Ben oui, tous les matins elle venait dans mon bain et elle coulait mes bateaux en plastique.

* * * * * *

C'est un monsieur qui sort d'un hypermarché et qui voit un clodo en train de brouter de l'herbe. Désireux de faire une bonne action, il lui propose de venir manger chez lui. Heureux, le vagabond lui demande s'il peut venir avec sa femme et ses cinq enfants. C'est alors que le monsieur lui répond :
- Mais il n'y a pas de problème, j'ai au moins 200 mètres carrés d'herbe chez moi...

* * * * * *

Deux canards sont sur une rive, ils se regardent. L'un dit :
- Coin, Coin !
L'autre répond :
- Ben merde ! J'allais dire la même chose !

* * * * * *

C'est l'histoire d'un paysan avec sa vache, qui fait du stop au bord d'une nationale. Un homme s'arrête et le paysan monte dans la voiture. Le conducteur lui demande :
- Et votre vache ?
- Ne vous inquiétez pas, on va l'accrocher derrière ; elle a l'habitude de suivre.

Et ils partent. A 40 km/h, la vache suit. Le conducteur accélère alors jusqu'à 60 km/h. La vache suit. A 80 km/h, la vache suit toujours sans problème apparent.

Le conducteur commence à s'énerver, et accélère encore. Le petit jeu se poursuit jusqu'à 160 km/h. Le conducteur regarde dans son rétroviseur puis, triomphant, s'adresse au paysan :

- Elle fatigue, votre vache ; elle tire la langue !
- De quel côté ?
- Euh ? A gauche.
- Alors, c'est qu'elle veut doubler...

* * * * * *

Des triplés discutent dans le ventre de leur mère :

- Ben moi, dit le premier, quand j'serai grand, j'veux être plombier !
- Pourquoi ?
- Ben, regarde un peu ici toute la flotte dans laquelle on baigne, j'en peux plus. Quand je serai plombier, chez moi, s'il y a une fuite, je pourrai réparer.
- Ben moi, dit le second, quand j'serai grand, j'veux être dompteur !
- Pourquoi ?
- Ben tous les soirs, on entend une sorte de bête sauvage dans le coin, elle pousse des cris et tout et tout. Et moi ça me gêne. Aussi, quand je serai grand, je serai dompteur. Comme ça je pourrai faire taire les animaux.
- Ben moi, dit le dernier, quand j'serai grand, j'veux être détective privé !
- Pourquoi ?
- Ben comme ça je pourrai enquêter et retrouver le salaud qui vient cracher tous les soirs dans le couloir !

* * * * * *

Une dame se plaint à une amie :

- Depuis que je n'ai plus d'utérus, mon mari me délaisse.
- Ah ? Et si tu lui faisais du thé de Chine ?

* * * * * *

Deux œufs dans une poêle :

- Il fait chaud, hein ?

L'autre :

- Aaaaah ! Un œuf qui parle !!!

* * * * * *

C'est Superman qui rencontre Hulk :
- T'as vu ?! T'as complètement déchiré ta chemise.
Hulk :
- Oh, j'suis vert !
Et Spiderman, qui passait par là, lui dit :
- C'est pas grave, viens, on va se faire une toile...

* * * * * *

Un fou rentre chez lui et son horloge sonne trois coups.
- Oh, ça va ! Je sais qu'il est une heure, pas la peine de le répéter trois fois !

* * * * * *

Deux copains vont au restaurant et commandent chacun une sole. Le serveur arrive et leur présente le plat qui contient effectivement deux soles, mais une très grosse, et une très petite. Les deux copains sont un peu gênés. Le premier dit à l'autre :
- Vas-y, sers-toi, je t'en prie !
- Mais non, fait l'autre, après toi, je t'en prie !
- Allez, fais pas d'histoire, choisis le premier...
- Non, à toi l'honneur...

Pendant cinq minutes, chacun hésite, se renvoie la politesse, et finalement, l'un des deux en a marre et se sert. Il prend la grosse sole.
- T'es gonflé, lance son copain. Si moi, je m'étais servi le premier, j'aurais pris la petite !
- Eh ben ! Qu'est-ce que t'as à râler ? Tu l'as, la petite...

* * * * * *

Un fou se promène sur le quai d'un port et, voyant un marin passer la tête par un petit hublot, il lui dit :
- Woaouh, quel collier !

* * * * * *

Deux chats sont sur un balcon, le soir. L'un pousse son copain du coude (Bon, je sais...) et lui dit :
- T'as vu la jeune fille, là bas ?
- Oui, oui.
- Tu vois ce petit triangle brun entre ses jambes ?

- Ouais !
- Tu sais comment ils appellent ça, les hommes ?
- Euh... nnnnnnnan...
- Un chat !

Instant de stupeur incrédule. Puis :
- Allez... Tu me prends pour un con ?

* * * * * *

Cela ce passe pendant un numéro de cirque avec une dizaine de nains... En plein milieu du spectacle, les artistes de petite taille sont soudainement pris d'une envie de pisser terrible. Les chiottes du cirque étant bouchés, les nains foncent au café le plus proche, soulagent leur vessie, puis repartent. Un type un peu bourré, accoudé au bar voit passer les nains sous sa barbe :
- Ho ! Hé ! Gérard ! Y'a ton baby-foot qui se barre !

* * * * * *

Deux vaches dans un champ tricotent tranquillement, quand soudain, l'une d'elles voit passer dans le ciel un petit éléphant qui vole. Elle n'ose rien dire à son amie, mais quelques minutes plus tard, elle aperçoit deux autres petits éléphants volants.

Elle commence à s'inquiéter, et dit à son amie :
- J'aurais dû faire attention avant de manger autant de champignons, je viens de voir plusieurs éléphants volants.

Et l'autre la rassure :
- Ne t'inquiète pas, je viens souvent ici. Il y a un nid pas loin.

* * * * * *

Deux bites se croisent dans les couloirs du lycée :
- Tu m'as l'air bien tendue ce matin.
- Ben oui, je passe à l'oral tout à l'heure.

Et aussi :

Deux petits zizis arrivent sur la plage. Ils choisissent une place et l'un des deux zizis dit à l'autre :
- Hé ! Je vais me baigner... Tu me gardes mes sacs ?

Et une autre encore :

Deux zizis ont décidé d'aller au cinéma :

Le premier (intellectuel) :

- Et si on allait voir le dernier Woody Allen ?

Le second (lubrique) :

- Oh non ! Je sens que je vais encore m'endormir, si on allait plutôt voir un film porno ?

Alors le premier :

- Non merci, pour rester debout toute la séance !

* * * * * *

Un médecin se promène dans le jardin de l'asile. Il aborde un patient qui est en train de planter des petits drapeaux jaunes et noirs, et lui demande :

- Qu'est-ce que vous faites ?

- Vous voyez bien : je plante des drapeaux jaunes et noirs.

- Mais pourquoi ?

- Pour faire fuir les girafes.

Le docteur, qui en a déjà vu et entendu d'autres, répond :

- Mais il n'y en a pas, par ici.

Le fou répond :

- Normal, avec tous ceux que j'ai déja plantés !

* * * * * *

Un passant. La nuit. Le jardin. Le calme. Et tout à coup, il entend :

- AU VIOL ! AIDEZ-MOI !!

Il s'approche, voit une femme et un agresseur. Après hésitation, il demande à la femme :

- Vous avez besoin d'aide ?

Et c'est l'agresseur qui répond :

- Ben non, je vais y arriver tout seul !

* * * * * *

(C'est une blague sonore) :

C'est deux culs au bord de la plage. Le premier va se baigner. L'autre lui demande :

- Alors, elle est bonne ?

- Prrrrrrrtttt...

* * * * * *

C'est un gars qui fait de l'auto-stop. Il finit par se faire prendre par un gars charitable. Ils font quelques dizaines de kilomètres, le temps de sympathiser, et les voilà en ville.

Ils approchent d'un feu, et le feu passe au rouge. Alors le conducteur écrase le champignon et grille le feu.

L'auto-stoppeur :

- Mais... tu es fou ! Le feu était rouge ! On aurait pu avoir un accident !

- Meuh non ! Mon frère, il fait ça depuis des années, il n'a jamais rien eu. Alors je peux bien faire pareil !

Un peu plus loin, deuxième feu. Le feu passe au rouge alors qu'ils en sont à quelques dizaines de mètres, et le conducteur le grille sans sourciller.

L'auto-stoppeur :

- Ah non ! Encore ! Ça va mal finir !

- T'inquiète pas, mon frère, il fait ça depuis des années, y'a pas de raison de s'en faire !

Troisième feu, même scénario. L'auto-stoppeur est à deux doigts de sauter en marche.

Et puis arrive le quatrième feu, qui est rouge. L'auto-stoppeur commence à devenir blanc, quand soudain le feu passe au vert. Mais tandis que l'auto-stoppeur interrompt sa prière, le conducteur pile !

L'auto-stoppeur :

- Alors là, je ne comprends pas. Que tu grilles les feux rouges, passe encore, mais là, le feu est vert, et tu t'arrêtes ?

- Ben oui !...Et si mon frère il passe par là ?

* * * * * *

Un jeune homme, dans une soirée chic, s'adresse à une jeune fille et lui déclare :

- Mademoiselle, quelle beauté, quelle sensibilité, quelle pétulance !

- Mais Monsieur, répond la jeune fille, je ne vous ai pas permis de me tutoyer !

* * * * * *

C'est deux pêcheurs qui discutent sur leurs prises :

- Ben moi, vu que je n'arrivais plus à en attraper un seul, j'ai mis au point une nouvelle technique. Pourtant, je leur avais tout donné, des vers, des vers à soie, des mouches, des larves, tout quoi... mais je ne prenais rien !

- Alors, maintenant..?
- Eh bien, maintenant, je leur file du fric, et ils vont s'acheter ce qu'ils veulent !

******

C'est Laeticia qui ne sait pas quoi offrir à Johnny pour son anniversaire. Estelle lui conseille d'acheter un livre. Mais Laeticia répond :

- C'est pas la peine, il en a déjà un...

******

C'est papa cyclope et son fils :

- Papa, pourquoi on n'a qu'un œil ?

...

- Papa, pourquoi on n'a qu'un œil ?

...

- Papa, pourquoi on n'a qu'un œil ?

...

- Papa, pourquoi on n'a qu'un œil ?
- Ah... Tais toi.
- Papa, pourquoi on n'a qu'un œil ?

...

- Papa, pourquoi on n'a qu'un œil ?
- Arrête !
- Papa, pourquoi on n'a qu'un œil ?
- Arrête, tu me casses la couille !

******

C'est un Québécois qui est resté coincé dans sa cabane durant tout l'hiver. La Croix Rouge monte une expédition pour aller le sauver. Après des jours de marche et de recherches, les sauveteurs trouvent sa cabane, dégagent l'entrée et frappent à la porte.

Ils ne s'attendent pas à ce qu'on leur réponde mais, à leur grande surprise, une voix s'élève :

- Qu'est-ce que c'est ?
- C'est la Croix Rouge !
- On a déjà donné !

* * * * * *

Un type en voyage sur un bateau de croisière est sur le pont principal et parle avec le commandant de bord. À un moment donné, le bateau passe devant une île déserte, en plein milieu du Pacifique, et ils aperçoivent au loin sur l'île un gars qui agite les mains en faisant de grands signes en direction du bateau ! Le type dit au commandant :

- Qu'est-ce qu'il a à gesticuler comme ça ?

Le commandant :

- On passe ici une fois par an, et je pense qu'il n'aime pas qu'on s'approche de son île.

* * * * * *

Une autre blague à faire :

Faire répéter 10 fois, très vite : «FOURCHETTE !»

Et, sans attendre, demander avec quoi on mange la soupe !

(En général, la personne répond : «Une FOURCHETTE»).

* * * * * *

C'est deux copains qui marchent dans la rue, et ils voient une fille complètement filiforme, du genre 50 kg pour 1 m 85.

Le premier dit à l'autre :

- Je te parie que c'est un des premiers bébés éprouvettes.

- Pourquoi tu dis ça ?

- Elle a gardé la forme du tube.

On a aussi, sur ce sujet, une blague visuelle :

Mettez-vous debout, bien droit, les bras le long du corps, et regardez droit devant vous...

Qu'est-ce que c'est ?

(Non, ce n'est pas la position du garde-à-vous, ce serait trop simple).

- C'est la position du fœtus pour un bébé éprouvette.

* * * * * *

C'est un type qui circule sur la route et qui voit un camion devant lui. Il se rend compte qu'une roue du camion frotte dangereusement. Il accélère et monte à sa hauteur, puis baisse sa vitre et crie au routier :

- Ta roue frotte !
- Quoi ?
- Ta roue frotte !
- Quoi ?
- Ta roue frotte !
- Parle plus fort, j'entends rien, ma roue frotte !

* * * * * *

C'est le pape qui revient d'une visite en Afrique. Il descend de l'avion avec une splendide noire à chaque bras. Seulement, si vous voyez ce que je veux dire, les femmes n'ont pas l'air d'être de très grande vertu... Le cardinal qui le reçoit à l'arrivée ouvre des yeux ronds :

- Mais votre Sainteté, ce sont des putes !
- Des putes ! Des putes ! Oui... Mais de Tanzanie !

* * * * * *

-J'ai deux nouvelles à t'annoncer.
- Commence par la bonne.
- Non, non, c'est deux mauvaises.

Devinettes

Qu'est-ce qui est jaune, qui pèse 130 kg, qui a quatre pattes, et qui vole ?
- Deux canaris jaunes... mais de belles bêtes !!!

* * * * * *

Qu'est-ce qui est bleu avec une rayure blanche, qui vole à 300 à l'heure, et qui pèse deux grammes ?
- Une mouche Gordini.

* * * * * *

Savez-vous ce que c'est qu'une tomate avec une cape ?
- C'est Super tomate !

Et un concombre avec une cape ?
- C'est un concombre déguisé en Super tomate...

******

Comment appelle-t-on un lapin sourd ?
- LAAAAPIN ! (C'est une blague auditive, il faut crier la réponse...)

******

Qu'est-ce qui est vert, et qui pousse au fond du jardin ?
- Un martien qui fait caca ! (possible aussi avec un scout)

******

Qu'est-ce qui est vert, et qui pue au fond d'un bois ?
- Un scout mort.

******

Qu'est-ce qui est bleu, et qui pue au fond d'un bois ?
- Un Schtroumpf mort !

******

Qu'est-ce qui est bleu et gluant au fond des bois ?
- Du sperme de Schtroumpf !

******

Pourquoi les Schtroumpfs rigolent-ils tout le temps ?
- Parce que l'herbe leur chatouille les couilles.

******

Qu'est-ce qui est bleu et qui fait pschitt dans l'eau ?
- Une aspirine en survêtement.

******

C'est quoi, deux pastèques dans un champ de maïs ?
- Les couilles du géant vert...

******

- Avez vous déjà touché le vagin d'une femme avec vos oreilles ?
- Non !
- Alors c'est que vous êtes né avec un casque !

* * * * * *

Dites, euh... vous connaissez l'histoire de l'eunuque décapité ?
- Eh ben, elle n'a ni queue, ni tête !

* * * * * *

Et celle de la surprise-partie chez les eunuques ?
- Ben, la surprise... C'est qu'il n'y avait pas de parties !

* * * * * *

Et celle du lit vertical ?
- Pffff ! Une histoire à dormir debout !

Mais moins pire que l'histoire de la girafe :
- Un coup monté...

* * * * * *

Pourquoi les voitures andalouses sont-elles les plus confortables au monde ?
- Parce que : «la belle de Cadix a l'essieu de velours.»

* * * * * *

Que font trois putes allemandes multipliées par deux ?
- Six sauteuses boches...

* * * * *

Quelle est la différence entre une moule et une huître ?
- Une vingtaine d'années...

* * * * *

- Comment s'appelle l'espace situé entre les deux seins de Lolo Ferrari ?
- Silicon Valley.

* * * * * *

Quel est l'animal qui peut changer de sexe en moins d'une minute ?
- Le morpion.

* * * * * *

Viva et Vivo font une croisière du côté du Pôle Nord. Viva tombe à l'eau. Que lui arrive-t-il ?
- Viva gèle, bien sûr !

Une autre :
Deux petites chèvres, Babi et Baba, sont dans un bateau. Baba tombe à l'eau, que se passe-t-il ?
- Baba coule, et Babi bèle....

* * * * * *

Savez-vous ce qui est le plus difficile dans un accouchement chez les gitans ?
- C'est de faire sortir la guitare.

* * * * * *

Pourquoi Stevie Wonder porte-t-il de grandes chaussures ?
- Parce qu'il a de grands pieds.

* * * * * *

Comment les Anglais appellent-ils un gars qui ratiboise successivement des champs de blé, de maïs, d'avoine, d'orge, etc ?
- Un «CEREAL KILLER».

* * * * * *

Quelles céréales les racistes préfèrent-ils ?
- Les Special KKK.

* * * * * *

Tu sais pourquoi ils refusent les handicapés chez Mac Donald ?
- Le bruit insultant de leurs fauteuils roulants : Quick, Quick, Quick...

* * * * * *

Pourquoi n'y a-t-il pas de piscine à Cuba ?
- Tous ceux qui savent nager sont arrivés en Floride !

* * * * * *

Pourquoi les églises ferment-elles le dimanche à Cuba ?
- Parce que les fidèles cassent trop.

SI, SI, JE VOUS ASSURE ! C'EST LA NOUVELLE MODE MASCULINE DE L'ÉTÉ !!
FRAPAR.

Et où vont les fidèles alors ?
- Chez Guévara.

* * * * * *

Pourquoi les Cubaines ne se marient-elles pas ?
- Parce qu'il y a trop de cons cubains.

* * * * * *

Qu'est-ce qui est pire que de trouver un ver dans sa pomme ?
- La moitié d'un ver.

* * * * * *

J'ai trois nez, deux bouches, quatre yeux et cinq oreilles. Que suis-je ?
- Horrible.

* * * * * *

Pourquoi les filles du Pas-de-Calais sont-elles précoces ?
- Parce que le concerto en sol mineur...

* * * * * *

Pourquoi les curés n'ont pas besoin de véhicules ?
- Parce que les habits sacerdotaux ! (ça sert d'auto)

* * * * * *

De quelle couleur sont les petits pois ?
- Les petits pois sont rouges.

* * * * * *

On sait que les chiens aboient et que les chats miaulent...
Mais que font les fourmis ???
- Elles cro-ondent... les fourmis cro-ondent !

* * * * * *

Pourquoi les Belges se tiennent-ils courbés ?
- Parce qu'ils portent des cravates à pois.

* * * * * *

Que fait un Indien quand il tombe dans l'océan ?
- Plouf !
Et un camembert dans un naufrage ?
- Il coule.

******

Quels légumes trouve-t-on au fond des océans ?
- Des Chouxmarins.

******

Que demande un douanier à un cochon qui passe la frontière ?
- Son passe-porc.

******

Comment appelle-t-on un boomerang qui ne revient pas ?
- Un cintre.

******

Pourquoi la Vénus de Milo n'a-t-elle plus de bras ?
- Parce qu'elle se rongeait les ongles...

******

Quelle est la différence entre Tintin et Milou ?
- Milou n'a pas de chien...

******

Quelle est la différence entre Tintin et le Capitaine Haddock ?
- Ils ont tous les deux une barbe, sauf Tintin.

******

Tu connais la différence entre le sexe d'une femme et les Legos ?
- Non ? Alors continue à jouer aux Legos.

******

Qu'est-ce qui est rose, brun, rose, brun, rose, brun, blanc ?
- Un noir qui se masturbe.

******

Qu'est-ce qui est blanc, noir, blanc, noir, blanc, noir, rouge, blanc, noir ?...
- Une nonne qui se casse la gueule dans un escalier.

* * * * * *

Qu'est-ce qui arrive sec, repart chaud et humide, et procure une certaine satisfaction ?
- Un sachet de thé.

* * * * * *

Qu'est-ce qui arrive rose, dur et sec, et ressort mou, rose et humide?
- Un malabar.

* * * * * *

Quelle est la différence entre l'amour avec un top et l'amour avec un thon ?
- Avec un top, c'est l'amour avec un grand A.
- Avec un thon, c'est l'amour avec un gros tas.

* * * * * *

Quelle est la différence entre l'amour et le SIDA ?
- Le SIDA, c'est pour la vie.

* * * * * *

Comment reconnaître un aveugle dans une colonie de nudistes ?
- Ce n'est pas dur...

* * * * * *

Quel est le point commun entre un cercueil et une capote ?
- Dans les deux cas il faut être raide pour y entrer.

* * * * * *

Qu'est-ce qui est dur et qui différencie l'homme de la femme ?
- Le service militaire.
...
Pour ceux à qui l'auditoire aurait répondu, blasé : «Ouais, on sait, c'est le service militaire», répondez :
- Eh non, c'est la bite !

* * * * * *

Qu'est-ce qui a deux pattes et qui saigne beaucoup ?
- Un demi chien.

* * * * * *

Quelle est la différence entre le slip d'un homme et celui d'une femme ?
- Le slip d'un homme est un centre de redressement, le slip d'une femme est un centre d'accueil.

* * * * * *

Pourquoi les fanfares avancent-elles en jouant ?
- Pour s'éloigner du bruit.

* * * * * *

Qu'est-ce qui a 32 dents et qui cache un monstre ?
- Ma braguette.

* * * * * *

Qu'est-ce qui a 150 dents et deux yeux ?
- Un alligator.

* * * * * *

Qu'est-ce qui a 150 yeux et deux dents ?
- Un car de personnes âgées.

* * * * * *

Qu'est-ce qui est jaune et noir, et qui pique ?
- Un acupuncteur chinois.

* * * * * *

Vous savez pourquoi les pets puent ?
- Pour que les sourds en profitent !

* * * * * *

Quelle différence y a-t-il entre les impôts et la sodomie ?
- Dans la sodomie, c'est le premier tiers qui est le plus dur...

* * * * * *

Quelle différence y a-t-il entre un vieux pneu et 365 capotes usagées ?
- Aucune, it was a GoodYear...

* * * * * *

Pourquoi y a-t-il des cendriers dans le wagon non-fumeurs ?
- Le pape, il a bien des couilles...

* * * * * *

Pourquoi l'artichaut est le légume le plus maso ?
- Parce qu'on lui coupe la queue et qu'on lui arrache les poils avant de le bouffer.

* * * * * *

Qu'est-ce qui est dur, blanc, avec le bout rouge, et qui sent la pisse ?
- Une borne kilométrique.

* * * * * *

Quelle est la différence entre un rappeur et un scout ?
- Le rappeur nique sa mère, et le scout monte sa tente.

Et dans le même style, mais en plus intello :
Quelle est la différence entre un hibou et un rappeur ?
- Le hibou est nyctalope, et le rappeur nycthémère.

* * * * * *

Imagine que tu as une bite sur le front... Quelle taille doit-elle mesurer pour que tu puisses la voir ?
- Quelle que soit la taille, tu ne peux pas la voir, car tu as les couilles devant tes yeux.

* * * * * *

Qu'est-ce qui est rose, qui mesure 5 cm plié et 15 cm déplié, et qui fait rêver les jeunes filles ?
- Le permis de conduire.
(En France, le permis de conduire est de couleur rose, et plié en trois).

* * * * * *

Qu'est-ce qui a une fente, qui est toujours humide, et qui a des poils autour ?
- L'œil.

******

Quelle est la différence entre un pinceau et une bite ?
- Avec le pinceau, on trempe les poils jusqu'au manche.
- Avec la bite, on trempe le manche jusqu'aux poils.

******

Quelle est la différence entre le clitoris d'une femme et une balle de golf perdue sur un rough ?
- Un homme perdra bien vingt minutes à chercher la balle de golf.

******

Quelle est la différence entre le papa d'un bébé normal et le papa d'un bébé éprouvette ?
- Le papa du bébé éprouvette est un branleur !

******

Quelle différence y a-t-il entre une vierge et Paris ?
- Paris sera toujours Paris.

******

Quelle est la différence entre une porte en chêne et une salope ?
- La porte ne dit pas «encore» quand tu la défonces !

*****

Tu sais quelle est la différence entre les cinq «Spice girls» ?
- Non ? Eh ben tiens ! Sens ! (en tendant les cinq doigts de la main).

*****

Qu'est-ce qu'il faudrait pour réunir les Beatles ?
- Trois balles de plus.

*****

Comment appelle-t-on un homme qui tue son beau-frère ?
- Un insecticide, car il tue l'époux de sa sœur...

* * * * *

Savez-vous quelle est la différence entre la cravate de votre patron et la queue d'une vache ?
- La queue de la vache cache tout le trou de cul.

* * * * *

Qu'est-ce qui fait «Bzzz» dans la baignoire ?
- Claude François.

* * * * *

- Un, poil aux mains.
- Deux, poil aux yeux.
- Trois, poil aux doigts.
- Soixante-neuf, poil aux ... ?

... dents.

* * * * *

Qu'est-ce qui est jaune, bridé, et qui n'est pas asiatique ?
- Une mobylette de la Poste.

* * * * *

Quelle est la différence entre un cendrier et une théière ?
- Le cendrier c'est pour des cendres, la théière, c'est pour mon thé.

* * * * * *

Qu'est-ce qui est blanc, qu'on trouve en hiver et qui se termine par «AR» ?
- De la neige, connard !

Ensuite, demander encore :
- Et tu sais ce qu'il y a au-dessus des montagnes et qui finit par «IR» ?

Là, le gars va penser à la neige, mais ne dira rien vu que ça finit pas par ir... alors répondre :
- De la neige CONNARD, je viens de te le dire !

Et la variante :

Chez nous, à Toulouse, on dit plus sobrement :
- Qu'est-ce qui commence par un F, finit par un N, et tombe des arbres ?
- Tin, des feuilles, con !

* * * * * *

Question à poser à un pote :

Un récent sondage indique que 75 % des gens qui prennent leur douche chantent en se lavant, et que 25 % se masturbent.

Mais ceux qui chantent, ils chantent quoi ?

- Je ne sais pas (réponse la plus usitée).
- Donc, tu fais partie des 25 %...

* * * * * *

Quel bruit fait un esquimaux qui boit sur la banquise ?

- Igloo, igloo, igloo...

* * * * * *

Claire et Louis, le couple parfait, ne se sépareront jamais. Pourquoi ?

- Parce ce que si Claire perd l'ouïe, Louis ne verra plus clair.

Les brèves de comptoir

Elections : une veste de perdue, dix de retournées.

* * * * * *

Si vos pieds coulent et que votre nez sent mauvais : vous êtes né à l'envers !

* * * * * *

Un graffiti lu sur un mur :

Skin-Aid... Donnez-leur un cerveau !

* * * * * *

Un statisticien, c'est un mec qui a la tête dans le four et les pieds dans le frigo. En moyenne, il est bien.

* * * * * *

Mangez un castor, vous sauverez un arbre !

* * * * * *

Quel est le dernier stade avant la mort ?

- Le Heysel...
Voir aussi : Furiani et le Guatémala.

******

C'est bien agréable d'être important, mais c'est bien plus important d'être agréable.

******

Ne frappez pas quelqu'un avec des lunettes.
- Frappez-le avec une batte de base-ball.

******

Vous connaissez l'histoire du cul-de-jatte qui croyait tellement au Père Noël qu'il avait mis sa paire de gants dans la cheminée ?

******

FLASH SPÉCIAL :
Dorothée a été brûlée au visage au troisième degré :
- Elle a taillé une pipe au Capitaine Flamme.

******

La grande soirée en faveur de la faim dans le monde a été un bide.

******

Il y a deux sortes d'OVNI :
- L'OVNI tender, et l'OVNI true.

******

Le sexe féminin, c'est l'enfer : Satan l'habite.

******

Si ma tante en avait, on l'appellerait «mon oncle» ...
Et si mon oncle en était, on l'appellerait «ma tante».
Un chalumeau, c'est un dromaludaire à une bosse.

******

L'intelligence artificielle n'est rien à côté de la stupidité naturelle.

* * * * * *

Les BMW, c'est comme les hémorroïdes, un jour ou l'autre, tous les trous du cul en ont.

* * * * * *

Mimi Matie s'est suicidée : elle s'est pendue à un bonzaï.

Blagues sur le paradis, les religieuses, les curés, Jésus et ses apôtres

Les blagues sur le paradis

Adam va voir Dieu et lui dit :

- Seigneur, je m'ennuie un peu tout seul. Je pourrais pas avoir une compagne ?
- Une compagne ?... Pourquoi pas ? Et comment la voudrais-tu ?

Alors Adam se jette sur une feuille de papier et la couvre de croquis et de notes.

- Comme ça...
- Ah, dit Dieu, elle va être bien !
- Je veux !, répond Adam.

Mais Dieu reprend :

- Une compagne comme ça, ça va te coûter...Hmmm... disons une jambe.
- Une jambe ?

Adam réfléchit, visiblement refroidi, puis demande :

- Et si elle était un peu moins bien ? Mettons, si elle ne savait pas cuisiner par exemple ?
- Ah, si elle ne sait pas cuisiner, ça ne te coûtera qu'un bras.
- Un bras ? Pfff... Dis-moi, qu'est-ce que je peux avoir pour une côte ?

* * * * * *

Trois religieuses, mortes récemment, se présentent devant saint Pierre. La porte qui donne accès au paradis est décorée de lumières et de cloches.

Saint Pierre accueille les nonnes et leur annonce qu'il va leur poser à chacune une question avant de donner son visa pour le paradis.

- Comment s'appelaient les deux humains du Jardin d'Éden ?

Première Nonne :

- Adam et Eve.

Alors les lumières de la porte du paradis s'allument et les cloches résonnent, indiquant à la nonne qu'elle peut passer.

- Qu'est-ce qu'Adam a mangé et qu'il n'aurait pas dû ?
- Une pomme.

Alors les lumières de la porte du paradis s'allument et les cloches résonnent, indiquant à la nonne qu'elle peut passer.

Et c'est au tour de la troisième nonne...
- Quelle est la première chose qu'Eve ait dite à Adam ?
Après un temps de réflexion, la nonne répond :
- Eh ben, elle est dure celle-là !
... Alors les lumières de la porte du paradis s'allument et les cloches résonnent, indiquant à la nonne qu'elle peut passer...

******

Un jour de grande mortalité, il y a une longue file d'attente pour entrer au paradis. Alors que tout le monde patiente en ligne, un gars, dans la trentaine, double tout le monde.
Un type se met à protester :
- Hé là, Sale Juif ! A la queue, comme tout le monde !
Et un autre de chuchoter :
- Hé toi, ferme ta gueule ! Tu ne vois pas que c'est le fils du patron...

******

C'est Himmler qui comparaît devant saint Pierre. Ce dernier lui dit :
- Ce que vous avez fait est mal, vous allez faire une période au purgatoire, ensuite vous pourrez choisir votre lieu de résidence...
Et saint Pierre fait visiter le paradis et l'enfer à Himmler. Le paradis est gris, triste et morne... Par contre, l'enfer est plein de joie, de nourriture, de boissons et de femmes... Là, Himmler hurle :
- L'enfer, ché feux l'enfer, z'est très chouette !
Saint Pierre s'exécute et là, stupeur ! C'est la douleur, l'horreur, le feu et les hurlements des damnés !
Himmler crie :
- Que ze passe-t-il, ce n'est pas ze que j'ai vu !
Et là, saint Pierre dit :
- Propagande !

******

Et dans le même genre :
C'est l'histoire d'un mec qui est au paradis depuis un petit bout d'éternité, et qui commence à en avoir sérieusement plein les bottes. Tout est calme et pacifique. Il ne se passe jamais rien au paradis. Il se dit qu'il irait bien faire un petit

EUH, ÇA NE MANQUE PAS UN PEU D'ESPRIT CRÉATIF ?
QUELLE TÊTE EN L'AIR ! ELLE L'A OUBLIÉ AUX VESTIAIRES !
FRAPAR.

tour en enfer, histoire de voir comment c'est. Il va donc demander à saint Pierre s'il ne pourrait pas faire un tour au sous-sol.

Saint Pierre regarde dans son registre de bonne conduite, et voit que le mec n'a jamais fait de problème, qu'il est plutôt du style ange modèle, qu'il nettoie à fond son petit nuage et que ses ailes sont toujours d'une blancheur irréprochable. Donc, permission accordée pour un petit séjour d'une semaine en enfer.

Le mec prend l'ascenseur et descend en enfer. Son visa étant en règle, on le laisse entrer. Et là, qu'est-ce qu'il voit ? Une fiesta pas possible. Ça chante, ça boit, ça fume, ça joue, des danseuses nues, enfin bref, ambiance du tonnerre. Il se mêle à la joyeuse bande et s'éclate pendant une semaine. Puis retour au paradis.

Le mec se re-emmerde pendant quelques siècles, et puis n'y tient plus. Il lui faut de l'action. Alors, il demande à saint Pierre s'il ne pourrait pas s'établir pour toujours en enfer.

Saint Pierre, attristé :

- C'est vraiment ce que tu veux ?

Le mec :

- Je n'ai pas de plus cher désir !

- OK, permis de sortie accordé.

Le mec se rend donc à nouveau en enfer et là, à peine passée la porte, une armada de démons l'attrape, le passe sur le gril, le fouette, enfin il passe par tous les sévices possibles et imaginables. Le mec, une fois ses esprits un peu retrouvés, demande :

- Mais, mais ..., qu'est-ce qu'il se passe ? Ce n'était pas comme ça la première fois que je suis passé ici ! Où sont les salles de jeux, les danseuses nues, la super ambiance ?

Alors un démon, grand sourire carnassier aux lèvres, lui dit :

- Il ne faut pas confondre tourisme et immigration !

Autre fin possible :

Alors un démon, grand sourire carnassier aux lèvres, lui dit :

- Eh oui, à la première visite, vous avez eu droit à l'appartement témoin !

* * * * * *

Un gars meurt et se retrouve en enfer. Vraiment, il ne comprend pas pourquoi, et ça l'attriste. Alors qu'il est en face du gardien des portes de l'enfer (ça doit être Zoul ou l'équivalent de saint Pierre), il se dit :

- Je sais que je ne me suis pas toujours bien conduit, mais je n'aurais jamais pensé que ça me ferait aboutir ici.

À ce moment, le gardien lui demande :

- Il y a un problème ? Vous avez vraiment l'air triste. Vous êtes déçu peut-être ?

Le gars :

- Qu'est-ce que vous croyez ? Me voilà en enfer. Si j'avais su...

Le gardien :

- L'enfer n'est pas si mal que vous le pensez. Vous y prendrez beaucoup de plaisir. Par exemple, vous aimez boire ?

Le gars :

- Bien sûr que j'aime l'alcool !

Le gardien :

- Alors vous adorerez les lundis. Le lundi, on boit toute une mer d'alcool. Vous aurez du whisky, du rhum, de la téquila, de la bière, du gin, ou autre chose encore. Et tout ça à volonté. La fête dure toute la nuit. Oui, vraiment, vous serez fou des lundis. Vous fumez ?

Le gars :

- Oui, je fume la cigarette.

Le gardien :

- Eh bien, vous adorerez les mardis. Le mardi est le jour où l'on fume. Des cigares les plus raffinés aux cigarettes les plus fines. Vous fumez autant que vous voulez sans vous soucier d'attraper le cancer, parce que vous êtes DÉJÀ mort! Si c'est pas bath ça ? Vraiment, le mardi sera un jour que vous aimerez. Vous vous droguez ?

Le gars :

- Ben, j'ai un peu essayé quand j'étais plus jeune.

Le gardien :

- Ah ! Vous aimerez aussi les mercredis. C'est le jour des drogues. Vous pourrez essayer toutes les drogues qui existent, et sans vous soucier d'enfreindre la loi ou d'avoir une overdose, parce que vous êtes déjà mort. Oui, vous aimerez les mercredis. Vous aimez jouer ?

Le gars :

- Oui, j'aime jouer !

Le gardien :

- Ah ! Que vous aimerez les jeudis ! Ce jour-là, l'enfer est un vrai casino : Black jack, craps, poker, mais aussi les paris, les courses de chevaux, Tout ce qui se joue ! Vous aimerez réellement les jeudis. Vous êtes gay ?

Le gars :
- Ben, non.
Le gardien :
- Oh, vous allez détester les vendredis...

* * * * * *

C'est Anne et Alice qui se retrouvent au paradis. Saint Pierre les interroge sur leur vie et, comme elles ont été de bonnes filles, saint Pierre leur dit qu'elles sont acceptées au paradis et qu'il s'occupe d'elles personnellement.
Saint Pierre :
- Alice, ma fille, asseyez-vous ici pendant que je m'occupe de votre camarade.
Saint Pierre et Anne entrent dans une salle et la porte se referme derrière eux. Après un certain temps, Alice entend un cri terrible :
- AAAAHHH !
Elle sursaute et ouvre la porte.
- Que se passe-t-il ici ?
Saint Pierre :
- Rien du tout , tout va bien, ce n'est qu'un trou pour l'auréole.
Alice retourne donc s'asseoir. Aussitôt assise, elle entend un autre cri encore plus terrible que le premier :
- AAAAAAAHHHHHHH AAAHHHH !!!!
Alice saute encore, se précipite et ouvre la porte.
Alice :
- Que se passe-t-il encore ici ?
Saint Pierre :
- Ce n'est rien, ce n'est que le trou pour poser les ailes.
Alice :
- Ce n'est pas possible, je préfère aller en enfer plutôt que de subir cela.
Saint Pierre :
- Vous n'y pensez pas ! Si vous allez en enfer, vous allez être sodomisée et violée.
Alice :
- Ce n'est pas grave, les trous sont déjà faits !

* * * * * *

C'est Richard Gere, Kevin Costner et (nom de la personne à laquelle vous vous adressez) qui meurent dans un accident d'avion. Ils arrivent au paradis. Saint Pierre les accueille et leur dit :

- Vous ne pouvez pas encore entrer car vous devez passer par le jugement final afin d'expier vos plus graves fautes... Vous voyez le bâtiment là-bas ? Chacun devra entrer par la porte qui lui est assignée pour prendre connaissance de son châtiment.

Richard Gere ouvre sa porte et AAHHHH !! il y a une femme, enfin si on peut appeler ça une femme... Plutôt une créature ignoble, vieille, hideuse, puante, grouillante de morpions, les jambes écartées sur un lit pourri, le tout offrant un spectacle à vomir...

Une voix céleste dit alors :

- RICHARD GERE, TU AS PÉCHÉ TOUTE TA VIE, VOICI TON CHÂTIMENT !

Et la porte se referme sur un Richard Gere hurlant d'horreur...

Kevin Costner ouvre la sienne, pas trop rassuré, et il trouve une chose encore plue immonde, plus moche, plus puante...

Une voix s'élève et dit :

- KEVIN COSTNER, TU AS PÉCHÉ TOUTE TA VIE, VOICI TON CHÂTIMENT !

Et la porte se referme sur un Kevin Costner hurlant...

Encore moins rassuré, (nom de la personne à laquelle vous vous adressez) ouvre sa porte et voit Sharon Stone, nue, plus belle que jamais, les jambes écartées...

(Nom de la personne à laquelle vous vous adressez) se dit :

- Wahoooo, c'est ça mon châtiment ?

Et soudain une voix s'élève :

- SHARON STONE, TU AS PÉCHÉ TOUTE TA VIE, VOICI TON CHÂTIMENT !

******

Sharon Stone arrive au paradis devant saint Pierre :

- Ah non ! dit-il, toi, tu ne rentres pas après ta vie de luxure et de péchés...

Alors Sharon, en lui faisant les yeux doux :

- Allons, Pierrot, je serai sage.

- Bon, d'accord, mais à la moindre mauvaise pensée, une trappe s'ouvrira et tu atterriras directement en enfer !

Sharon s'avance alors dans les allées du paradis, d'une démarche sensuelle... Alors on entend derrière elle une trappe s'ouvrir et saint Pierre qui crie :

- Aaaaaaaaaaaaaaaaaaaaah !!!!!

* * * * * *

C'est un gars qui arrive au paradis. Il est accueilli par saint Pierre. Celui-ci feuillette son grand livre pour voir si le gars mérite de passer la porte... Au bout de quelques minutes pendant lesquelles il se trifouille la barbe et prend un air préoccupé, saint Pierre dit :

- Ha... je ne vois rien là-dedans qui me dit que vos actions ont été bonnes durant votre vie. D'un autre côté, vous n'avez rien fait de vraiment mal non plus... On va faire un marché : si vous pouvez me raconter une VRAIMENT BONNE ACTION dont vous êtes l'auteur, je vous laisse entrer au Paradis.

Le gars réfléchit et répond :

- Oui oui ! Il y a eu cette fois où j'étais sur une nationale en voiture, quand soudain, j'ai vu une bande de Hell's Angels en train d'encercler une jeune fille sur un parking. Je m'arrête, je fais marche arrière, et je vais moi aussi sur le parking. Là, il y avait bien une cinquantaine de gars qui commençaient à torturer la fille avant de la violer certainement. Complètement révolté, je sors de ma voiture, je prends un cric dans mon coffre, et je fonce droit sur le leader de la bande, un type énorme avec un blouson de cuir à clous et une chaîne en or qui allait de son nez à son oreille. Alors que je m'approche de leur chef, le reste de la bande m'encercle... À ce moment-là, j'attrape la chaîne du biker et je lui arrache du nez et de l'oreille, puis je lui donne un bon coup de cric sur la tête. Ensuite je me tourne vers les autres, et je leur crie :

- Bande de malades. Vous êtes pires que des bêtes ! Rentrez chez vous avant que je ne me fâche !

Saint Pierre, impressionné par le récit du gars, lui dit :

- Ça s'est vraiment passé comme ça ? Bravo... Et quand est-ce que ça a eu lieu ?

- Oh... Il y a à peu près deux minutes.

* * * * * *

C'est le curé le plus dévot qui ait jamais existé sur terre, qui meurt. Naturellement, il arrive directement au paradis sans passer par la case purgatoire. Saint Pierre l'accueille et lui dit :

- Bonjour. Nous t'avons attendu longtemps et nous sommes vraiment très heureux de te recevoir au paradis. Tout le monde te connaît bien ici, à tel point que nous avons décidé de t'accorder ce que tu désirais le plus au monde avant d'arriver.

Alors le curé dit :

- J'ai toujours admiré la vierge Marie, et j'aurais voulu discuter un peu avec elle...

À peine a-t-il terminé sa phrase que la vierge Marie, la seule, l'unique, est à côté de lui !

Le curé se lance :

- Oh ! Marie, si vous saviez. J'ai toujours été l'un de vos plus fervents admirateurs. Je connais tout de votre vie. J'ai vu tous les portraits qui ont été faits de vous. A ce sujet, si vous le permettez, j'aurais une question à vous poser : on vous a toujours peinte avec une sorte de sourire triste, et je me suis toujours demandé ce qui pouvait attrister une femme telle que vous.

Et la vierge Marie lui répond :

- Eh bien, en fait, pour tout dire, j'espérais vraiment avoir une fille...

* * * * * *

Nous sommes en pleine création du monde. Dieu jette un œil sur sa check-list :

1) Création de la Terre ——— OK, tout va bien.

2) Création du Ciel ——— OK, tout va bien.

3) Création de la lumière ———— OK, tout va bien.

4) Création des animaux——— OK, tout va bien.

5) Création du Jardin d'Eden ——— OK, tout va bien.

6) Création d'Adam et Eve ——— OK, tout va bien. Ah heu... encore deux petits trucs à régler.

Alors Dieu s'assied à côté d'Adam et Eve et leur demande :

- J'ai vérifié toute ma liste, et tout m'a l'air d'être OK... Pourtant, il me reste encore deux choses à répartir entre vous deux. Tout d'abord, l'un d'entre vous deux aura le privilège d'uriner debout...

Immédiatement, Adam bondit et crie :

- Moi, moi, moi, Dieu. S'il te plaît, choisis-moi... Allez, sois chic, donne-moi ce privilège...

Alors Dieu regarde sa liste, prend son stylo et met Adam derrière la phrase : «Uriner debout.»

Puis il se tourne vers Eve, et lui dit :

- Alors c'est toi qui récupère le dernier privilège : tu auras le droit d'avoir de multiples orgasmes.

Les blagues sur les religieuses

Un jeune homme avec une carrière prometteuse devant lui, décide un jour de se marier avec une fille respectable. Sa promise a fait toute son éducation dans un couvent. Après la cérémonie, les jeunes mariés prennent la voiture pour rejoindre leur nid d'amour. Ils doivent cependant traverser un quartier de la ville où les prostituées exercent leurs talents.

- Charles-Edmond, que font ces femmes appuyées contre les murs et les lampadaires ?

- Oh, ce sont des femmes qui louent pour 300 francs leur corps pour le sexe.

- 300 francs !!! s'exclame la jeune mariée, et les moines qui nous donnaient simplement une tablette de chocolat...

******

Une vieille bonne sœur, de passage à Paris, se retrouve par hasard rue Saint-Denis. Elle va demander à une pute pourquoi il y a autant de filles qui attendent Dieu sait quoi. La pute, ennuyée, lui répond :

- Il y a une distribution de sucettes au bout de la rue.

Là-dessus arrive un car de police qui embarque tout le monde, la bonne sœur y compris. Arrivés au commissariat, l'inspecteur n'en croit pas ses yeux :

- Ma sœur, que faisiez-vous dans cette rue, à votre âge ?

Et la bonne sœur :

- Ben quoi «à mon âge» ? J'ai plus de dents, mais je peux encore en sucer quelques-unes !

******

Ce sont des religieuses qui font un pèlerinage à Lourdes. Elles se déplacent en minibus. Au détour d'une départementale, voilà-t-y pas qu'un des pneus du minibus est à plat.

Les nonnes sortent et envisagent de changer le pneu, mais aucune d'elles ne sait comment faire.

Heureusement, un routier qui passait par là s'arrête et, voyant leur détresse, offre ses services. Les religieuses acceptent de bon cœur. Alors que le routier est en train de soulever le minibus avec le cric, celui-ci glisse, laissant le bus retomber par terre. Alors le routier rugit un :

- NOM DE DIEU !

La mère supérieure le reprend tout de suite et lui dit :

- Ce ne sont pas des manières ! Vous devriez vous surveiller un peu !

Le routier s'excuse :

- Je suis désolé, ma mère.

Et il se remet à la tâche. Mais trente secondes plus tard, rebelote, le cric glisse à nouveau ! Et le routier vocifère :

- BORDEL DE DIEU DE COUILLE D'OURS !

La mère supérieure intervient :

- Si changer la roue de notre minibus vous oblige à proférer de telles vulgarités, nous préférons nous débrouiller seules !

Le routier s'excuse encore :

- Oh ! Ma mère, je suis réellement désolé. Mais je suis un peu énervé par ce cric qui ne veut pas rester fixé sur le sol.

La mère supérieure lui propose alors :

- Si ce cric glisse à nouveau, retenez-vous de proférer des vulgarités, et dites plutôt quelque chose comme «Mon Dieu, aidez-moi».

Et le routier réessaye de soulever le minibus, le cric glisse à nouveau, et il commence à dire «NOM DE...» mais il se corrige et dit :

- OH ! MON DIEU ! AIDEZ-MOI !

Et à ce moment-là, le minibus se soulève tout seul dans les airs.

Et les nonnes regardent leur minibus et crient :

- NOM DE DIEU !!!

Les blagues sur les curés

Quelle est la différence entre un curé et un sapin de Noël ?

- Aucune : dans les deux cas, les boules servent uniquement à décorer.

ou bien :

- Les boules du sapin servent au moins une fois dans l'année !

* * * * * *

Ça se passe dans une église. Le prêtre est en train de prier devant l'autel, quand tout à coup, la porte claque violemment et une très charmante jeune femme pénètre en courant dans l'église :

- Mon père, mon père !

Le prêtre se retourne et examine la jeune femme. Celle-ci se jette à ses pieds tout en se caressant les seins au travers de ses vêtements :

- Mon père, j'en peux plus, prenez-moi vite là, sur l'autel !

- Mais... ma fille, voyons, calmez-vous ! Vous êtes dans la maison de Dieu !

Et la fille arrache sa chemise et son soutien-gorge, puis commence à se malaxer les seins, le sexe.

- Oh mon père, je vous veux, prenez-moi comme une bête !

Le prêtre commence à transpirer à grosses gouttes :

- Calmez-vous, ma fille, j'ai fait vœu de chasteté, je suis prêtre et vous êtes dans une église ! Enfin, je ne peux pas !

Et la fille presque complètement nue se tortille sur l'autel.

Le prêtre, ne sachant plus quoi faire, réfléchit et, se tournant vers Jésus :

- Jésus, mais que dois-je faire ?

Et là, Jésus sur sa croix :

- MAIS DÉTACHE-MOI, DÉTACHE-MOI !!!!!!

* * * * * *

C'est dans un petit village. Un mec va se confesser. Il entre dans le confessionnal et le prêtre lui dit :

- Pierre, puisqu'on est dans le secret de la confession, dis-moi qui me vole mes poules.

- Je n'entends pas, mon père.

- DIS-MOI QUI VOLE MES POULES !

- Je suis désolé, mon père, mais j'entends pas.

- DIS-MOI QUI VOLE MES POULES !

- Je suis désolé, mon père, mais j'entends toujours pas !

À ce moment le prêtre sort et dit :

- Viens, on change de place !

Ils changent de place l'un et l'autre, et Pierre dit au curé :

- Dites-moi, mon père, qui est-ce qui baise ma femme pendant que je suis aux champs ?

- Tu as raison, Pierre, on n'entend rien !

* * * * * *

Le jour de la confession :

- Voilà, mon père. Hier, j'ai fait l'amour 19 fois avec ma femme !

- Mais, mon fils, avec votre femme, ce n'est pas un péché!

- Oui, mon père, mais 19 fois, merde ! Fallait bien que je le dise à quelqu'un !

* * * * * *

Mon père, j'ai commis le péché de chair.
- Avec qui, mon fils ?
- Je ne peux pas vous le dire.
- Je vais vous aider mon fils. Avec la bouchère ? Avec l'épicière ou la soubrette du notaire ?
- Je ne peux rien vous dire, mon père. Je pars.

En sortant, il rencontre son copain :
- D'où viens-tu ?
- De me confesser. Je n'ai pas eu l'absolution, mais j'ai eu trois bonnes adresses !

* * * * * *

Deux curés de campagne avaient l'habitude de se croiser tous les dimanches matin alors qu'ils se rendaient, à vélo, dans leurs églises respectives. Cependant, à l'aube d'un beau dimanche matin du mois de mai, l'un des deux curés est à pied et non plus à vélo. L'autre lui demande :
- Qu'est-ce qui est arrivé à ton vélo ?

Et l'autre lui répond :
- Ben, j'ai bien peur qu'une personne de la paroisse l'ait volé...
- Pas possible ?! Mais attends, j'ai une idée pour démasquer ton paroissien indélicat : en disant ta messe tout à l'heure, tu vas leur faire un sermon bien appuyé sur les Dix Commandements, et quand tu en seras au chapitre : «Tu ne voleras point», tu t'arrêteras et tu regarderas fixement ton assemblée pour repérer celui qui se sent coupable.

Le dimanche suivant, les deux curés se croisent à nouveau, cette fois-ci à vélo tous les deux. Le conseilleur dit :
- Ah, je vois que mon conseil a été suivi d'effets !

Et l'autre lui répond :
- Oui, enfin on peut voir ça comme ça. J'ai fait, comme tu m'as dit, le sermon sur les Dix Commandements, et quand j'en suis arrivé à «Tu ne commettras pas le péché de chair en dehors du mariage», je me suis souvenu de l'endroit où j'avais laissé mon vélo !

Les blagues sur Jésus et ses apôtres

Dieu dit à Adam :

- J'ai une bonne et une mauvaise nouvelle pour toi, Adam : laquelle veux-tu connaître en premier ?

Adam :

- Dites-moi la bonne d'abord.

- Je vais te donner un pénis et un cerveau. Grâce à cela, tu auras beaucoup de plaisir et beaucoup de raisonnement.

Adam répond :

- Merveilleux ! Mais quelle est la mauvaise nouvelle ?

Alors Dieu répond :

- C'est que ta pression sanguine ne te permettra de faire fonctionner qu'un seul organe à la fois.

******

Jésus, dans l'un de ses jours de forme, marche sur l'eau. Un de ses apôtres, dans l'eau, lui dit :

- Tu as tort, Jésus, elle est bonne !

******

Jésus-Christ se promène au bord du lac de Tibériade avec ses douze apôtres. Soudain, il leur dit, devinez quoi :

- Et si on marchait sur l'eau ?

Les voilà partis, pleins de foi et d'espoir en J.-C., pour une promenade à pied, sur le lac de Tibériade.

Au bout de cinq minutes de marche, l'apôtre Pierre apostrophe J.-C. :

- Hé ! Dis donc, J.-C., j'ai déjà de l'eau jusqu'aux genoux ! Tu es sûr que ça marche, ton truc ?

- Si tu crois en moi, mon frère, suis-moi !

Après dix minutes de marche, la voix de Pierre se fait plus insistante :

- Oh, J.-C., sans vouloir t'alarmer, l'eau m'arrive maintenant jusqu'à la taille !!

- Aie confiance en moi, mon frère, continue d'avancer !!

Au bout d'un quart d'heure, des gargouillis inaudibles signalent que Pierre est en mauvaise position :

- Argh gglll, Argh gggllll, putain , ton plan c'est de la merde , J.-C.

...

Alors, la voix du disciple Jean, irritée, s'élève :

- Mais quel con, ce Pierre !! Tu peux pas faire comme tout le monde, non ? MARCHE SUR LES CAILLOUX, imbécile...

* * * * * *

Jésus se promène parmi les élus du paradis, quand son regard se porte sur un homme.

- Cet homme ressemble à Joseph, mon père terrestre. Je suis sûr que c'est lui.

Jésus s'approche de l'homme :

- Dis donc, ne travaillais-tu pas le bois, lorsque tu étais vivant ?
- Tout à fait, répond l'homme.
- Et n'avais-tu pas un fils qui a été conçu par la grâce d'une puissance supérieure ?
- Oui, répond l'homme.
- Et ton fils n'avait-il pas des clous dans les mains et les pieds ?
- Oui...

Jésus lui ouvre alors les bras :

- Papa ! dit Jésus.
- Pinocchio ! dit Gepetto.

* * * * * *

Au début, les gens ne croyaient pas en Jésus : ils ne s'y fiaient pas. Après, ceux qui l'ont cru s'y fiaient !

* * * * * *

Pourquoi Jésus ne peut-il plus marcher sur l'eau ?

- Parce qu'il a des trous dans les pieds.

et la variante :

Pourquoi Jésus ne peut-il plus manger de M et M's ?

- Parce qu'il a des trous dans les mains.

Les autres blagues sur les curés

Savez-vous quel est le nom du fromage qui fut servi par Jésus le fameux jour J ?
- Le ROMPIT.
Car la Bible dit : «...Il prit le vin, il prit le pain et le rompit.»

* * * * * *

Quelle est la direction pour trouver ses parents d'après la Bible ?
- Le Nord. Parce que : «Honore ton père et ta mère.»

* * * * * *

Ça se passe à un séminaire religieux. Toutes les religions sont représentées par des prêtres, des pasteurs, des imams, des popes, des rabbins, des ayatollahs, des bonzes etc...

Avant que les discours et les discussions ne commencent, le pasteur (l'organisation est assurée par les protestants) offre à tout le monde un verre de whisky pour apaiser la tension accumulée.

- Je vous remercie bien, dit le prêtre catholique en acceptant un verre de Wild Turkey.

- Et vous ? demande le pasteur à l'imam.

- Comment ? s'écrie l'imam, outré. Moi, boire de l'alcool ? Je préférerais encore aller me débaucher dans une maison close !

A ce moment-là, le prêtre catholique recrache son whisky dans son verre et dit :
- Hé ! Vous voulez dire qu'on a le choix?

* * * * * *

Un prêtre se balade dans la rue et voit Toto qui porte une boîte en carton. Dans la boîte en carton, il y a de tout jeunes chatons. Le prêtre sort une petite gourde d'eau bénite et en balance quelques gouttes sur les chatons. Puis il dit à Toto :
- Te voilà avec des chatons catholiques, maintenant.

Deux semaines plus tard, le prêtre croise à nouveau Toto dans la rue. Il lui demande :
- Comment vont tes petits chats catholiques ?
Et Toto lui répond :
- Ils ne sont plus catholiques...
- Pourquoi donc ? demande le prêtre.
- Ils ont ouvert les yeux, répond Toto.

* * * * * *

C'est le curé qui fait des mots croisés pendant que les enfants de chœur se préparent pour la messe.

- Les enfants, vous connaissez un mot de sept lettres, qui finit par «ouille» et qui «est vide quand on a tiré un coup» ?

L'un des enfants répond :

- Euh, DOUILLE, Monsieur le curé.

Alors le curé se donne une tape sur le front, se secoue la tête et prend sa gomme.

* * * * * *

Une dame âgée voyage en train entre Bruxelles et Paris. Peu avant la frontière française, elle s'adresse à son voisin, un prêtre :

- Si vous pouviez mettre cette jolie (tu parles) trousse de toilette que je viens d'acquérir sous votre soutane, cela m'éviterait de payer une taxe.

- Bien sûr, lui répond le curé, mais je dois vous rappeler que si l'on m'interroge, je ne pourrai pas mentir.

Arrive la douane. Le douanier :

- Rien à déclarer, mon Père ?

- De la tête à la ceinture, je n'ai absolument rien.

- Ah ! bon, interroge l'homme un peu tâtillon, et en dessous ?

- Oh ! En dessous, je n'ai qu'un petit nécessaire pour dame qui n'a jamais servi.

* * * * * *

Ce matin, le petit village est en émoi... Imaginez donc, le Diable en personne est venu lui rendre visite ! Et, comble du sacrilège, il est, en ce moment, perché en haut du clocher de l'église.

Tout le village est donc rassemblé autour de l'église pour observer cette apparition démoniaque. Le curé aussi regarde, éberlué, le Démon. Et bizarrement, la première question qui lui vient à l'esprit est :

- Mais comment est-il monté ?

Alors, l'une de ses paroissiennes, ayant entendu la question, répond en rougissant et en baissant la tête :

- Comme un taureau, mon père...

* * * * * *

Un gars qui empeste l'alcool s'affale sur le siège d'un wagon de métro. À côté de lui, un curé. La tenue du gars qui a bu laisse à désirer : sa cravate est maculée de taches, son visage et son col de chemise portent des empreintes de rouge à lèvres, et il y a même une bouteille de whisky qui dépasse de la poche de sa veste.

Le gars, qui n'est pas complètement bourré, prend son journal et se met à lire. Après une minute, il se tourne vers son voisin de fauteuil, le curé, et lui demande :

- Dites, mon Père, à quoi c'est dû, l'arthrite ?

Le curé répond :

- Mon fils, je dirais que l'arthrite est due à une vie complètement dissolue, comme par exemple, sortir avec des filles de mauvaise vie, boire trop d'alcool, manquer de respect à son prochain !

Le gars répond :

- Incroyable. Que Dieu me damne ! Et il se replonge dans son journal.

Un peu plus tard, le curé reprend la parole et lui dit d'un ton plus aimable :

- Je suis désolé. Je ne voulais pas avoir de paroles si rudes envers vous. Depuis quand souffrez-vous d'arthrite ?

Et le gars lui répond :

- Ce n'est pas moi, mon Père. C'est le Pape, c'est ce qu'ils disent dans le journal.

* * * * * *

Dans un train, un curé, un vieux et une superbe nana, grand décolleté, jambes superbes haut croisées, partagent le même compartiment. Le vieux se rappelle le bon temps mais... le curé reste impassible.

Quand la fille part, le vieux s'adresse alors au curé :

- Ah ! Mon Père, vous ne connaissez pas les tourments de la chair, vous !

- Ça, mon fils... J'aurais une soutane en bronze, tu aurais entendu l'angélus !

* * * * * *

Deux curés de campagne à bicyclette faisaient la tournée de leurs ouailles. Le premier était sorti major de sa promotion du grand séminaire, tandis que le deuxième, ayant triplé ses trois années, ne devait son ordination qu'à la bourse rebondie de sa tante Adèle, qui avait beaucoup à se faire pardonner.

Or donc, voici nos compères sur la route, pédalant de concert en égrenant leur chapelet. Il advint que le chemin, délaissant la plaine, montait de plus en plus fort vers le paradis, à l'assaut d'un col de première catégorie.

Notre curé intello sentit bien vite une extrême fatigue l'envahir, bientôt transformée en de multiples crampes, qui lui auraient arraché des gémissements de douleur à chaque coup de pédale, s'il ne se donnait un peu de cœur à l'ouvrage :

- Plus près de toi, mon Dieu...

Au même moment, le deuxième curé s'envolait sur sa bicyclette, ne ressentant ni fatigue, ni douleur d'aucune sorte. Il montait, montait, montait...

Moralité : c'est l'abbé bête qui monte, qui monte, qui monte !

* * * * * *

Le Pape va bientôt mourir. Il appelle son bras droit et lui dit :

- Avant de mourir, je souhaiterais faire l'amour avec une femme !
- Mais, votre Sainteté...
- Silence ! Après une vie d'abstinence au service de Dieu, j'ai bien le droit de faire l'amour une seule fois dans ma vie, non ?
- Bien, votre Sainteté, quelle femme voulez-vous ?
- Il y a quatre critères auxquels elle doit répondre :

Premièrement, elle doit être aveugle. Comme cela, elle ne saura pas que c'est moi.

Deuxièmement, elle doit être sourde. Comme cela, elle ne m'entendra pas.

Troisièmement, elle doit être muette. Comme cela, elle ne pourra pas raconter ce qui s'est passé.

Et quatrièmement, elle doit avoir de gros seins.

- Pour quelle raison des gros seins ?
- Parce que j'aime bien !

* * * * * *

Le Pape vient juste de terminer sa visite de Paris en papamobile. Il est sur le point de monter dans une limousine pour aller à Roissy, quand soudain, pris d'une envie de conduire irrépressible, il demande au chauffeur de monter à l'arrière, tandis que lui s'installe au volant.

Les voilà donc qui prennent le périphérique pour rejoindre l'autoroute A1, et le pape se met à accélérer un peu, juste histoire de voir ce que la Safrane a dans les tripes. Bientôt, il double le reste de son escorte qui n'arrive plus à suivre.

À ce moment-là, un CRS qui patrouillait en moto, le prend en chasse, le double, et lui enjoint de se rabattre sur la bande d'arrêt d'urgence. Le motard s'avance vers la Safrane. Il reconnaît très vite Jean Paul II, et ne sachant trop bien ce qu'il doit faire, s'en retourne à sa moto et interroge son chef par radio :

- Chef, je viens d'arrêter un personnage très important sur le périph.' pour excès de vitesse, et je ne sais pas trop ce que je dois faire...
Le chef lui répond :
- Quoi, c'est un député ?
- Bien plus important, chef !
- Un ministre ?
- Non chef, encore plus haut !
- Tu veux dire que tu as arrêté le Président?
- Non, encore plus haut...
- Tu te foutrais pas un peu de ma gueule ? Plus haut que le Président ? Qui c'est, alors ?
- En fait, je ne sais pas qui c'est, mais c'est sûr que c'est quelqu'un d'important, parce que son chauffeur, c'est le Pape !

******

Quatre mères catholiques très bigotes discutent de leurs fils respectifs. La première dit fièrement :
- Moi, mon fils est évêque. Quand les gens le voient, ils disent : «Monseigneur».
La deuxième, non moins arrogante :
- Le mien, il est archevêque, quand les gens le croisent ils disent : «Votre grâce».
La troisième, souriante :
- Mon fils est cardinal, quand les gens le rencontrent ils disent : «Votre éminence».
La quatrième réfléchit un peu :
- Mon fils fait 2,20 mètres de haut pour 110 kilos de muscles. Quand les gens le voient passer, ils disent tous : «Oh ! Mon Dieu !»

******

Que pensez-vous du mariage des prêtres ?
- Bof, du moment qu'ils s'aiment...

Ou bien :
Deux curés sont interviewés à l'occasion de la venue du pape aux J. P. J. :
- Pensez-vous que le mariage des prêtres sera autorisé ?
- De notre vivant, je ne pense pas, mais pour nos enfants, peut-être...

* * * * * *

Quelle est la seule femme au monde à n'avoir jamais menacé son mari de retourner chez sa mère ?

- Ève.

* * * * * *

Un rabbin, un pasteur protestant et un curé sont en train de discuter à propos de pigeons qui ont élu domicile dans le clocher. Chacun propose des solutions pour s'en débarrasser.

Le rabbin dit :

- Il faut les enfumer... Ou bien essayer de les effrayer comme le font les agriculteurs dans les champs, avec des bazookas.

Le pasteur protestant dit :

- Moi, j'essaierais plutôt le blé empoisonné.

Alors le curé les regarde tous les deux d'un air triste et leur dit :

- Vraiment, je pense qu'il y a une manière beaucoup plus facile de se débarrasser de ces pigeons : il n'y a qu'à les baptiser, leur faire faire leur première communion, et après on ne les reverra plus.

Blagues diverses à caractère sexuel

Un petit bonhomme fait un pari avec une femme corpulente, comme quoi il est capable de la faire jouir vingt fois par jour, à condition que ce soit dans le noir et que, chaque demi-heure, il sorte deux minutes pour respirer.

La femme accepte. Ils se couchent et, vers la quinzième fois, la femme n'en peut plus et allume la lumière. Ce faisant, elle voit un type bien désagréable et mal rasé :

- Qui êtes-vous ? demande la femme, affolée, et où est le petit bonhomme avec des lunettes ?

- Celui qui vend les billets ?

* * * * * *

Quelle est la durée de vie d'une moule ?

Douze ou treize ans, car après il y a des poils et ça s'appelle une chatte.

* * * * * *

C'est trois filles, de 12, 13 et 14 ans qui jouent dans la cage d'escalier. Celle de 12 ans voit une tache blanche par terre et dit :

- Oh, une tache de lait !

Celle de 13 ans s'agenouille, renifle et dit :

- Ce n'est pas du lait, c'est du sperme !

Celle de 14 ans s'agenouille, trempe son doigt, le lèche et dit :

- Et en plus, il n'est pas du quartier !

* * * * * *

Ça se passe dans une boîte de nuit. Un garçon et une fille se rencontrent pour la première fois, et c'est le coup de foudre. Ils dansent ensemble toute la nuit, et après une série de slows, ils n'en peuvent plus et décident de faire l'amour dans la voiture... Après quelques caresses, le garçon tente de s'introduire, mais sent une résistance... Il change de position : idem. Au bout d'1/4 d'heure, il parvient enfin à la pénétrer, et ils font l'amour comme des bêêêêêêtes ! Juste après, le garçon lui dit :

- Excuse-moi, j'étais tellement excité... Si j'avais su que tu étais vierge, j'aurais pris mon temps.

- Ben oui, répond la fille, et si t'avais pris ton temps, j'aurais surtout enlevé mon collant...

* * * * * *

C'est un type qui est dans son lit avec sa bite dressée sous l'édredon. Son fils entre et regarde la bosse, étonné :

- C'est quoi ça, papa ?

- Va voir ta mère, dis-lui que le chapiteau est dressé et que la représentation va commencer.

Le fils descend les escaliers, et remonte quelques minutes plus tard :

- Maman dit que la représentation est annulée : le petit clown a le nez qui saigne.

* * * * * *

Trois vieux amis se retrouvent :

- Ça y est, fait le premier, j'ai cinq fils. Encore un, et je monte une équipe de volley.

- Moi, j'en ai dix. Encore un, et je monte une équipe de foot.

- Et moi, j'ai huit filles. Encore une, et je monte un terrain de golf.

* * * * * *

C'est l'histoire de trois mecs qui couchent ensemble sous la tente. Au petit matin, l'un des trois dit aux autres :

- C'est marrant, j'ai rêvé qu'on me caressait le zizi !

Le deuxième :

- Tiens ! J'ai fait le même rêve !

Alors, le gars qui a dormi au milieu dit :

- Moi, j'ai rêvé que je faisais du ski de fond !

* * * * * *

C'est une jeune fille qui contourne le petit bois tous les jours pour aller à la fac de Versailles. Un jour, très en retard, elle décide de traverser le bois maudit. Bien entendu, un satyre, relativement bien monté, lui saute dessus et lui fait son affaire. Tout en se refringuant, l'obsédé lui demande :

- Eh bien, jeune fille, que vas-tu dire à tes parents ?

Alors la fille lui rétorque :

- Je vais leur dire que vous m'avez violée deux fois !

FROPAR.

- MAIS C'EST FAUX, PETITE GARCE ! JE NE T'AI VIOLÉE QU'UNE FOIS !

Et la fille répond :

- Oui, mais vous avez bien cinq minutes !

* * * * * *

C'est l'histoire d'une fille qui tombe follement amoureuse d'un Grec. Un jour, ils décident de se marier. Du coup, la mère fait à sa fille toutes sortes de recommandations et notamment celle-ci, sur laquelle elle insiste particulièrement :

- Si jamais il te demande de te retourner, refuse !

La fille promet en rougissant. Ils se marient et coulent des jours heureux jusqu'à ce qu'un soir, pendant leurs ébats, le grec demande à sa femme :

- S'il te plaît, chérie, retourne-toi.

La fille repense aux paroles de sa mère et réagit sauvagement :

- NON, NON, surtout pas, ma mère m'a interdit de me retourner, non, non...

Le Grec dit alors à la fille :

- Ben quoi ? T'as pas envie d'avoir des enfants ?

* * * * * *

Ce sont deux collègues de bureau. L'un des deux est vraiment triste depuis plusieurs jours. Son collègue s'en inquiète et lui dit :

- Tu sais, moi dans ces cas-là, je ne cherche pas trop le pourquoi du comment. Quand je rentre à la maison, je fonce sur ma femme et je lui fais l'amour jusqu'à plus soif. Tu devrais essayer, je t'assure, c'est efficace !

Après plusieurs jours, la mine du collègue tristounet s'est améliorée de façon visible. L'autre vient aux nouvelles :

- A voir ta mine tout épanouie, je suis sûr que tu as appliqué mes conseils...

- Oh oui ! Tu avais raison ! C'est efficace ! Mais dis donc, tu m'avais caché comment c'était beau chez toi !

* * * * * *

Un gars du Sud monte à Paris. Il se balade dans les rues sans savoir où il va. Au cours de sa balade, il se retrouve par hasard (???) rue Saint-Denis. Là, une personne du beau sexe, légèrement vêtue pour la saison, l'accoste et lui dit :

- Alors, mon tout beau, on fait l'amour ?

Pas follement emballé, il répond tout de même :

- Euh, ça peut s'envisager. Mais je ne pense pas qu'ici on puisse me faire ce qu'on me fait chez moi.

- Il n'y a pas de problème avec moi. Je suis une véritable pro. Tu ne seras pas déçu.

- Oui, peut-être. Mais je ne pense pas que tu puisses me faire ce qu'on me fait chez moi.

- Je n'ai aucun interdit. Je suis une très bonne spécialiste. Tu risques même d'être surpris.

- Euh... certainement, mais je ne pense pas que tu puisses me faire ce qu'on me fait chez moi.

- !!@!#!@ ah ! oui... Et qu'est-ce qu'on te fait chez toi de si fabuleux ?

- Crédit.

* * * * * *

C'est l'histoire de deux amis très proches qui partagent tout et qui sont toujours fourrés ensemble. Ils se font une promesse : le premier qui meurt réserve une place à l'autre dans l'au-delà.

Et ce qui devait arriver arrive : l'un des deux compères décède prématurément. Le deuxième n'a pas la force d'attendre de mourir lui aussi pour retrouver son ami. Il décide donc de prendre part à une séance de spiritisme pour entrer en communication avec lui :

- Alors, comment ça va ?

- Je vais bien merci, la vie est fantastique ici...

- Hé bien, raconte ! Comment se passent tes journées ?

- Je me lève le matin et crac-crac, tu vois ce que je veux dire, un peu d'exercice, puis je prends mon petit-déjeuner et crac-crac. Je déjeune et, là-dessus, crac-crac jusqu'au dîner. Quelques crac-crac le soir, et dodo...

- Le rêve... Je compte sur toi, hein... Tu me la réserves, cette place au paradis !

- Mais je ne suis pas au paradis ! Je suis dans un élevage de lapins, dans le Gers !

* * * * * *

C'est un mec qui aime tellement sa copine Sophie, qu'il se fait tatouer son prénom sur la zigounette. Quand elle est en érection, on peut lire :

SOPHIE.

Et quand elle est au repos, on voit juste la première et la dernière lettre : S E.

Un jour où il va uriner dans une pissotière, il se retrouve à côté d'un homme, et remarque que, lui aussi, a quelque chose de tatoué sur le sexe. Il regarde plus attentivement, lit «S E», et lui demande :

- Vous aussi, c'est Sophie ?

- Non, non, moi c'est «Souvenir de mes expéditions en Afrique équatoriale françaisE».

* * * * * *

Un noir veut épouser la fille d'un milliardaire américain blanc qui n'est pas très enchanté de la chose. Avec une certaine mauvaise foi, le richard dit au prétendant :

- Ma fille a été élevée dans un milieu très intellectuel. Je ne veux pas qu'elle épouse un illettré.

- J'ai fait Harvard.

- Ma fille a été élevée dans le luxe. Vous devez pouvoir lui offrir un train de vie correct.

- Pas de problème, j'ai 10 millions de dollars sur mon compte.

- Je veux que ma fille ait une vie sexuelle épanouie : il faut donc que vous ayez une queue de 40 centimètres.

- Bon, je vais me la faire raccourcir.

* * * * * *

Le téléphone sonne à l'EDF. Voix de femme :

- Allô, ce n'est plus possible ! Envoyez-moi un homme tout de suite, ça fait quatre jours que je me sers d'une bougie.

* * * * * *

Par une douce nuit d'été, deux amoureux s'enlacent tendrement contre un arbre du bois de Boulogne :

- Ah chéri, comme cet endroit est romantique, tu entends les grillons ?

- C'est pas des grillons, fait le gars, c'est des fermetures Éclair !

* * * * * *

L'histoire se passe dans une tribu en Afrique. Le meilleur baiseur du groupe, un caïd, frimeur et tout, veut apprendre les meilleures techniques à son fils :

- Mon fils, je suis le meilleur baiseur de tous les temps. Je vais t'apprendre à faire jouir les nanas. On va aller dans une cahute avec une meuf, je vais te montrer comment on baise et toi, pendant ce temps, tu vas m'éventer avec une grande feuille. Après, tu essaieras.

FRAPAR.

Alors voilà le caïd qui s'escrime pendant une demi-heure sur la nana, sans aucun résultat. Il abandonne, et dit à son fils de prendre sa place pendant que lui, évente. En moins d'une minute, c'est le panard total pour la gonzesse, le pied géant avec les cris et tout. Le caïd dit alors à son fils, d'un ton supérieur :
- Alors, fiston, tu vois comment on évente ?

* * * * * *

Un noir et un blanc se promènent dans la nature et, devant tant de beauté, ils s'émeuvent : une envie de pisser les prend.
Ils se dirigent vers un petit lac charmant et entreprennent d'uriner dans l'eau pour faire des bulles (Ah ! Souvenirs d'enfance...)
- Le fond de l'air est frais, dit le blanc.
- Le fond de l'eau aussi, répond le noir.

* * * * * *

Deux secrétaires papotent pendant une pause. La première demande à l'autre :
- Tu fumes après l'amour ?
- Je ne sais pas, j'ai jamais regardé.

* * * * * *

À la veille de ses noces, un jeune homme timide demande à son père des renseignements sur la façon dont va se dérouler sa première nuit d'amour :
- Ne t'inquiète pas, c'est très simple, le rassure le père. Tu te souviens de ce avec quoi tu jouais quand tu étais petit garçon ? Oui ? Eh bien, tu n'auras qu'à le prendre et le placer là où ta femme fait pipi.
Alors le soir de la noce, le jeune garçon prend son G.I. Jœ et le jette dans la cuvette des W-C.

* * * * * *

Règle des «M. M. S.» ou «la sexualité chez l'être humain (de sexe masculin)».
14 ans : Maman Me Surveille (ou Ma Main Seulement).
20 ans : Matin, Midi et soir.
40 ans : Mardi, Mercredi et Samedi.
60 ans : Mars, Mai, Septembre.
80 ans : Mes Meilleurs Souvenirs !

* * * * * *

C'est un type qui vient de passer douze ans en prison. Il est enfin libéré et sa première envie, c'est de... enfin, vous voyez, douze ans sans femme, sans rapport sexuel, c'est long, très long.

Alors, il va voir une pute et lui demande :

- Combien pour une pipe ?

Elle lui répond :

- 100 balles.

- C'est d'accord, et il monte dans la chambre de la fille. Elle commence à lui tirer sa pipe et là, il demande :

- Combien si j'éjacule dans ta bouche ?

La dame répond :

- 300 balles

- C'est d'accord.

Après une dizaine de minutes de stimulation buccale, il éjacule dans la bouche de la pute. Elle veut recracher mais le gars proteste :

- Non, tourne-le dans ta bouche, puis avale-le quand je te dirai.

La fille s'exécute (le client est roi et la facture sera conséquente), et recommence l'opération une dizaine de fois avant que le type lui laisse enfin avaler son sperme...

Sitôt fait, elle s'écrie :

- Enfin, c'est dégueulasse ce que vous me faites faire ! Fallait me laisser l'avaler tout de suite !

Et là, le type lui répond :

- Hé, du douze ans d'âge, ça se savoure...

* * * * * *

Un preux chevalier part en croisade. Sa tendre et douce épouse, mais néanmoins volage, lui cause quelques soucis : pour ne pas se faire cocufier durant sa quête, il lui met une ceinture de chasteté. Son bouffon, mais cher ami et conseiller, lui dit avant de partir :

- O ! Mon Prince, vous savez que je dis toujours des choses justes. Imaginez que vous ne reveniez pas des croisades, ne voudriez-vous pas que votre épouse puisse se remarier afin de rester sur ces terres ?

- Tu as raison, bouffon et pour te montrer ma reconnaissance, c'est à toi que je vais confier la clef de la ceinture. Si je ne suis pas de retour dans deux années, fais ce qu'il te semblera bon de faire.

- Vous parlez sagement, O ! Mon Prince.

Arrive le jour du départ. A peine le chevalier a passé la porte du château, que son bouffon arrive à fond en disant :

- Mon prince, O ! Mon Prince !

- Oui, bouffon ?

- Vous vous êtes trompé de clef !

* * * * * *

Deux petites filles jouent à la poupée. L'une regarde par la fenêtre et s'écrie :

- Oh, t'as vu ? Y'a la voisine qui fait une fellation sans capote à son copain dans la véranda !

- C'est quoi, une véranda ?

* * * * * *

Un type, seul chez lui le soir, va dans sa chambre, sort un Penthouse et se masturbe furieusement.

Quand il a terminé sa petite affaire, il sort du frigo une bouteille de Badoit et s'écrie :

- Après les femmes, le champagne !

* * * * * *

C'est un homme d'affaires français qui arrive à l'aéroport d'Orly. Il doit aller aux États-Unis. Mais là un groom l'attend et lui dit :

- Bonjour, Monsieur Sinatra. Voici votre billet. Votre avion pour New York vous attend porte 6.

Là, le mec répond :

- Mais je ne suis pas Franck Sinatra, c'est une erreur !

Il grimpe malgré tout dans l'avion. En arrivant à New York, un autre employé l'attend :

- Votre Limousine est avancée, Monsieur Sinatra.

- Mais je ne suis pas Sinatra !

Il finit par entrer dans la voiture et arrive dans un immense palace. Le portier lui annonce :

- Votre chambre est réservée. Voici vos clés, Monsieur Sinatra.

- Je ne suis PAS Sinatra...

Il arrive enfin dans sa chambre et découvre sur son lit une superbe créature (entendez une femme !)

- Bonjour, Monsieur Sinatra, susurre la bombe sexuelle.

Et le mec lui répond :

- Stranger in the night...

* * * * * *

C'est un gars qui rentre du bistrot. Il trouve sa femme dans la chambre, en train de faire ses valises.

- Qu'est-ce que tu fais ? demande le gars.
- Je te quitte pour vivre une vie meilleure !
- Et où penses-tu aller ?
- Je vais à Monaco. J'ai vu dans un reportage qu'on pouvait se faire 500 francs pour une pipe, là-bas.

Le gars réfléchit deux secondes, puis sort sa valise et commence à y entasser ses affaires.

- Qu'est-ce que tu fais ? demande sa femme.
- Je vais à Monaco moi aussi. Je veux voir comment tu te débrouilles avec 1000 francs par an !

* * * * * *

- Voilà, docteur, j'ai un sexe... Euh, c'est assez difficile à dire..
- Mais n'ayez pas honte, allez-y...
- Alors voilà, j'ai un sexe... Comme un bébé.
- Voyons, vous exagérez certainement. Allez, baissez votre pantalon, votre slip, et montrez-moi ça.

...

- Quoi, mais il est énorme !!!
- Bah oui, comme un bébé : 50 cm et 3,5 kg.

Et il ajoute :

- C'est gênant de ne pouvoir faire l'amour à ma femme que sous péridurale.

* * * * * *

C'est trois joueurs de pétanque qui cherchent un quatrième suite au décès accidentel de leur pote. Il y a Robert, Jeannot et Roger. Roger, justement, connaît un gars qui serait un bon pétanqueur (il travaille à «La Poste», c'est une référence !). Ce gars s'appelle Raymond et il accepte de venir jouer avec les trois autres en disant :

- OK pour venir jouer avec vous dimanche prochain à 9 heures, mais j'aurai peut-être dix minutes de retard, alors attendez-moi !

Le dimanche arrive et Raymond est bien là à 9 h 00 tapantes. Il joue vraiment très bien, et les bat tous en jouant exclusivement de la main gauche.

En les quittant, Raymond leur dit :

- À dimanche prochain. Mais je serai peut-être dix minutes en retard, alors attendez-moi !

Et le dimanche suivant, Raymond est bien à l'heure, et il les bat encore, en jouant cette fois-ci exclusivement de la main droite.

Et tous les dimanches, Raymond arrive à l'heure, et il leur met la «pâtée» quelle que soit la main qu'il utilise pour jouer. Alors, au bout de deux mois, Robert n'y tient plus et demande à Raymond :

- Dis donc, Raymond, tu nous dis tous les dimanches que tu seras peut-être dix minutes en retard, mais tu es toujours là à l'heure. En plus de ça, tu nous bats à chaque fois, quelle que soit la main avec laquelle tu joues... Tu ne crois pas que tu nous dois quelques explications ?

Alors Raymond répond :

- Oui oui, tu as raison. En fait, c'est parce que je suis superstitieux. Quand je me lève le dimanche matin, je regarde de quel côté ma femme est couchée. Si elle est couchée sur son côté gauche, je joue de la main gauche. Si elle est couchée sur son côté droit, je joue de la main droite.

Et du coup Roger lui demande :

- Et si elle dort sur le dos ?

- Eh ben dans ce cas-là, j'arrive dix minutes en retard !

* * * * * *

Ce gars est le Robinson Crusoé des temps modernes. Ça fait dix ans qu'il est là, tout seul sur son île déserte, à attendre un hypothétique bateau. Un beau jour, il voit un point fixe à l'horizon, alors il pense tout de suite :

- Ce n'est pas un bateau, c'est trop petit.

Le point se fait un peu plus gros, alors le Robinson se dit :

- On dirait un radeau...

Alors le gars commence à s'exciter, et finalement, il voit s'échouer sur la plage un radeau avec dessus une blonde magnifique portant une combinaison de plongée.

Elle lui explique qu'elle faisait de la plongée au large de cette île, quand une explosion a détruit son bateau et les autres occupants. Il lui raconte depuis combien de temps il est sur l'île, dans quelles conditions il est arrivé etc... Enfin bref, ils font connaissance.

À ce moment, la fille se rapproche du gars et lui dit :

- Depuis combien de temps vous n'avez pas fumé de cigarette ?

- Dix ans. Je n'ai pas trouvé de plants de tabac sur l'île !

Alors la fille ouvre une poche imperméable sur la manche gauche de sa combinaison de plongée et en sort un paquet. Puis elle lui offre une cigarette et du feu. Le gars tire sa première bouffée goulûment et dit :

- Oh putain, que c'est bon !

Puis la fille lui demande depuis combien de temps il n'a pas bu une gorgée de whisky.

- Tout pareil, lui répond le gars, dix ans.

Alors la fille ouvre une poche imperméable de sa manche droite et en sort une flasque à whisky qu'elle tend au Robinson. Et après avoir bu une gorgée, le gars dit :

- Wow, magnifique !

Enfin, la fille descend tout doucement la grande fermeture Eclair frontale de sa combinaison de plongée en demandant au gars :

- Et depuis combien de temps vous n'avez pas pris un VRAI pied ?

Et là, le gars répond :

- Oh ! C'est pas vrai ?! Ne me dites pas que vous avez des clubs de golf là-dedans ?

* * * * * *

C'est un Américain qui se trouve assis entre un Français et un Italien sur un vol transatlantique, en classe affaires. Les trois gars se connaissent car ils sont fonctionnaires à, on va dire l'UNESCO, tiens. Après quelques verres gracieusement offerts par l'hôtesse, ils commencent à discuter. L'Américain dit :

- La nuit dernière, j'ai fait l'amour avec ma femme trois fois de suite. Elle m'a avoué ce matin, en me préparant mes œufs au bacon, que ça n'avait jamais été aussi bon depuis qu'on s'était mariés il y a dix ans.

Le Français ajoute :

- La nuit dernière, j'ai fait l'amour avec ma femme quatre fois de suite, et ce matin, elle m'a préparé un délicieux petit déjeuner avec des croissants (et deux pains au chocolat, pour ceux qui suivent), en me disant que j'étais un amant merveilleux.

Comme l'Italien était resté silencieux, le Français lui demande :

- Et vous, combien de fois avez-vous honoré votre femme hier soir ?

L'Italien répond :

- Une fois.

Le Français, étonné et arrogant (comme convenu) :

- Une fois?... Et que vous a-t-elle dit ce matin ?

L'Italien :

- Elle m'a dit :

- N'arrête pas, chéri !

* * * * * *

Comment appelle-t-on un homme et une femme qui pratiquent la méthode Ogino ?

- Papa et Maman.

* * * * * *

Ginette est allée à un bal costumé.

- Alors, c'était bien cette soirée ?

- Oh, c'était super ! j'ai dansé avec un mec génial qui était déguisé en Adam !

- En Adam ? Et alors ?

- Eh bien, maintenant, je sais ce que ça veut dire «être dur de la feuille» !

* * * * * *

Deux copains, qui ne se sont pas revus depuis de nombreuses années, se rencontrent :

- Alors, que deviens-tu ? demande l'un.

- Ben, je me suis marié et j'ai eu des mômes...

- Combien ?

- Ben... D'abord, j'ai eu des jumeaux. Ensuite des jumelles, puis encore des jumeaux. Deux ans plus tard, j'ai eu des jumeaux, encore des jumelles, et ma femme attend des jumeaux pour dans trois mois...

- Quoi ? s'exclame le copain. Et à tous les coups tu as des jumeaux ?

- Non, répond l'autre, y'a des coups où y'a rien...

* * * * * *

C'est un jeune homme qui dit à sa copine :

- On va vraiment pouvoir prendre notre pied ce soir : j'ai pris trois places pour le théâtre !

La fille :

- Ben, t'es con ! On n'a pas besoin de trois places, deux suffisent !

Le gars :

- Mais non : une place pour ton père, une pour ta mère, et une pour ta petite sœur !

* * * * * *

C'est un gars dans un avion. A côté de lui, une fille super top genre Cindy Crawford, est en train de lire un bouquin.

Le gars cherche à engager la conversation :

- Il a l'air intéressant, votre livre... De quoi ça parle ?

La fille :

- Oh, c'est très intéressant, en effet. C'est un livre sur la sexualité, mais vu sous l'aspect statistique... Par exemple, il est dit ici que ce seraient les Indiens d'Amérique qui auraient le diamètre de pénis le plus élevé... Tandis que les Polonais seraient les hommes dont le sexe serait le plus long... En ce qui concerne l'activité sexuelle, ce sont les médecins qui sont censés avoir la vie la plus active...

Le gars lui répond :

- Oh ! C'est réellement passionnant ! Mais au fait, permettez-moi de me présenter : Géronimo Kowalski, Docteur en médecine.

* * * * * *

Avez-vous déjà remarqué qu'il y a un code barre sur les préservatifs ?

... Non ?

- Eh bien, c'est parce que vous ne les déroulez pas jusqu'au bout.

* * * * * *

C'est une femme agitée de tremblements qui rentre dans un sex shop. Elle s'avance vers le vendeur et demande :

- Ééeest-ce queu-eu-eu vou-ou-ous ven-en-en-endez dé-é-é-es vi-i-ibro-o-o-ma-a-a-sseu-eu-eurs ?

Le vendeur :

- Oui, Madame. Bien sûr. Nous en avons plusieurs modèles.

- Éééest-ce queu-eu-eu vou-ou-ous en-en a-a-a-avez qui-i-i fon-ont 33 cen-en-enti-i-i-mè-è-è-tres de long et don-ont la-a-a marque é-é-est Ro-o-o-cco ?
- Oui, Madame. c'est un de nos modèles les plus vendus.
- A-a-a-lors di-i-i-tes-moi co-o-o-oment on l'a-a-a-rrê-ê-ê-ête !

* * * * * *

Deux copains se rencontrent :
- Salut, Alain, dis... heu... une partouze... demain soir, ça te dirait ?
- Une partouze ? Bien sûr que cela me plairait. Combien serons-nous ?
- Ben... si ta femme vient, on sera trois.

* * * * * *

Comment savoir qui est le meilleur coup masculin dans un camp de nudistes ?
- C'est celui qui peut transporter une douzaine de beignets sans les mains.
... Et le meilleur coup féminin ?
- C'est celle qui parvient à manger le douzième beignet sans les mains.

* * * * * *

Maman, papa et leur petite fille de dix ans s'en vont passer leurs vacances dans un camp de nudistes. Le jour de l'arrivée, la petite fille va au bord de la plage dans l'espoir de se faire des copains et des copines. Lorsqu'elle revient un peu plus tard, elle dit à sa mère :
- Maman, maman, il y a des femmes sur la plage, elles ont des plus gros nénés que toi !
La maman lui répond :
- C'est vrai chérie, mais tu sais, plus les seins sont gros, moins il y en a dans la tête...
Le lendemain, la petite fille rentre de sa balade et dit :
- Maman, maman, il y a des monsieurs sur la plage, ils ont de plus gros kikis que papa !
Et la maman :
- Oui, c'est vrai aussi. Mais c'est comme pour les femmes : plus le kiki est gros, moins il y en a dans la tête...
La petite fille s'en va... puis revient tout excitée pour dire :
- Maman, maman, papa est en train de parler à une femme qui a vraiment des gros nénés, et plus il parle, moins il en a dans la tête...

* * * * * *

C'est l'histoire d'une femme qui a tout connu sexuellement et qui aimerait avoir une autre expérience, mais le problème est que personne n'a réussi à lui donner le grand frisson depuis déjà plusieurs années. Alors la brave dame passe une annonce avec, à l'appui, une récompense pour celui qui la fera jouir.

Elle reçoit quelques jours plus tard la visite d'un homme qui lui dit :

- Je vous promets de vous envoyer au septième ciel.
- Mouais... Je n'y crois pas... Et qu'allez-vous donc me faire ?
- Je vais vous lécher le nombril.
- Quoi, vous êtes fou ? Ça ne me fait absolument rien quand on me lèche le nombril !

Et le gars lui répond :

- Peut-être, mais moi je le fais de l'intérieur !

* * * * * *

Que font les Français après l'amour ?

- 5 % se retournent et s'endorment.
- 10 % fument une cigarette.
- 85 % s'habillent et rentrent chez eux.

* * * * * *

Quand peut-on dire d'une fille : «C'est une vraie Princesse» ?

- Quand elle te laisse venir dans son palais...

* * * * * *

Un homme avec une très grosse bite cherche, par annonce, une femme avec une très grande chatte. Une dame se présente, et ils décident de faire l'amour. Le mec met un doigt, deux doigts, trois doigts, la main, sa bite, le bras, tout y passe.

Il demande à cette femme, qui l'a déjà pleinement satisfait, s'il peut mettre sa tête, et elle accepte volontiers. Il s'exécute et découvre un tout petit monsieur habillé en jockey.

Le gars au jockey :

- Que faites-vous là ?
- Je cherche mon cheval.

* * * * * *

Quelle est la différence entre «Oooh !» et «Aaah !»?
- À peu près cinq centimètres.

* * * * * *

Un soir, un homme dit à sa femme :
- Ce soir, tu ne me vois pas !
- Ah bon, tu sors ?
- Non, je t'encule (c'est fin, non ?)

* * * * * *

Un type se promène rue Saint-Denis :
- Bonsoir, Madame, c'est combien ?
- 400 balles l'aller/retour, mon chou !
- Ah ben j'ai pas assez !
- Casse-toi, hé fauché !
Il s'arrête un peu plus loin :
- Bonsoir, Madame... C'est combien ?
- 200 balles l'aller/retour, mon loup.
- Ah ben... J'ai pas assez !
- Va donc, hé... trou du cul !
Encore plus loin :
- Bonsoir, Madame... C'est combien ?
- 100 balles l'aller/retour, mon biquet.
Là, ils montent l'escalier, se déshabillent et la fille s'allonge sur le lit. Le mec lui monte dessus, donne un bon coup de reins...se cale bien au fond et ne bouge plus. La fille s'inquiète un peu :
- Ben mon canard... t'as pas pris tes vitamines ?
- En fait, c'est parce que j'ai que 50 francs !

* * * * * *

Quels sont les premiers mots d'un bébé éprouvette à son père ?
- Salut branleur !

* * * * * *

Trois femmes discutent :
- Moi, mon mari, dit la première, quand il me fait l'amour, c'est comme une Ferrari, ça va à une vitesse affolante.

- Moi le mien, c'est comme une Rolls, il est vraiment très confortable, dit la seconde.

- Eh bien moi, dit la troisième, mon mari c'est un vrai tacot, à chaque fois, faut que je le démarre à la main.

* * * * * *

Après avoir passé une année en prison sans toucher à une femme, O. J. Simpson a vraiment envie de laisser la nature s'exprimer. Aussi, à peine sorti, il se précipite sur Hollywood boulevard, pour faire au plus simple et choisir une péripati... heu... une pute, quoi.

Alors O. J. en choisit une, la fait monter dans son pick-up, et ils vont dans le motel le plus proche.

Lorsque O. J. a terminé, la pute lui dit :

- O. J. , j'ai une bonne et une mauvaise nouvelle pour toi...

O. J. lui répond :

- Oh ! Merde, ça fait une année de mauvaises nouvelles... Je vais te dire, balance-moi directement la bonne nouvelle, et ça ira bien comme ça !

Et la pute lui dit :

- Bon, d'accord. Eh bien la bonne nouvelle, c'est que tu as une plus grosse bite que Magic Johnson.

Pour les durs de la comprenette, Magic Johnson est séropositif.

* * * * * *

C'est l'histoire d'un gars qui veut traverser le désert. Il se rend chez le chamelier du coin, et lui demande s'il peut louer un chameau. Mais le chamelier lui répond qu'il lui en reste un seul, atteint d'une particularité : tous les dix kilomètres, il faut le masturber, sinon il n'avance plus.

Notre gars, n'ayant pas le choix, loue l'animal en question. Il parcourt dix kilomètres, et comme prévu, le chameau s'arrête. Le gars décide de descendre, mais en descendant se loupe et se casse un bras. Avec son bras valide, il masturbe comme convenu le chameau.

Dix kilomètres plus loin, le chameau s'arrête à nouveau. Notre gars tente de descendre du chameau, mais là encore, il tombe mal et se casse l'autre bras. Il dit alors au chameau :

- Regarde-moi : je n'ai plus de bras valide pour pouvoir te satisfaire, qu'allons-nous devenir ?

Et là, le chameau fait :

- SCHLLLURPPP (faire un bruit de ventouse avec la bouche).

* * * * * *

C'est l'histoire de deux touristes, un Français et un Italien, traversant le désert avec un chameau et son chamelier. Au bout de plusieurs jours, le manque de femme se fait sentir, et chacun rêve du chameau à sa manière.

Le Français pense :

- Ah ! Si seulement c'était Sophie Marceau !

L'Italien :

- Ah ! Si seulement c'était Sophia Loren !

Et le chamelier :

- Ah ! Si seulement c'était la nuit...

* * * * * *

Le train est sur le point de quitter la gare. Par la fenêtre, un homme crie dans la direction d'un autre resté sur le quai et qui lui fait signe :

- MERCI POUR LE WEEK-END. ET TU DIRAS À TA FEMME QU'ELLE EST LE MEILLEUR COUP QUE J'AI JAMAIS TIRÉ !

Un autre passager lui demande alors :

- C'est incroyable, ça ! Comment pouvez-vous dire à cet homme que sa femme est meilleure au lit que n'importe quelle autre femme ?

Et le gars répond :

- Oh ! En fait, sa femme est loin d'être la meilleure. Mais c'est mon ami, et j'ai juste voulu être gentil avec lui.

* * * * * *

C'est une jeune femme un peu naïve qui se rend chez son médecin because elle vient de s'apercevoir qu'elle est enceinte. Son médecin l'ausculte et lui pose la question :

- Vous êtes enceinte de combien, Mademoiselle ?

- Je sais pas, il faisait noir, j'ai pas compté.

* * * * * *

Sept personnes se retrouvent sur une île déserte après un naufrage. Six splendides femmes, et un homme ; très rapidement, et pour éviter les querelles, l'équipe instaure un système de roulement.

Les créatures ont beau être de rêve, notre bonhomme commence à fatiguer, d'autant que ses partenaires sont toujours affamées après leur semaine de jeûne...

Aussi voit-il arriver avec satisfaction le survivant d'un autre naufrage. Il fait visiter l'île au nouveau venu qui s'exclame :

- Oh ! Comme c'est chou ici...

Et l'autre :

- Merde... Mon dimanche est foutu !

* * * * * *

Ça se passe dans un train. Dans un des compartiments se trouvent quatre personnes : trois hommes et une jeune femme de toute beauté. La discussion qui s'engage rapidement entre les quatre passagers, prend vite une tournure plutôt érotique. D'ailleurs, à un moment, la jeune femme propose :

- Si chacun de vous me donne dix francs, je suis prête à vous montrer mes mollets...

Les hommes, sous le charme de la jeune femme, et déjà assez chauds, sortent tous dix balles de leur portefeuille. Là-dessus, la jeune femme s'exécute et leur montre ses ravissants mollets.

La discussion continue, toujours plus érotique, puis la jeune femme relance :

- Si chacun de vous me donne cent francs, je suis prête à vous montrer mes cuisses...

Les hommes étant ce qu'ils sont, ils n'hésitent pas une seconde et sortent chacun cent francs de leur portefeuille. La jeune femme remonte sa robe, et leur laisse contempler le haut de ses jambes splendides.

Puis la discussion reprend, et cette fois-ci, les hommes ont tombé la veste tant ils sont chauds. Très vite, la jeune femme leur dit :

- Si chacun de vous me donne 100 francs de plus, je vous montre où j'ai été opérée de l'appendicite...

Naturellement, tous les trois lui donnent 100 francs de plus, et à ce moment-là, la jeune femme se tourne vers la fenêtre, et pointant du doigt un hôpital, elle dit :

- C'est là !

* * * * * *

C'est deux filles de joie qui discutent :
- Tu sais pas la dernière? Je suis enceinte !
- J'espère que tu connais le père !
- Dis donc, ma grande, quand tu manges un boîte de haricots, tu sais lequel te fait péter, toi ?

* * * * * *

Une femme entre dans un magasin de lingerie et demande au vendeur s'il serait possible de faire broder un texte sur ses culottes et soutiens-gorge...
- Pas de problème, répond le vendeur, quel est le texte ?
- «SI VOUS POUVEZ LIRE CECI, C'EST QUE VOUS ÊTES TROP PRÈS.»
- Hum, oui... En cursives ou capitales ?
- Ni l'un ni l'autre... En braille !

* * * * * *

C'est un homme d'affaires qui va au Japon. Le soir, il s'embête, tout seul dans son hôtel, alors il va ... aux putes !

Il monte avec une brune (normal, il a bon goût). Il commence à s'amuser, puis passe rapidement aux choses sérieuses. L'homme a un peu bu, pour oublier sa femme... blonde.

Lors des ébats, la Japonaise ne cesse de crier :

- Machigau ana, machigau ana !

Mais notre homme ne comprend pas le japonais et ses exceptions culturelles et, sur le coup, il n'a pas envie de sortir son Berlitz. Comme elle crie très fort, il comprend qu'il assure un max !

De retour en France, il doit recevoir son homologue japonais pour conclure un contrat. Il l'emmène au golf. Lors du parcours, le Japonais réussit un très beau coup. Alors le Français se décide à l'encourager avec un petit mot japonais...

- Machigau ana !

Le Japonais se retourne alors vers lui et lui demande :

- Comment ça, le mauvais trou ?

* * * * * *

Deux femmes un peu vulgos, il faut le dire, discutent comme le feraient deux créatures inactives en train de propager les ragots du quartier... Par la fenêtre,

TOI PAS
VOULOIR GRAVIR
MONT-DE-VÉNUS
CE SOIR ?
FRAPAR.

l'une des deux aperçoit son époux, rentrant du travail, un bouquet de fleurs à la main. Elle en avise son amie en ces termes :

- Eh merde, voilà mon mec avec des fleurs, il va encore falloir que j'écarte les cuisses !

Ce à quoi l'autre répond :

- Ben pourquoi, t'as pas de vase ?

* * * * * *

Un jeune homme riche et très très timide se marie, pour les besoins de la cause, avec une jeune fille de bonne famille.

La journée se passe bien et le gueuleton (heu ... le buffet) est une réussite. Enfin arrive la nuit de noces, atroce moment de vérité pour un jeune premier qui n'a jamais vu, ne serait-ce que le bout d'un sein et encore moins le reste...

Le lendemain, la jeune mariée va voir sa mère, en pleurant.

- Maman, c'est horrible. Il est nul. Il sait rien, et j'ai eu beau l'aider, lui montrer, il ne m'a rien fait.

- Attends, chérie, je vais m'en occuper tout de suite ! répond la mère qui en a déjà vu des vertes et des pas mûres.

Elle va voir son gendre :

- Alors, il paraît que cette nuit, ce fut loin d'être extraordinaire... Ne t'en fais pas, et dis-toi que l'homme n'est en fait qu'un animal plus évolué que le chien. Tu as déjà vu faire les chiens, n'est-ce pas ?

- Euh... oui, Madame.

- Eh bien, il suffit de faire comme eux, compris ?

- Oui, Madame.

Satisfaite, la belle-mère va rassurer sa fille.

Le lendemain, la jeune fille va voir sa mère, en pleurant plus fort que la veille :

- Je ne sais pas ce que tu lui as dit, mais il est encore plus con qu'hier.

- Ah bon...

- Pourtant, tout avait bien commencé : il m'a déshabillée et lui aussi s'est déshabillé. Mais alors après, il m'a flairé le derrière, et il est allé pisser contre l'armoire !

* * * * * *

C'est l'anniversaire de mariage de René et Simone. Ils fêtent leurs 50 ans de vie commune. Ils ont passé toute leur vie à la ferme et René décide de fêter leur anniversaire d'une manière un peu spéciale...

- Dis donc, Simone, qu'est-ce que tu dirais si je te prenais là, sur la clôture ?
- Mais René, enfin tu n'y penses pas sérieusement, nous ne sommes pas le premier samedi du mois...
- Je sais, Simone, mais ça compte pas, aujourd'hui c'est notre anniversaire.
- Oh ben non, quand même, que vont dire les vaches ?
- Eh ben elles diront que l'taureau leur manque, et pis c'est tout !
- Bon, puisqu'y a pas moyen de t'raisonner, on y va...

Alors René entreprend la Simone, et il y va gaiement, contre la barrière, comme lorsqu'ils étaient jeunes. Et au bout de quoi, disons dix minutes, l'affaire est faite.

Mais René demande à Simone :

- Dis donc, tu bougeais pas comme ça avant... que se passe-t-il ?
- Eh ben dans le temps, mon René, les barrières n'étaient point électrifiées...

* * * * * *

Dans un petit village, le croque-mort fait la toilette mortuaire du rebouteux qui vient de mourir. Il s'aperçoit qu'il a un sexe phénoménal, alors il le découpe et le ramène chez lui le soir.

Il appelle sa femme et lui montre le tout. Alors elle lui dit :

- Tiens ! Le rebouteux est mort ?

* * * * * *

C'est un gars qui a une bite tellement énorme, qu'il a beaucoup de mal à se trouver une petite amie : quand les filles voient la taille de son engin, elles partent en courant.

Un jour, le gars échafaude un plan pour pouvoir enfin baiser. Il rencontre une prostituée et lui demande :

- Dis, ça ne te dérange pas si on baise à ma façon ?
- Et c'est quoi, ta façon ? demande-elle.
- Bah, tu n'auras qu'à avoir les yeux bandés, répond-il.
- C'est tout ? Pas de problème, du moment que tu paies le supplément. On peut y aller, maintenant, répond-t-elle.

Et les voilà qui montent dans une des chambres de l'hôtel.

Pendant qu'ils se déshabillent, il lui pose un bandeau devant les yeux :

- Et tu ne m'as pas dit pourquoi tu voulais que j'aie les yeux bandés ?
- A cause de ma religion.
- Et c'est quoi ta religion ? demande-t-elle encore.
- Je suis agnostique, dit-il en se préparant à la pénétrer.
- Hmmm... Un agnostique... J'en ai entendu parler... Tu fais partie de ces personnes qui ne croient pas en... O MON DIEU !!!!!!!

* * * * * *

C'est un mec qui séjourne à Las Vegas, et qui gagne 500 $. Pour fêter ça, il veut s'offrir les services d'une pute. Il en croise une et lui demande :
- Combien tu prends pour une pipe ?
- Une pipe ? 250 $.

Le mec, surpris par un tarif aussi élevé, interroge la pute qui lui dit :
- Tu vois, cette Porsche, je l'ai payée cash car je fais les meilleures pipes de la ville.

Le gars paie et n'est pas déçu.

Le lendemain, il gagne 1000 $ et rappelle la pute.
- Ce coup-ci, je voudrais te sodomiser.
- OK. C'est 500 $.
- Quoi ? Tant que ça ?
- Tu vois cette superbe suite en haut de l'immeuble ? Je l'ai payée cash car j'ai le plus beau cul de la ville.

Le gars paie et n'est pas déçu.

Le surlendemain, le mec gagne encore plein de fric et rappelle la pute.
- Ce coup-ci, j'aimerais juste te baiser normalement, dans ta chatte.
- Tu vois ce supermarché ?
- Attends ! Ne me dis pas que tu possèdes ce supermarché ?
- Non. Mais c'est sûr que je le posséderais, si j'avais une chatte.

* * * * * *

Hier je me suis acheté un Banco et j'ai gagné 5 000 francs. Quand je suis rentré, je l'ai dit à ma femme : elle m'a léché les couilles, et elle a gagné un bâton.

* * * * * *

Une jeune femme, fervente automobiliste, arrive en retard, un matin, à son bureau, avec un bras bandé.

- J'étais sûr que ça arriverait un jour, s'écrie un de ses collègues. Que s'est-il passé ?
- J'ai voulu éviter un enfant.
- Et alors ?
- Je suis tombée du lit.

* * * * *

C'est le journal intime d'une jeune femme, retrouvé après ses vacances :

- Vendredi : une folie m'a prise, je me suis acheté un billet pour une croisière d'une semaine en paquebot, nous partons demain !

- Samedi : ça y est, nous avons embarqué sur ce magnifique navire, beau temps, mer calme.

- Dimanche : fabuleux paysages ! Par ailleurs, le commandant m'a invitée à dîner à sa table et s'est montré très prévenant à mon égard.

- Lundi : nouvelle invitation du commandant. Toujours aussi prévenant, mais j'ai un doute : il a voulu me faire visiter sa cabine...

- Mardi : je n'ai plus de doutes quant à ses intentions libidineuses ! Il devient même de plus en plus pressant !

- Mercredi : cet homme est obsédé ! Il m'a menacée de saborder le navire si je continuais à refuser ses avances.

- Jeudi : j'ai sauvé la vie de 300 personnes...

* * * * * *

C'est quéquette et foufoune qui vont au resto. Qui est-ce qui paie l'addition ?

- Là, comme c'est d'usage l'homme qui raque, l'auditeur répond généralement : quéquette.

Eh bien non : c'est foufoune. Pourquoi ?

Parce que quéquette est raide, et que foufoune a toujours un peu de liquide sur elle...

* * * * * *

James travaille comme maître d'hôtel chez un couple fortuné. La femme, ravissante, est beaucoup plus jeune que son mari. Un soir, ils annoncent à leur valet qu'ils rentreront très tard, mais l'épouse revient beaucoup plus tôt que prévu.

- James, dit-elle, venez dans ma chambre.

Il la suit. Elle ferme la porte.

- Enlevez ma robe, ordonne-t-elle. Il obéit.

- Mes bas, maintenant. Il les ôte.

- Et mes dessous ! Il s'exécute.

- Bon, James, fait-elle en le regardant dans les yeux, que je ne vous reprenne plus à porter mes vêtements !

* * * * * *

Deux maris discutent sexe :

- Moi, j'ai trouvé une position géniale pour faire l'amour à ma femme. Je démonte la porte de l'armoire, je la pose sur le bord du lit et contre l'armoire, à peu près à 45 degrés, ensuite je monte sur l'armoire, je me laisse glisser sur la porte, et ma femme m'attend en bas, les jambes écartées. Tu devrais essayer, c'est géant !

Le soir, tard, l'autre mari téléphone au premier :

- C'est nul, ton truc, t'aurais pu me dire qu'il fallait retirer la clé de la porte !

* * * * * *

Deux types discutent :

- Tu vois, c'est bizarre la langue française. Tu as par exemple le mot chat qui a deux écritures possibles. Il y a le chas de l'aiguille, qui s'écrit avec un S, c'est le trou dans lequel on glisse le fil, et il y a le chat que tu caresses, et qui s'écrit avec un T.

- Et le chat de la femme, ça s'écrit avec un S ou un T ?

- Ça dépend si on le caresse ou si on l'enfile !

* * * * * *

Savez-vous que les préservatifs existent en trois tailles ?

- Petit, moyen et vantard !

* * * * * *

ÉTANT DONNÉ QUE L'AUDIMAT EST TOMBÉ PENDANT CE JOURNAL...
info
...JE VAIS ENLEVER AUSSI LE BAS!
FRABAR.

Donnez-moi le temps utilisé dans les phrases qui suivent :
- Ma femme était enceinte... L'imparfait ?... Vous aviez trouvé, bien sûr !
- Ma femme est enceinte... Le présent ?.. Bien joué !
- Ma femme sera enceinte... Le futur ? NON !! C'est l'imparfait du préservatif !

* * * * * *

En plein hiver, un couple d'amoureux qui roulait en voiture subit les affres d'une crevaison. Il fait moins 15 dehors, et il y a de la neige partout. Le gars descend et se met au boulot. Mais pas de chance pour lui : il n'a pas de gants, ce qui fait qu'à peine il a dévissé deux des écrous de la roue, il est obligé de rentrer dans la voiture pour se réchauffer.

Le voyant rentrer avec ses mains bleuies par le froid, sa copine lui dit :

- Mets tes mains entre mes jambes, ça les réchauffera très vite !

C'est ce que fait le gars... Dix minutes plus tard, il est à nouveau dehors. Mais après avoir retiré les deux derniers écrous, il rentre dans l'habitacle pour se faire réchauffer les mains, toujours de la même façon. Le type sort ensuite installer la roue de secours, puis remonte en voiture pour repartir.

Au moment où il met la clef de contact dans le Neiman, sa copine lui dit :

- T'aurais pas froid aux oreilles, par hasard ?

* * * * * *

C'est un gars qui entre cagoulé et armé jusqu'aux dents dans une banque du sperme. Il se rue sur la réceptionniste, et la plaque sur le bureau en lui hurlant :

- J'veux qu't'ailles me chercher les trois échantillons correspondant aux noms que j'ai mis sur ce papier !

La jeune femme hésite, mais vu les arguments musclés du type, elle s'exécute. Une fois en possession des trois éprouvettes, le gars lui dit :

- Maintenant, tu débouches la première et t'avales...

Nouvelle hésitation mais bon, il a vraiment des arguments qui font réfléchir ... c'est donc contrainte et forcée qu'elle s'exécute...

Elle a à peine terminé la première que le gars lui tend déjà la seconde. Puis la troisième une fois la seconde vidée.

Quand elle a fini, le gars dépose son flingue, retire la cagoule et dit avec un grand sourire :

- Ben tu vois, ma chérie, quand tu veux...

* * * * * *

C'est un gars vachement imbu de lui-même qui a rendez-vous avec une nana. Ils dînent au restaurant, mais le gars est tellement crâneur que la nana ne pense qu'à une chose, c'est rentrer chez elle.

Aussi, quand vers la fin du repas le gars lui glisse à l'oreille :

- Hé chérie, qu'est-ce que tu dirais de venir finir la soirée chez moi, histoire que je te fasse profiter de 21 cm de bâton de dynamite ?

... La fille hésite quelques secondes, puis répond :

- Tu sais, je pense vraiment que tu n'arriveras pas à me faire l'amour trois fois de suite...

* * * * * *

C'est l'histoire d'une nana canon qui est très frustrée de ne pas avoir fait une seule fois l'amour. En effet, lorsqu'elle se met à poil, son sexe répand une affreuse odeur nauséabonde qui fait fuir tous les hommes à une centaine de mètres. Bref, la situation semblant être désespérée, la nana pense sérieusement à dédier le restant de sa vie à lire f.r.h.

Un jour béni, alors qu'elle baigne son chagrin dans un pub, le hasard fait qu'elle entend un mec assis à une table voisine, qui dit ne pas posséder le sens de l'odorat. Coup de chance ! La nana explique son cas au mec, qui consent aussitôt à lui accorder une séance intime à l'hôtel le plus proche.

Une fois arrivés dans la chambre d'hôtel, ils se mettent à poil pour la partie de ça-va-ça-vient.

Après une minute de hip-hop, le mec dit :

- Putain, c'est vrai que ça PUE !

La nana est totalement déconcertée :

- Ce n'est pas possible, voyons ! Tu me disais ne pas pouvoir percevoir les odeurs !

Et le mec répond :

- C'est vrai, je ne perçois pas l'odeur, mais ÇA PIQUE AUX YEUX !

* * * * * *

C'est un gars qui vient de s'acheter une paire de santiags. Elles sont superbes et le soir, il décide d'aller les étrenner au bal. Il danse un slow avec une jeune fille du village et, tout fier, il lui dit :

- Je parie que je peux deviner de quelle couleur est ta petite culotte.

La fille lui répond :

- Vas-y, dis toujours...

- Ta petite culotte est bleue !
- Et comment sais-tu ça ?

Le gars lui explique :

- Regarde mes bottes ! Elles sont tellement brillantes, que je peux voir dedans comme avec un miroir !

Alors la fille lui dit :

- Tiens, danse un peu avec ma sœur, et tu me diras quelle est la couleur de sa culotte.

Alors le gars danse avec la sœur, mais ne voit rien. Il astique ses bottes en se les frottant contre le bas de son pantalon... toujours rien. Finalement, il abandonne, et demande :

- Allez, dis-moi de quelle couleur est ta petite culotte ?

Et la sœur lui répond :

- J'en ai pas !

Alors le gars soupire un grand coup et dit :

- Ouf ! Pendant une minute j'ai cru qu'il y avait une crevasse dans le cuir de mes bottes...

******

C'est un jeune couple qui doit passer sa lune de miel dans un hôtel de la Costa Brava. Le premier soir, alors que le mari est dans la salle de bains, la jeune épouse se déshabille, se glisse sous les draps, et attend patiemment. Le mari arrive, portant juste un caleçon. Il tire les couvertures, entre dans le lit, et... ferme la lumière, se tourne sur son côté et s'endort.

La nuit suivante, ayant soigneusement évité de parler de ce qui ne s'était pas passé le soir précédent, la jeune femme décide d'attendre son mari nue sur les couvertures. Mais lorsque le mari sort de la salle de bains, ils porte un pyjama de laine ! Et en plus, comme la veille, il entre dans le lit, se tourne sur son côté et s'endort.

Nuit numéro trois. La femme est nue sur les couvertures, les chevilles derrière les oreilles (méthode blonde) !

Le mari sort de la salle de bains avec un pyjama en laine et un bonnet de nuit de la même matière. Il entre dans le lit, se tourne sur son côté et s'endort.

Nuit numéro quatre. La jeune femme est désespérée. Sa posture sur le lit est la même que le soir précédent. En plus elle a mis de la musique suggestive genre «Love on the beat». Elle a aussi allumé des bougies et commencé à utiliser ce charmant gadget électrique qui fait «bzzzz» et que l'on peut voir sur les joues des modèles féminins du catalogue Quelle. Le mari sort de la salle de bains avec un pyjama en laine et un bonnet de nuit de la même matière, des gants et un cache-nez. Il entre dans le lit, se tourne sur son côté et sa femme décide d'intervenir :

- HÉ !!! TU NE VOIS DONC PAS LE TROU ENTRE MES DEUX JAMBES ?

Le mari se retourne alors vers elle et grogne :

- Ah ! C'est donc de là que vient le courant d'air !

* * * * * *

Un nain dit à sa femme, naine également :

- Alors, on se fait un 34,5 ce soir ?

* * * * * *

Soit une corde de 5 cm de long avec un poids de 10 kilos attaché à la coucougnette DROITE.

Soit une corde de 10 cm de long avec un poids de 5 kilos attaché à la coucougnette GAUCHE.

Quelle corde casse la première ?

- La corde vocale.

* * * * * *

C'est deux vagins qui discutent :

- Dis, c'est vrai que tu as les lèvres sèches ?
- Quelle est la mauvaise langue qui t'a dit ça ?

* * * * * *

Durant la projection d'un film pornographique, un homme pousse des gémissements. L'ouvreuse s'approche de lui :

- Voyons, Monsieur, un peu de dignité !
- AAAaaaaAAAAAA ! gémit-il encore.
- Un peu de silence, vous n'êtes pas seul. Et puis relevez-vous, vous êtes ridicule !
- AAAaaaaAAAAAA !! gémit-il encore.
- Ça suffit ! Montrez-moi votre ticket ! La personne s'exécute et la fille reprend :
- Mais Monsieur, vous n'êtes pas à votre place, ceci est un ticket de balcon.
- AAAAAAAAAaaaaaaaaa, je sais, je viens d'en tomber !

Blagues sur le sport et les sportifs

Un gars qui vient de faire une super longue route de nuit en voiture, décide de s'arrêter pour dormir un peu sur le coup des six heures du mat', avant de continuer son chemin. Il s'arrête sur un parking à l'entrée d'une ville, un peu à l'écart de la grande route.

Mais le parking est en fait le lieu de passage obligé pour tous les joggers du dimanche de la ville... Et, sur le coup des sept heures, il est réveillé par un «Toc Toc» à la fenêtre de la voiture. Le voyageur, tiré de son sommeil, ouvre les yeux, baisse la vitre et dit :

- Ouais, qu'est-ce qu'il y a ?

- Vous avez l'heure ? demande le jogger.

- Il est 7 h 15, répond le voyageur après un coup d'œil sur sa montre.

Le jogger le remercie, et s'en va en courant. Le voyageur se rendort, mais pour peu de temps car des coups sur sa vitre le tirent de son sommeil :

- Pardon Monsieur, est-ce que vous avez l'heure ?

- 7 h 30 !

Le deuxième jogger remercie et s'en va.

Craignant que d'autres joggers viennent encore le déranger, le voyageur écrit sur un papier :

- Je ne sais pas l'heure qu'il est !

... et le colle bien en évidence sur sa vitre. Puis il se rendort.

Un quart d'heure plus tard, on tape au carreau :

- Monsieur, Monsieur ?... Il est 7 h 45.

* * * * * *

Trois types s'ennuient sur une île déserte.

Le premier :

- On va jouer au golf. Je fais la balle.

Le deuxième :

- Ouais, super ! Moi, je fais le club.

Le troisième :

- Oh !! Moi, j'ai pas envie de jouer...

* * * * * *

Deux gars sont partis pêcher l'espadon en pleine mer. Soudain, l'un des deux a une prise. C'est une belle bête ! Après trois heures de lutte, il arrive enfin à sortir de l'eau un espadon de taille impressionnante.

Un peu plus tard, la ligne de l'autre pêcheur se tend elle aussi. La bataille contre le monstre ne dure pas moins de sept heures cette fois-ci. Au bord de l'épuisement, le pêcheur parvient enfin à sortir de l'eau... une sirène merveilleusement belle !

Alors le pêcheur regarde la créature en long et en large pendant plusieurs minutes, d'un air très perplexe ; et finalement, il secoue la tête, dégoûté, et sans plus de façon, il remet la sirène à la mer !!!

Son copain, qui vient de voir la scène, est stupéfait. Il lui demande :

- Mais... Pourquoi ?

Et l'autre lui répond :

- Et... Comment ?

******

Quand tu fais de la chute libre, tant que tu vois les vaches comme des fourmis, il n'y a pas de danger.

Quand tu commences à voir les vaches comme des vaches, il est temps d'ouvrir ton parachute...

Et quand tu vois les fourmis comme des vaches... Il est trop tard !

******

Dans une équipe de football, l'entraîneur dit à Jean-Pierre Papin :

- Aujourd'hui, tu vas jouer avant.

- Ah non ! Moi, je veux jouer avec les autres !

******

Quelle est la différence entre le PSG et une prostituée ?

- La prostituée arrive à aligner trois passes au moins en une soirée.

******

Quelle est la différence entre le PSG et un taxi ?

- Un taxi n'en prend pas plus de quatre.

******

QUINTE FLOCHE! EUH, CARTON ROUGE!
FRAPAR.

Trois filles prennent le départ au trou numéro 1 d'un terrain de golf. Deux gars attendent leur tour pour jouer. La première fille prend le départ et claque la balle.

- Ouais ! Beau coup, dit l'un des deux gars.

- Hé ! Regarde, dit l'autre.

- Mais qu'est-ce qu'elle fait ? (il voit la fille se frotter l'entrejambe après avoir joué son coup).

La deuxième joue à son tour. Après avoir claqué sa balle, elle se frotte l'entrejambe comme la précédente.

- Mais que font-elles ? s'écrient les deux gars.

La troisième claque sa balle et fait de même. Un des gars dit à l'autre :

- Je vais leur poser la question.

- Hé ! dit l'un d'eux, pourquoi vous frottez-vous l'entrejambe, après avoir frappé vos balles ?

- Ben ! dit l'une des trois, on nous a dit de remettre les touffes en place après avoir frappé.

*****

C'est un homme qui regarde un match de foot (Lyon vs Bordeaux) à la télé dans un bar. Son chien, assis à ses côtés, regarde également le match lorsque Lyon marque un but. Le chien se met à japper et à courir dans tout le bar en sautant sur les tables !

Le voisin demande à l'homme :

- Qu'est-ce qui lui arrive, à votre chien ?

- Il est supporter de Lyon, il est content.

- Ben dites donc, juste pour un but ! Et qu'est-ce qu'il fait quand Lyon gagne un match ?

- Je sais pas, je l'ai que depuis deux ans...

(on peut remplacer Lyon par toute autre équipe...)

Blagues sur les vieux

Deux vieux papys discutent sur la place du village :
- Hé ! Raymond, tu te souviens de la guerre de 14 - 18 ?...
- Pour sûr, Marcel, que je m'en souviens !
- Tu te souviens du bromure qu'ils nous donnaient ?
- Évidemment, pourquoi me demandes-tu cela ?
- Eh bien, je crois que ça commence à faire effet...

******

Quelque temps après s'être marié avec une très jeune femme, un monsieur de 90 ans voit son docteur, et lui dit que sa femme attend un enfant.

- Laissez-moi vous raconter une histoire, dit le docteur. Un homme très distrait part à la chasse ; mais à la place de son fusil, il prend son parapluie. Pendant qu'il traque, un ours le voit et fonce sur lui. L'homme distrait pointe alors son parapluie vers l'ours, il tire et le tue sur le coup.

- Impossible ! s'exclame le monsieur de 90 ans. Quelqu'un d'autre a dû tirer sur l'ours !

- Exactement, répond le docteur...

******

Un homme âgé est assis sur un banc dans un jardin public. Il est en train de pleurer tout seul lorsqu'un jeune homme s'avance vers lui et lui demande ce qui ne va pas.

Le vieil homme répond :

- Je suis amoureux d'une jeune fille de 22 ans.

- Qu'y a-t-il de mal à cela ? demande le jeune homme.

Tout en sanglotant, le vieil homme répond :

- Vous ne pouvez pas comprendre. Chaque matin, avant qu'elle aille travailler, nous faisons l'amour. A midi, elle rentre à la maison et nous refaisons l'amour, puis elle me prépare un de mes plats favoris. Dans l'après-midi, si elle a le temps de faire une pause, elle rentre à la maison et me fait une fellation - Et Dieu sait qu'elle sait s'y prendre. Et enfin le soir et toute la nuit, nous faisons l'amour.

Là, le vieil homme s'arrête, incapable de sortir un mot de plus. Alors le jeune homme lui passe le bras autour de ses épaules, et lui dit :

- Je ne comprends pas. Il me semble que vous vivez une relation parfaite tous les deux. Pourquoi pleurez-vous ?

Alors le vieil homme :

- J'ai oublié où j'habite.

* * * * * *

Un gars de 85 ans va faire son bilan de santé annuel chez son médecin.

Après l'examen, le docteur lui dit que tout va bien et que c'est pas demain la veille qu'il lui arrivera un problème.

Le gars de 85 ans lui dit :

- J'ai une question pour vous, Docteur : quand j'avais 25 ans, je me levais le matin en ayant une trique... aussi dure qu'un tuyau de métal. Je ne pouvais pas la plier, même avec les deux mains !

- Oui, répond le docteur, c'est normal à cet âge.

- Quand j'avais 50 ans, je pouvais la plier avec une main.

- Oui, ça arrive, dit le docteur.

- Maintenant, dit le vieux gars, je peux la plier avec un seul doigt !

- Eh bien c'est normal à votre âge, répond le médecin.

- Mais Docteur, quand est-ce que je vais m'arrêter de devenir de plus en plus fort ?

* * * * * *

C'est un couple de personnes âgées dont la mémoire défaille. L'homme et la femme ont décidé de prendre tous les jours des cours de stimulation de la mémoire. Comme ils trouvent ce cours formidable, ils en parlent à leurs parents, amis et voisins.

Si bien qu'un jour, le voisin interpelle le vieux monsieur en train de tondre sa pelouse et lui demande :

- Dites-moi, quel était le nom de votre moniteur pour ces exercices sur la mémoire ?

Le vieux répond :

- Eh bien, c'était... Hmmm... Laissez-moi une minute... Quel est le nom de cette fleur, vous savez, celle qui sent si bon mais a des épines sur ses tiges ?...

Le voisin :

- Une rose ?

Le vieux :

- Oui, c'est ça... (criant en direction de la maison) : Hé, Rose, quel était le nom de notre moniteur pour les cours sur la mémoire ?

VOILÀ OÙ NOUS A MENÉS LA POLLUTION: PAS MIEUX QUE DANS UNE RÉPUBLIQUE BANANIÈRE!!
TAXI
TAXI
FRAPAR.

******

Qu'est-ce qui est invisible et qui sent le Canigou ?
- Un pet de vieux.

******

C'est un veilleur de nuit de 65 ans. Durant toute sa vie, il a exercé ce métier, et du coup, il n'a jamais pu rencontrer de femme avec laquelle il aurait pu se marier.

Mais tout arrive à point à qui sait attendre : un beau jour, alors qu'il vient de prendre sa retraite, il fait la connaissance d'une jeunette de 30 ans qui le trouve à son goût

Un mois plus tard, les voilà qui convolent en justes noces. Ils partent ensuite faire un voyage en Italie pour leur lune de miel.

Le jour du retour, le copain du veilleur de nuit vient chercher le jeune couple à l'aéroport :

- Alors, comment ça s'est passé ? demande-t-il.

- Oh, superbe ! Le soleil, la plage, les bateaux... (Se penchant à son oreille) : on a presque fait l'amour toutes les nuits !

- Arrête de me faire marcher, lui répond le copain. Tu ne vas pas me dire qu'à ton âge, tu as fait l'amour presque toutes les nuits ?

- Si, si : on a presque fait l'amour le samedi, presque fait l'amour le dimanche...

******

Deux vieillards sont assis sur un banc :

- La plus belle chose sur la terre, mon petit gars, c'est encore de faire l'amour !

- Peut-être pour toi ! répond l'autre d'une voix chevrotante. Mais pour moi, c'est Noël !

- Ah bon ? Pourquoi Noël ?

Alors, le vieillard pensif :

- Ça revient plus souvent !

******

Qu'est-ce qu'une vieille de 70 ans a entre les seins ?
- Son nombril.

******

C'est une vieille dame qui appelle le commissariat pour se plaindre :

- Venez vite chez moi au (suit son adresse), il y a un satyre qui se promène tout nu !

Les gendarmes arrivent chez la vieille dame et demandent :

- Alors, où il est ce satyre ?
- Dans le jardin, en bas de l'immeuble !

(Le brigadier chef se penche à la fenêtre) :

- Mais... Tout ce qu'on peut voir de lui c'est son cou et sa tête. Le reste du corps est caché par la haie !
- Non, ce n'est pas vrai ! Montez sur le Frigidaire et vous verrez bien !

(On peut aussi dire que le gendarme ne voit rien parce que le type est trop loin, et alors la vieille dame dit :

- Mais si regardez dans le télescope !)

* * * * * *

Deux vieilles sont assises sur un banc et attendent le bus. Mais le bus est en retard et le temps passe. Au bout d'une heure, une des vieilles se tourne vers l'autre et dit :

- Tu sais, c'est marrant... Ça fait tellement longtemps qu'on est là à attendre assises, que j'ai le derrière tout endormi !

Et l'autre se tourne vers elle, et répond malicieusement :

- Ouais, je sais ! Je l'ai entendu ronfler !

* * * * * *

Qu'est-ce qui est long, mou, et qui sent l'urine ?

- Une farandole dans un asile de vieux.

* * * * * *

Une femme de 85 ans trouve son mari au lit avec une autre femme. Elle devient folle de rage et le balance par la fenêtre. Naturellement, le mari meurt, et la femme de 85 ans doit répondre de son acte devant les juges.

Quand elle apparaît à la barre, le juge lui demande si elle a quelque chose à dire pour sa défense :

- Oui, votre Honneur. Je pensais qu'à 92 ans, s'il pouvait encore faire l'amour, alors il pouvait voler aussi.

* * * * *

Quelle est la différence entre un vieil homme et un pénis ?
- Quand vous tenez un pénis dans la main, les rides disparaissent.

******

Un couple de grands-parents reçoit ses petits enfants pour le week-end. Le soir avant de se coucher, la grand-mère va dans la chambre d'Isabelle, sa petite fille de 19 ans, pour lui dire bonsoir. À sa grande stupeur, celle-ci est toute nue.

- Ma chérie, qu'est-ce que c'est que cette tenue ? lui demande-t-elle.

- M'enfin, grand-mère, c'est la chemise de nuit de l'an 2000 ! répond Isabelle.

Un peu désorientée, la grand-mère se rend alors dans la chambre d'Éric, 17 ans, et le trouve nu également.

- Mais Éric, que fais-tu tout nu ?

- Ben grand-mère, c'est le pyjama de l'an 2000 ! lui répond Éric.

Décidant alors de faire pareil pour surprendre son mari, la grand-mère se déshabille entièrement et retourne dans sa chambre. Devant son air ébahi, elle lui explique :

- Tu vois, Marcel : voilà la chemise de nuit de l'an 2000 !

Marcel :

- Tu aurais pu la repasser avant, quand même !

******

Une petite fille se promène dans les champs avec sa grand-mère paysanne. Elle n'arrête pas de bassiner grand-maman :

- Dis, grand-mère, tu me montres ton petit lapin (sous entendu son sexe)...

Et pour inciter la grand-mère, la petite fille soulève le devant de la jupe de la vieille femme.

La grand-mère répond :

- Non, non. Laisse-moi tranquille. Ce n'est pas des choses que montrent les grandes personnes.

Mais la petite fille insiste :

- Allez, grand-mère, montre-moi ton petit lapin...

Finalement, au bout d'un moment, la grand-mère cède, lève sa jupe de paysanne et montre son sexe à la petite fille.

Alors la jeunette dit :

- Pouah, il est pas beau ! Il est tout ridé, ton petit lapin !

Et la grand-mère répond :

- On verra la tête du tien quand il aura mangé autant de carottes que le mien !

* * * * * *

C'est l'histoire d'un vieux beau en vacances qui veut frimer un maximum devant tout le monde sur son apparence physique. Il est au bar de l'hôtel et, à chaque nouvelle personne qui s'installe devant le zinc, il demande :

- Dites voir un peu, quel âge me donnez-vous ?

Les gens en vacances sont sympas et disponibles, et ils répondent gentiment :

- Ben... Je dirais dans les cinquante...

Alors le vieux beau exulte et répond :

- Eh non ! Aujourd'hui, je fête mon 74ᵉ anniversaire !

Évidemment, on le félicite pour sa jeunesse si bien conservée, et le vieux beau est tout content.

L'après-midi se passe de cette façon. Jusqu'à ce qu'arrive une jeune fille. Naturellement, le vieux beau lui ressert son baratin et pose sa question classique.

La fille lui répond :

- Je ne saurais pas dire votre âge comme ça, mais par contre, si vous me montrez votre sexe, je serais à même de dire exactement quel âge vous avez...

Alors le gars, qui est tout excité par cette pensée, lui ouvre sa braguette. La fille tend la main, sort le sexe du gars, l'étire et le soupèse, puis avec dédain elle dit :

- Vous avez 74 ans.

Le vieux beau est tout dépité. Il demande :

- Mais comment pouvez-vous savoir ça ?

La fille :

- Facile ! Vous l'avez rabâché à tout le monde toute l'après-midi.

* * * * * *

Une vieille dame arrive à la station-service dans sa voiturette sans permis, et dit au pompiste :

- Je voudrais de l'essence, mais alors juste un dé à coudre, hein !

- Et puis de l'huile, mais trois gouttes, hein !

Le pompiste :

- Et dans les pneus, je pète ?

* * * * * *

C'est un couple de personnes âgées qui prend le soleil sur un banc. La femme dit à son mari :

- Je prendrais bien un cône de glace.

Le mari lui répond :

- D'accord, je vais aller te l'acheter.

La femme répond :

- Mais tu vas encore oublier en cours de route ! Tu ferais mieux de l'écrire sur un papier.

Le mari :

- Non non, je t'assure. Alors qu'est-ce que je te prends ?

La femme :

- Prends-moi un cône à la fraise avec des pépites de chocolat.

Le mari :

- C'est d'accord. A tout de suite.

Plusieurs heures passent. Finalement, le mari est de retour.

La femme :

- Tu as été bien long... Tu t'es perdu ?

Le mari :

- Non non... Tiens, j'ai ce que tu voulais.

La femme ouvre son paquet et découvre un hamburger et des frites.

La femme :

- Je savais bien que tu aurais dû le noter sur un papier.

Le mari :

- Qu'est-ce que tu veux dire ? J'ai pourtant tout pris !

La femme :

- Non non... Regarde ! tu as oublié les cornichons !

Table des matières

Blagues
Internet
Tome 2

IMPRIMÉ EN FRANCE PAR BRODARD ET TAUPIN
1215U-5 - Usine de La Flèche (Sarthe), le 07-05-1998

pour le compte des
Nouvelles Éditions Marabout
D.L. mai 1998/0099/163
ISBN : 2-501-03078-8